U0529621

当代齐鲁文库·20世纪"乡村建设运动"文库

The Library of Contemporary Shandong

Selected Works of Rural Construction Campaign of the 20th Century

山东社会科学院 编纂

/08

乡村工作讨论会 编

乡村建设实验（中）

中国社会科学出版社

乡村建设实验

第二集

乡村工作讨论会 编

目 录

第二集（续）

篇十三　内乡县建设工作报告 …………… 罗卓如　别廷芳（283）
　一　引言 ……………………………………………………（283）
　二　工作概要 ………………………………………………（283）

篇十四　中华职业教育社农村工作报告 …… 江问渔　姚惠泉（303）
　一　工作的发轫 ……………………………………………（303）
　二　工作的演进 ……………………………………………（304）
　三　工作的一般 ……………………………………………（305）

篇十五　农村复兴委员会一年来之工作 ……………… 孙晓村（315）
　一　向行政院之建议 ………………………………………（315）
　二　内部之工作 ……………………………………………（319）

篇十六　实业部农业改进工作报告 …………………… 徐廷瑚（322）
　一　引言 ……………………………………………………（322）
　二　工作 ……………………………………………………（322）

篇十七　江西省农业院工作报告 ……………………… 董时进（330）
　一　成立经过 ………………………………………………（330）
　二　一般工作 ………………………………………………（331）
　三　各部及各组工作 ………………………………………（332）

篇十八　江宁实验县工作报告 ………………………… 梅思平（347）
　一　引言 ……………………………………………………（347）
　二　行政组织 ………………………………………………（347）

三　工作概要 …………………………………………………（348）

篇十九　兰溪实验县工作报告 ……………………胡次威（351）
　　一　引言 ……………………………………………………（351）
　　二　整理田赋 ………………………………………………（352）
　　三　整理税捐 ………………………………………………（353）
　　四　编造预算 ………………………………………………（354）
　　五　努力建设事业 …………………………………………（354）
　　六　致力教育 ………………………………………………（355）
　　七　改良民政 ………………………………………………（356）
　　八　结论 ……………………………………………………（357）

篇二十　山东省立民众教育实验区工作报告 ……屈凌汉（358）
　　一　小史 ……………………………………………………（358）
　　二　工作 ……………………………………………………（358）

篇二十一　山西铭贤学校农工科概况报告 ………梅贻宝（367）
　　一　引言 ……………………………………………………（367）
　　二　农科概况 ………………………………………………（367）
　　三　工科概况 ………………………………………………（369）

篇二十二　湖南棉业试验场报告 …………………袁　辉（371）
　　一　引言 ……………………………………………………（371）
　　二　场务概况 ………………………………………………（372）
　　三　技术概况 ………………………………………………（372）
　　四　推广工作 ………………………………………………（374）
　　五　救济农村经济事项 ……………………………………（377）
　　六　其他乡村运动事项 ……………………………………（381）

篇二十三　湖南省立农民教育馆工作报告 ………周　方（385）
　　一　本馆小史 ………………………………………………（385）
　　二　本馆成立后之进行事项 ………………………………（386）
　　三　困难问题 ………………………………………………（390）

篇二十四　武进县农村改进委员会工作报告 ……盛景馥（392）
　　一　引言 ……………………………………………………（392）
　　二　动机 ……………………………………………………（392）

三　工作 …………………………………………………………（393）
篇二十五　河北省县政建设研究院工作报告 ……………陈筑山（398）
　　一　设立理由 ……………………………………………………（398）
　　二　办法要义 ……………………………………………………（401）
　　三　设在定县的关系 ……………………………………………（406）
　　四　建设工作的纲领 ……………………………………………（413）

建设工作的纲领
篇二十六　中国华洋义赈救灾总会农村合作事业
　　　　　报告 ……………………………… 章元善　于永滋（415）
　　一　引言 …………………………………………………………（415）
　　二　河北省之合作事业 …………………………………………（415）
　　三　皖赣两省之合作事业 ………………………………………（418）
　　四　湖南分会之合作事业 ………………………………………（419）
　　五　湖北分会之合作事业 ………………………………………（419）
篇二十七　山西河津县上井村晋祠十三村自治进行之概况 … 严慎修（433）
　　一　山西河津上井村自治之情况 ………………………………（433）
　　二　山西晋祠十三村自治进行之概况 …………………………（435）
篇二十八　菏泽实验县县政改革实验报告 ………………孙则让（441）
　　一　引言 …………………………………………………………（441）
　　二　工作概况 ……………………………………………………（441）
篇二十九　山东省乡村教育辅导委员会工作报告 ………何思源（450）
　　一　成立缘起 ……………………………………………………（450）
　　二　组织情形 ……………………………………………………（451）
　　三　工作概况 ……………………………………………………（451）
　　四　回顾 …………………………………………………………（452）
篇三十　遂平县立职业学校工作报告 ……………………魏朗斋（454）
　　一　成立经过 ……………………………………………………（454）
　　二　工作 …………………………………………………………（455）
　　三　组织系统 ……………………………………………………（456）
　　四　实验 …………………………………………………………（457）

五　结论 …………………………………………………………（457）
附录一　定县社会改造事业中之保健制度 ……………陈志潜（459）
附录二　关于乡村工作讨论会之评论三篇 ………………………（469）
　　甲　农人们对于乡村工作讨论会之希望（华洋义赈总会
　　　　征文）……………………………………………………（469）
　　乙　参加第二次乡村讨论会后感想（江问渔）………………（475）
　　丙　全国乡建运动之现状与问题（徐宝谦）…………………（479）
附录三　乡运团体概况调查 ………………………………………（483）

篇十三　内乡县建设工作报告

罗卓茹　别廷芳

一　引言
二　工作概要

一　引　言

由自卫入手，发展乡村事业。除镇平外，第二个就是内乡。内乡在民国十四年以前，完全成为土匪世界。这时，我个人还在一所古旧的私塾里，捧着五经四书。可是土匪渐渐逼近了家门，学也散了馆。多数人屈服于土匪积威之下，通起匪来。我呢？刚刚走出了学堂门，礼义廉耻，装了满脑袋。认贼作父，当然不肯干。同时逼得不能过日子的民众，都义愤填胸的准备着反抗，我被拥到这一群里，和土匪作殊死战。经过了长时间的苦斗，内部股匪，才算于十四年肃清。紧接着就是张治功樊钟秀一切匪式军队的压境，收匪纵匪，擅委县长局长，闹得乌烟瘴气。结果人民感觉到仅有自卫的组织还不足以求生存，遂激发出自治的组织来。十八年以后，我们忙着提倡农村，治河改地，清理地亩，调查人口，由自卫转到自治。二十三年，取消九区自治办公处，成立地方建设促进委员会，这便是内乡走到乡村建设这条路上之始。

二　工作概要

内乡的乡村建设工作，可分为下列各种述之：

1. 治河改地

一、治河　内乡环境皆山，平坦可耕之地，多在沿河两岸。民国八年，民国十八年，两次洪水，冲毁耕地四百余顷。经别香斋先生，熟察河势水性，苦思擘划，拟定治河改地办法。大河流域，私人力不能举办者，划为公改。小河流域，私人力能举办者，划归私改。并利用民团和农隙民众之劳力合作，全县动员，公私并举。

自十八年，至二十三年冬，全县大小河流，均经整治工作。有已淤成耕地，有尚待□□□作者，兹将历年成绩，列表如下：

河流	新辟河田	新建石坝	新筑沙堤	新开渠堰	新浇水田	整治年月	附记
老灌河流域	九一顷	八道共长一四里	四道共长三里半	一四道共长一〇七里	一六〇顷	民国二十年至民国二十三年	指改旱地为稻田
丁河流域	三五顷零七〇亩	一四道共长十里半	十道共长十里	一八道共长七九里	四五顷	同上	
湍河流域	一二八顷三二亩	无	一七道共长一三五里	一七道共长四五里	五五顷	同上	沙堤内横堤尚未列入
默河流域	七顷	三道共长七里	九道共长一六里	一〇道共长四五里	五〇顷	民国二十年至民国二十三年	
长城河流域	六顷一五亩	三和土堤一道长十丈	六道共长五里	三道共长四里	九〇亩	民国十九年	内水田八十亩旱田四顷三十五亩

续表

河流	新辟河田	新建石坝	新筑沙堤	新开渠堰	新浇水田	整治年月	附记
各小河流域	一〇〇顷	小石坝无算未统计	小沙堤无算未统计	小渠无算未统计	七〇顷	民国二十年至民国二十三年	
共计	三六八顷一七亩	二六道共长三二里	四六道共长一六九里	六二道共长二八〇里	三八〇顷九〇亩		
附注	新浇水田，指灌旧有旱地，不在新辟河田之列。							

二、改地 内乡西北一带，崇山峻岭，东南一带，岗陵起伏，平坦可耕之地，为数无多，畸形地，则随处皆是。人民生活，为自然环境所支配，故较别县贫苦。经别香斋先生，苦心筹划，拟定各种改良办法，督催全县公私并改。已改成之成绩列表如下：

内乡县历年改治畸形地一览表

行政区域	已改各种畸形地数量					改治年月	附记
	梯形地	湖田	漫浸地	停水洼地	旱地改稻田		
第一区	三顷七〇亩	〇	〇	无	三顷	民国二十年至二十三年	现正继续改治
第二区	五顷十亩	无	无	三〇顷	无	民国二十年至二十三年	现正继续改治
第三区	待改	待改	无	三顷	三顷	民国二十年至二十三年	现正继续改治
第四区	二〇顷	无	一顷二十亩	二顷	七顷	民国二十年至二十三年	现正继续改治
第五区	五顷	无	三顷	四顷	一八〇顷	民国二十年至二十三年	现正继续改治
第六区	三〇顷	二顷	无	无	三〇顷	民国二十年至二十三年	现正继续改治

续表

行政区域	已改各种畸形地数量					改治年月	附记
	梯形地	湖田	漫浸地	停水洼地	旱地改稻田		
第七区	待改	无	无	无	一顷	民国二十年至二十三年	现正继续改治
第八区	三顷	三〇顷	无	一顷五〇亩	五顷	民国二十年至二十三年	现正继续改治
第九区	四顷	三顷	一〇顷	九顷	三顷	民国二十年至二十三年	现正继续改治
共计	七〇顷八〇亩	三五顷	一四顷二〇亩	四九顷五〇亩	二三二顷		
附注	全县各种畸形地，预计三年后改竣。						

2. 水陆交通之设施

一、环境道路　本县环境汽车路，马车路，山大道，均经修筑完竣。由各该段保甲长，分负养路护路之责，下雨即修，不平即填。以故汽车路，路基之平坦坚稳，较省有之许宛路为优。惟因内乡地少山多，不忍多占耕地，路基稍为狭窄耳。自二十年至今共筑道路六百五十五里。

二、环境电话　环境电话，架设于二十年。材料一项，电杆为本地橡木，电线电匣，均由地方款购置。计东通镇平卢医庙，东南通邓县瓦亭魏集，南通湖北均州两水河，西南通淅川上集西坪，北通卢氏洑川，东北通南召小街。县境内各重要集镇，亦均通话。

三、河路交通　湍河绕县城东门外，经新野，入白河，会汉水。老灌河绕西峡口，经淅川，会丹江入于汉水。两河舟楫，在昔均可直达汉江。旋因河身淤塞，下游船只，亦无直达内乡者。自治河工兴，河水渐入中流，已次第可通舟楫矣。

四、架设桥梁　自二十一年九月至二十三年十一月，内乡共筑石桥十一座，砖桥二座，而沿汽车路所建木桥涵洞，尚未列入。兹列表如下：

内乡县历年新建桥梁一览表

桥梁定名	所在地	建筑材料	面积 宽度	面积 长度	建筑年月	附记
南门桥	第二区师岗镇	石	一丈二尺	一丈五尺	二十一年十二月	
北古桥	第二区上北古	石	一丈八尺	二丈	二十二年十一月	
西峡桥	第五区西峡口南寨外	石	一丈五尺	三丈	二十一年十月	
刘沟桥	第二区刘家湾	砖	一丈五尺	二丈五尺	二十一年九月	
七峪西桥	第四区七峪街西头	砖	一丈九尺	三丈	二十一年十二月	
南大桥	第六区赤眉镇	石	二丈	三丈	二十二年十月	
水利桥	第一区东门外	石	二丈	三丈	二十二年十一月	
济众桥	第一区南门外	石	一丈五尺	二丈	二十三年十月	
石拦桥	第一区城东三里	石	一丈七尺	二丈	二十一年十一月	
龚桥	第六区赤眉镇	石	二丈	三丈	二十二年十二月	
三里桥	第一区螺池河	石	一丈四尺	三丈	二十一年十二月	
大石桥	赤眉镇南门外三里	石	二丈	四丈	二十三年十月	
七峪东桥	第四区七峪镇东头	石	一丈	二丈	二十三年十一月	

3. 林业　工业　农业

一、林业　森林调济雨水，保护堤塘，为间接水利。本县因治河的需要，由十八年至二十三年，各区均先后成立小规模之苗圃，厉行普遍造林。兹表列历年种树成绩如下：

十八年至二十三年种树统计表

种类	区域	株数	保护情形	附记
榆树	全县	八、〇〇〇、〇〇〇	各段保甲长负责保护无牛羊践踏及偷伐情形	
柏树	全县	六、〇〇〇、〇〇〇	各段保甲长负责保护无牛羊践踏及偷伐情形	

续表

种类	区域	株数	保护情形	附记
桑树	全县	三、二〇〇、〇〇〇	各段保甲长负责保护无牛羊践踏及偷伐情形	
柳树	全县	三〇、〇〇〇、〇〇〇	各段保甲长负责保护无牛羊践踏及偷伐情形	柳树以湍河为最多念三年沿河撒播榆钱种子十一斛尚未列入
栎树	四、五、六、八、区	九〇、〇〇〇、〇〇〇	各段保甲长负责保护无牛羊践踏及偷伐情形	
漆树	四、五、六、八、区	八、〇〇〇、〇〇〇	各段保甲长负责保护无牛羊践踏及偷伐情形	
乌桕	四、五、六、八、区	六、五〇〇、〇〇〇	各段保甲长负责保护无牛羊践踏及偷伐情形	
油桐	四、五、六、八、区	六、〇〇〇、〇〇〇	各段保甲长负责保护无牛羊践踏及偷伐情形	
葡萄	全县	三一、〇〇〇	私人保护	葡萄以四、五、六、八、区为最多山生黑葡萄在外
其他杂树	全县	五、〇〇〇、〇〇〇	各段保甲长负责保护无牛羊践踏及偷伐情形	
共计		一六二、七三一、〇〇〇		

续表

种类	区域	株数	保护情形	附记
附注	（一）二十三年冬，至二十四年春，约新种数八百万株，尚未统计精确故未列入上表。 （二）栎树数目，系以点种橡子数目，三分之一为比例。十八年种橡子二百四十石，十九年一百十二石，二十年六百八十五石 二十一年五百七十七石，二十二年三百五十八石，二十三年橡子无收。共计种二千五百七十二石约三十五万粒，平均每三粒活一株，应获如上表所列数。			

二、工业 本县工业，除方山煤矿，两经别香斋先生，提倡试采，因煤质太劣停开，暨黄龙寨石绵，无法运销，未加开采外，其已举办者如下：

1. 葡萄酒公司——内乡西北山中，遍产黑葡萄，熟落于地，殊为可惜，因于民国二十年，由地方延请技师酿酒，开厂制造。每年产量，约三万斤，销售鄂陕豫三省，年可增加收入一万一千余元，倘政府能予以免税之提倡，产量当可激增。

2. 石印石——内乡城西马武山，产石印石，产量最多，其质稍粗者，为制玻璃最纯洁的原料，精者为天然石印石，曾由公家开采，宛属一带，多用此种产石，间亦推行别省。

3. 玻璃厂——马武山北，产玻璃原料，质甚纯洁，制造玻璃，工简品佳，因葡萄酒公司，需用大批的玻璃瓶，遂由公家集资开办，设厂于县城内。由二十二年开工，出产尚优，惟内乡煤质缺乏，燃料困难。现拟利用西峡口瀑布，开厂磨电，移玻璃厂于此，正呈请政府补助中。

4. 草帽辫——二十年三月，由自治办公处规定，全县一律戴本县编制的草帽，以塞漏卮，并通告民团自编自戴，实行现已四年。

5. 改良丝绸——宛西一带，向为产山丝区域。近年以来，因受人造丝抵制，几一蹶不振。二十年由公家筹议，在西峡口杨集，开办改良丝绸厂一所，分公股民股二种。改干丝为水丝，并与上海丝绸庄接洽，改织超花线春绸料，差可推销，惟色泽丝条，尚有待于改善。

6. 打纸厂——本县西北一带，绿竹成阴，最适于制造火纸。五、六、八、九各区，河田较多，又皆濒近山林。以故稻草枸皮，产量极多，适于制造棉纸草纸，历由公家提倡，制造火纸、棉纸、草纸、三种。计共有小手工业之打纸厂三十五座，将来拟利用科学方法，集资开采一制纸厂。

7. 筹办农具制造所——改良农具，为增加生产之要图。本县民团，原有修械所一处，现因常备民团遣散，修械所停工，拟即移机器入城，仿制各种简单新式农具，及抽水机，正筹办中。

三、农业 本县农业，因财力关系，未能筹设大规模之农场。惟有推广优良品种，防止病虫害等直接工作，积极加以注意。兹将已办各种事业列下：

1. 选种防害——十八年二月，由自治办公处拟定选种，防治病虫害办法，督饬各区乡长，指导并监督民众，一体推行。关于选种的方法，系用田间选、风选、筛选、盐水选。（仅限于稻种）关于防治病虫害的方法，采用沸水浴种法，以防治麦之黑穗病，他法尚不普及。采用冬月烧除地边杂草，拾净稻根，夏月用灯捕蛾，以防治稻的螟虫害。采用砒谷毒杀之方法，以防治切根虫。发现幼虫时，采合作搜捕之方法，蔬菜禾稼之上，发现蚜虫时，采用烟草水，及麻油石油乳剂，洒捕的方法。上述各项，现已普及全县。

2. 普种美棉——十九年由办公处购到美棉种三千斤，以一亩三斤为准，分散各区乡，择地种植，作为标准棉，以收获之种子，推广及于未种之户，使全县棉种，均改为美国棉，产量一时为之激增，从前下等地一亩，仅收二十斤者，现收四十斤或六十斤。上等地一亩，仅收三十斤或四十斤者，现收六十斤或七十斤，产量增至三分之一或二分之一，惟种植法，仍乏研究，农民又狃于旧习，不知选种，种二年以上者，品质显为退化。二十一年由自治办公处，编印种棉琐设一小册，训练各乡闾长，并责成监视选种。其法由种美棉各户，选择健壮颗粒，送由乡闾长鉴核，乡闾长都是受过短期训练的。二十三年与河南第三区农林局合作，领种美棉两千斤，将第一区原有美棉种，一律换成新种。其余各区乡，仍沿用原有美棉种，由保甲长监视选种，惟本年秋雨过多，蒴多腐坏，无显著之成绩。此应请各农业学家，赐与好的方法，以谋改进。

3. 换甘薯种——内乡在五年前，对种甘薯一项，尚未普遍，十九年，由公家选购优良种，先在一、二、四、六各区，逐渐推广，产量较前增加二分之一。本县复由淅川运到洋甘薯种五万株，先在宛西乡师试验区，试种推广。

4. 换花生种——前七年内乡花生,种者极少,且仅限于河地,又只小花生一种。二十年冬,始由公家在许昌一带,购到大花生三千斤,分散各区,渐次推广,河地山坡,全县普种。产量亦由一亩二十斤或四十斤者(小花生种)增至五十斤或九十斤。

5. 推广靛蓝——靛蓝为人民衣服的必要品,历年购用洋靛,金钱流入外人之手,亦为破坏农村之一。二十二年,始由办公处,提倡自行种蓝,但为数尚少,二十三年,厉行普种,制出土靛,为十六万三千二百余斤,尤以一、五、六、七、八各区种蓝为最普遍,计年可节漏卮十一万余元。

6. 换育烟台山蚕种——内乡向为山蚕产域,为农家副业,及调和地方金融之大宗。近六年来,普种橡树,山蚕饲育量,又势必激增,惟农民狃于旧法,不知改良,反有江河日下之势。二十三年春,决自换种着手,因第三农林局合作之便,购到烟台家蚕种一百张,山蚕种四十万,推广民间饲育。惟去年雨水过多,农民不知改进饲育之法,成绩仍不佳,倘一蹶不振,不但农村金融苦涩,农商生活亦殊成问题。此宛西农村急待救济之大问题。

7. 筹谋经济上的自给——外人经济势力,深入我国农村,摧毁了数千年的农村经济基础。我们积极方面,应当筹谋经济上的自立,消极方面,应当不买外国货。故于二十年全县厉禁纸烟洋货,谋以本地产物代替,惟日用品之洋油,尚仰给于舶来品,内乡一县,每月消耗六百桶,年输出二万八千元,为数殊为可惊。二十二年,由自治办公处,筹议于山坡隙地,广播芝麻,并普植桐树构树,力期代以植物油。本年春,由别香斋先生督饬玻璃厂,做鸦片烟盏式,制造燃植物油之灯具,仅制就十余具,光线较煤油稍弱,较旧式灯为强,仍有待于计划改善,俟本年构子等油上市,即试行禁点煤油(已由本会拟具试禁办法)。

8. 改良家畜——近正筹设家畜改良所,购置波支猪,力行鸡等优良品种,与本地家畜杂配,以期逐渐改良。

4. 公共设备

一、关于公共救济卫生娱乐者,有救济院、平民西医院、戒烟所、公共沐浴室、平民公园五种,兹分述之如下:

1. 救济院——二十三年十二月，改组原有之孤贫院，为县立救济院，办理平时临时一切救济事业。院长为义务职。其计划中，有于二十四年上半年筹设养老施医残废所，于二十五年年底，筹设孤儿育婴贷款所之意。其经费仅靠旧日普济堂之课租。将来如有不足，地方尚须补助。

2. 平民西医院——本院就原有民团军医处。改组而成，二十三年十一月，移设于城内巡警局旧址。延聘中西医学专家，购置药品，以极低廉之费用，为人民治疗疾病。院内有医师二人，司药生一人，看护三人，病房五间，平常诊病，只收挂号费二百文，即不另收药资，出诊概不收费。住院者，每人每日收膳费二角，均不收药费，贫困者得酌减，除治疗疾病外，并襄助办理公共卫生。将来拟采定县办法，各区设置保健所，各保设保健箱，及保健员。

3. 戒烟所——本所于二十年成立，地址在西峡口南寨。采施行强迫戒绝之办法。内乡之吸食鸦片者，二十一年，已濒于绝迹。中以陕川烟土，取道内乡出境，以致间有偷吸者。经别香斋先生，规定苦力戒绝法。凡各保有吸食鸦片者，限区长保长，勒送入所，一面服药，一面强迫劳动，由所中负责人，率领入灌河，从事治河改地工作。即来此参观者，所时时见到之身服黄土布之烟杆队也。戒绝者由保人保出，贫无职业者，领种公改河地，三年后始升租，此种办法，已大收实效。

4. 公共沐浴室——本县城区，暨西峡口，马山口，原有私人经营之澡堂，可供沐浴，其余各乡集之民众，除于夏季在绿波碧水，一荡涤其积垢外，平时谈不到洗澡的问题。地方限于财力时间固不能普遍修筑。然公共卫生，关系种族强弱，国家盛衰，亦不可不积极提倡。特于二十三年夏，首在赤眉镇寨外，建筑一公共沐浴室，俾四乡民众，得一机会，解决洗澡的问题，并借作提倡，以资将来普遍设立。

5. 平民公园——已设置者：一、西峡口平民公园，内置麋、鹿、獐、獾、猴、野猪、野鸡、坐山雕……鱼池及草本木本各种花木，并有葡萄数架。利用架下，集合民众，作各种通俗讲演，二十年开辟。二、赤眉镇平民公园，内置动物数种，草本木本花木三百种，附有茶亭一座，兼作通俗讲演所，二十三年开辟。正筹设者，本年已督促五区各大村庄，向西峡口，领取葡萄苗子，在公共隙地种植，搭成较大葡萄架。架下设置石块若干，作为村民公共憩娱之所，并作民众学校教室，由农民演习开会、表决、讨论、议事等公民知识。此种办法，将来拟推广全县。

二、关于公共住所者有寨堡、城乡街道、公共房舍三者，兹分述之如下：

1. 寨堡——本县在民国十四年前，七十余座民寨，仅西峡口等七寨未被匪攻开，寨垣多属破碎支离。寨堡一项，最关重要。新修者，计有石寨九座，三和土寨八座及土寨三座。

2. 城乡街道——全县各集镇街道，均经仿照马路形状，加以翻修，共计修筑石边土心街道十二道，土质铺沙街道十二道，砖边土心六道，全石六道，全土二道。

3. 公共房舍——内乡各处原有房屋，多被土匪焚毁，现已一律修盖完竣，关于公共建筑者，为数殊多，兹将其数目列下：

内乡县二十一年至二十三年各区新建公共房舍调查表

行政区域	种类	机关名称	座落	间数 草房	间数 瓦房	建筑方法	建筑年月	各区共计
第一区	学校	县立第一小校	本县城内		一〇	公共建筑	二十三年十二月	共计八七间
		县立第九小校	符营		一二	公共建筑	二十三年十月	
		区立第七初级小校	大周营		八	公共建筑	二十三年十月	
		区立第八初级小校	大王营		八	公共建筑	二十二年十一月	
	区保公所	第一区区公所	本县城内		一〇	公共建筑	二十三年十月	
		第十二保公所	大菜园		三	公共建筑	二十三年十二月	
		第二十五保公所	破子冈		三	公共建筑	二十二年十一月	
	仓房	区仓房	大周营		二〇	公共建筑	二十三年二月	

续表

行政区域	种类	机关名称	座落	间数 草房	间数 瓦房	建筑方法	建筑年月	各区共计
第一区	工厂	玻璃厂	本县城内		一〇	公共建筑	二十二年八月	
第一区	壮丁住所	壮丁队部	大周营		三	公共建筑	二十三年二月	
第二区	学校	县立第五小校	张集		四五	公共建筑	二十一年十月	共计一六二二间
第二区	学校	区立十字路初级小校	瓦亭		二四	公共建筑	二十年一月	
第二区	学校	区立张营初级小校	张营		六	公共建筑	二十三年一月	
第二区	学校	区立第三初级小校	十字店		七	公共建筑	二十三年十一月	
第二区	区保公所							
第二区	仓房	区仓房	张集	四	三	公共建筑	二十二年十二月	
第二区	仓房	区仓房	济渡堂		八	公共建筑	二十三年二月	
第二区	工厂	上北古工厂	上北古		一五	公共建筑	二十三年一月	
第二区	壮丁住所	壮丁队部	师冈镇	一〇	四〇	公共建筑	二十一年十月	
第三区	学校	区立第一初级小校	赵庄		六	公共建筑	二十二年三月	
第三区	区保公所							

续表

行政区域	种类	机关名称	座落	间数 草房	间数 瓦房	建筑方法	建筑年月	各区共计
第三区	仓房	区仓房	三关店		六	公共建筑	二十三年一月	共计一二间
	工厂							
	壮丁住所							
第四区	学校	县立第一中心小校	丹水镇		三五	公共建筑	二十一年十月	共计一〇五间
		区立第一初级小校	张堂		九	公共建筑	二十二年一月	
	区保公所							
	仓房	区仓房	朝阳山		六	公共建筑	二十三年十二月	
		区仓房	区仓房		七	公共建筑	二十一年十月	
	工厂	七峪工厂	七峪镇		一八	公共建筑	二十三年十一月	
	壮丁住所	壮丁队部	丹水镇		三〇	公共建筑	二十二年二月	
第五区	学校	县立初级中学	西峡口北寨		三五	公共建筑	二十一年十二月	共计二二三间
		区立回车小校	回车		二四	公共建筑	二十二年二月	
		区立第四初级小校	黄狮店		一二	公共建筑	二十三年十一月	
		县立第七小校	丁河店		一二	公共建筑	二十二年十月	

续表

行政区域	种类	机关名称	座落	间数 草房	间数 瓦房	建筑方法	建筑年月	各区共计
第五区	区保公所	第五区公所	西峡口		一二	公共建筑	二十一年十二月	共计二一三间
		第一联保公所	西峡口		三	公共建筑	二十三年二月	
	仓房	区仓房	西峡口		一五	公共建筑	二十一年一月	
	工厂	中山工厂	西峡口		三〇	公共建筑	二十三年十二月	
		屈原冈工厂	屈原冈		一五	公共建筑	二十三年十月	
		黄狮店工厂	黄狮店		九	公共建筑	二十二年一月	
		八迭工厂	八迭		三〇	公共建筑	二十一年二月	
	壮丁住所	壮丁队部	西峡口		一六	公共建筑	二十三年十一月	
第六区	学校	县立第三小校	赤眉镇		一二	公共建筑	二十二年十二月	共计八七间
		区立夏馆初级小校	夏馆		九	公共建筑	二十一年十一月	
	区保公所	第六区公所	赤眉镇		二四	公共建筑	二十三年十月	
	仓房	区仓房	赤眉镇		六	公共建筑	二十二年十一月	
		区仓房	冈底寨		五	公共建筑	二十一年一月	

续表

行政区域	种类	机关名称	座落	间数 草房	间数 瓦房	建筑方法	建筑年月	各区共计
第六区	工厂							
	壮丁住所	壮丁队部	赤眉镇		三一	公共建筑	二十一年一月	
第七区	学校	县立第六小校	杨集		四二	公共建筑	二十三年十月	区计一四七间
		区立第四初级小校	府君庙		二三	公共建筑	二十一年十二月	
		区立第二初级小校	刘观		一〇	公共建筑	二十二年二月	
	区保公所	第七区公所	杨集		二〇	公共建筑	二十三年十一月	
		第一联保公所	杨集		七	公共建筑	二十二年十月	
	仓房	区仓房	杨集		二〇	公共建筑	二十一年三月	
	工厂	杨集工厂	杨集		二五	公共建筑	二十三年二月	
	壮丁住所							
第八区	学校	县立第四小校	大王庙		二九	公共建筑	二十二年十月	共计四八间
	区保公所							
	仓房	区仓房	麦子山		八	公共建筑	二十一年十一月	
		区仓房	庆平寨	五	六	公共建筑	二十三年十二月	

续表

行政区域	种类	机关名称	座落	间数 草房	间数 瓦房	建筑方法	建筑年月	各区共计
第八区	工厂							
	壮丁住所							
第九区	学校	县立黄沙初级小校	黄沙		三	公共建筑	二十三年十一月	共计三三间
		区立第一初级小校	桑坪		三	公共建筑	二十二年十二月	
		区立第四初级小校	石家河		三	公共建筑	二十二年二月	
	区保公所							
	仓房							
	工厂	太坪镇工厂	太坪镇		九	公共建筑	二十三年十一月	
	壮丁住所	壮丁队部	二郎坪	五	一〇	公共建筑	二十一年二月	
总计				二四	八七〇			

5. 经济组织

一、农民借贷所　内乡借贷所，创办于二十一年十月，地址在七峪镇，各区办理代放代收。基金公股十五万元，私股历年民团阵亡官兵抚恤金五万六千三百元（剿匪阵亡官兵每名恤金三百元，拨存借贷所，每月由家属取息不取本）。利息分二等，贫民借贷，月利一分五厘，其余为月利二分。贷款用途，多为灾荒婚葬用款，及小本贸易，现因各区仓谷贷出时，每值春荒，借款用途，遂不以上述性质为限。现拟将二十三年春送往华洋义赈会学习合作之学生五人，一律调回，结束借贷所，拨积金，办理信用合作社，而将借贷所，改为县立农民银行。

二、积谷仓　本县积仓办法，开始于民国念二年春季，其标准为每石稞籽，夏季豌豆五升，秋季谷子五升，而保管人员，则由每区推股实公正人士三人并五人，组织保管仓谷委员会，负保管仓谷全责。地址设于区公所，但于辽阔之地方，分设积谷所，遇有灾荒，开仓赈济，不限区域，每值春季青黄不接之时，开仓贷种，由贫民借吃，收后归还，仅出赊耗，不另取息。

三、积仓总数　法定数一六〇〇八石三斗三升。临时数六四七七石三斗六升。法定数系依省令办理者，比较固定，临时数则为合作性质，无所谓固定性。平时可以借吃，区中有残废孤老者，即以此周济之。贫苦产妇，无力自赡者，给一月供养，亦以此为指项。但均须经保管委员，审查通过。

6. 农村保卫

提起土匪二字，在各个人脑筋里，总留有一个恐怖的印象。由完全匪化区域里，挣扎十余年，才奠下自卫的基石，才获到无匪患，无偷贼的现在局面。值此常备民团，遣散归田之际，邓县股匪，又蠢动起来。本县濒近川陕边陲，应如何筹一长治久安之策，助扶人民自卫，巩固党国基础，切盼政府有以策划之。

一、武装训练　本县自卫办法，严采寓兵于农之旨趣。在匪乱时期，虽有若干常备队，维持秩序，但年在十八岁以上，四十岁以下之壮丁，经编为后备队。分一、二、三、四各区训练，现值地方安定，常备一律散归田间。其尚有未经训练之壮丁，刻正奉省府令，编入壮丁队，经过这一次，全县壮丁差不多都受过相当的武装训练。

二、组织系统　遵照省府法令编制，县设壮丁总队，县长兼总队长，总队下为中队，中队下为联队，联队下为分队，全县共有五中队，八十九联队。武器枪支土炮戈矛参半。

三、训练人才　可分三期述之：

1. 第一期——二十二年春，开办民团干部训练所，调集全县常后备民团，中下级干部集中训练。最后两月，延请宛西乡师职教员，讲授三民主义浅说，地方自治，农林常识，注音符号。二十三年担任壮丁训练者，即此辈学生。

2. 第二期——第一期训练目的，原在推行政教养卫合一。不仅限于训练壮丁，而在于辅导保甲长和民众，办理地方自治，改良农业……但第一期毕业人员，基本知识，仍觉较差。故于二十三年八月，抽出宛西乡师，内籍学生八十九人，成立自治班，除军事外，特别注重于民众教育，生计教育，保甲制度。现在各联保，任壮丁联队副，兼民众学校校长者，即本期毕业学生。

3. 第三期——第二期毕业学生，散布各联保，工作面积，仍觉较广，工作不能深入。于二十三年冬，特商请县政府，开办壮丁小队长训练班，每保挑一识字青年，前来受训，期限三月，除军事训练外，特别注意于保甲制度，民众教育，注音符号，农林浅说。现在各保任壮丁小队长，兼民众学校教育者，即本期毕业的学生。

7. 乡村教育

地方事业，是由自卫入手。现在特别扭转到从教育入手，无论是自卫、自治、建设，都是以教育力量作骨子，以整个乡村建设作目标。因此，这一时期，大部分力量，差不多都用在教育方面。同时我们所期望的教育，是适合于社会需要的，建设的一种力的教育。受了教育的人，就要发生一种力量——建设乡村的力量。不是装潢门面，不是为研究而研究。年来本此目标，创办宛西乡师，并确定各种教育方针，赓绩办理。推行以来，因我们能力太薄的关系，没有显著的成绩，兹一一略举出来，向各方请教！

一、民众学校 兹将过去办法暨校数，分述于下：

1. 所在地小学，均附有民众学校。

2. 本年春季，各保至少办一校至三校。

3. 所有壮丁队均限其入民众学校，民校教员兼小队长。民校校长兼联队副。使壮丁与小队长，联队副，发生师生关系。

4. 实行生计巡回训练：农忙时，由民校教员校长，指导农民耕种。比方春季树如何植？棉花如何种？先期即以此种方法，训练民校教员校长，再叫他们下乡，一面讲给民众听，一面指导着实作。春季农作物要改进的是些什么？就集合民校校长教员，训练些什么？民校校长等下乡，就照着讲，并领着作。

5. 民众学校，毕业期限，暂定六个月。一二两月，注重基本文字训练。三四两月，注重公民训练——开会、议事、表决、选举之演习，国内外大势，和三民四权之了解。五六两月特别注重于生计基本训练。

6. 现有民校：第一区三十一校，第二区二十五校，第三区三十一校，第四区二十一校，第五区三十二校，第六区四十二校，第七区二十校，第八区二十七校，第九区七校，乡师试验区二十一校，共计二百三十七校。现有学生一万五千一百六十八人，本年春季，民众学校，已增至八百三十三校。

二、乡村小学　兹将小学教员，应负责任，暨将来计划，分述于下：

1. 负自治事业指导之责。

2. 负农业森林指导之责。

3. 假期或课余负协助一切调查之责。

4. 负办平民夜校之责。

5. 各小学均附设苗圃一亩，农场一二亩。手工科，采实用工艺，十岁以上小学生，所戴草帽，奖励自编，以厉行政教养合一之主张。

6. 本年下期，拟一律推行平教会组织教学办法。

三、中等教育　本县教育，有镇内淅联立之宛西乡师，暨县立初中。除县立初中，系为准备学生升学外。宛西乡师办法，另由该校发表。

四、传习教育　本县为家蚕山蚕产域。二十年至二十四年，各区均设有蚕桑传习所，抽调青年农民，分期训练，训练毕，派赴各乡村，指导农家饲育。

8. 结论

过去地方事业，是由自卫入手，办理自卫式的地方自治，虽是时势逼迫着，不得不走这条路。所得结果，仅是脱出骚动的形态，进入安定的现状。人民的自觉力和自动力，仍觉着较差。至于顾及社会整个性的，推动乡村建设，尚谈不到。绕来绕去，绕出一个政、教、养、卫、合一的要求。对于壮丁训练、就经过三个时期的转变。第一个时期，是想扭转民团，走向生产化、教育化、建设化的大道，然而事实不像理想这么简单。于是有第二个时期的转变，转变后，独觉力量多薄，不能深入农村，于是又有第三个时期的转变。就理想上说，现在小队长，是民众学校教员，同时又是辅导保长的保长，第二联队副是该联保的民众学校校长，同时又是辅导联保主任的第二联保主任。保长和联保主任，工作有不力者，将来就以小队长，联队副，任保长和联保主任。同时各处小学教员，又是训练过的，要他辅导着小队长联队副共同推进地方事业，这么一来，不就把政、教、养、卫，扣合起来吗？然而又发生了问题，整个的建设方案，如何决定？这一套连锁的方法，又如何研究？这个大前提，得不到解决，联队副小队长等，下乡的时期，那当先作，那当后作？推动这一件事，又怎样能够叫哪一件，同时动起来，这一点，正待各乡建专家，替我们设法解决，同时希望政府，顾及到地方实际情形，领导着地方走上民族自救的大道上。

篇十四　中华职业教育社农村工作报告

江问渔　姚惠泉

一、工作的发轫

二、工作的演进

三、工作的一般

一　工作的发轫

中华职业教育社成立到现在，将近十八年。最初努力于职业教育之宣传提倡，和公务教育的试验实施。其后又鉴于农村的衰落，与一般农业学校造就的人才，不合实际的需要，并且不能担当挽救农村衰落的重任，主张改变方向，把职业教育的范围扩大，深入到农村里去。民国十四年八月，黄任之先生，参加举行于山西太原的中华教育改进社，第四届年会，演讲职业教育，提出山西职业教育计划案，中有划区试验乡村职业的一项，很得各方的同情。山西当局并请黄先生调查了好多县分，指定了好几个试验区，终因兵祸纷起，在山西就停顿了。后来在十五年五月，联合了中华教育改进社，中华平民教育促进会总会，东南大学农科，订定条件，共同试办划区改进农村工作。经了多时调查的结果，就决定设第一试验区于江苏昆山的徐公桥，在那年十月，正式宣告成立，公布改进农村生活事业大纲十条。十六年三月，因为时局和经费的关系，暂告停顿。这短短的半年称做筹备时期；到此为止，也是中华职业教育社从事农村工作的第一时期。

二　工作的演进

在徐公桥试验区成立时，公布的改进农村生活事业大纲十条，是中华职业教育社第一次的农村改进工作大纲。

到了民国十七年四月徐公桥由社独立继续举办，聘定干事，协助地方人士，组织改进会，做了实施改进的机关。在社的内部添设农村教育股，做了推动农村工作的主脑，并且订了一份农村改进实施办法，作为进行的标准，一份六年试验计划进行表，作为进行的根据。

十八年八月，农村教育股，改为农村服务部，实施办法作第一次的修订，将事业分做文化、经济、政治三大部，定连锁进行方法，而以教育做推进的主力。这年的十一月，镇江黄墟改进区因了江苏省农矿厅的合作而成立，进行方法和徐公桥大致相同。

十九年八月，设立徐公桥农村改进讲习所，招收学友十人，加以严格训练，且做且学，一年毕业，分别出外服务，他们的工作方式，也是和徐公桥大致相同的。

二十年七月，成立了吴县善人桥改进区，接办了浙江绍兴善庆农村小学。同年十月，成立了泰县顾高庄改进区，三月设立了观澜义务教育试验学校，试验半日制，全日制，时间制的儿童与成人教育，这一年徐公桥成立了六个分会，托六个分校帮同主持，于是事业的进行，益见顺利，从这时一直到现在，又先后设立了好几个农村工作机关。

二十二年十月，设立漕河泾农学团，招收二年毕业的农村服务专修科团友三十四人，一年毕业的鸿英乡村小学师资训练所团友十五人，有园艺场、畜养场、农场、民众教育场和沪郊改进区小学校等，做研习的场所，在这个时期里，社的农村工作，有两件事值得报告的：

（一）是农村工作的方式，正式规定，分为单式组织，和复式组织的二种。单式组织，是以小学做推进工作的中心；复式组织，是以改进会区乡公所等机关，做推进工作的主力。

（二）是制定农村工作纲要图，使实施工作的趋向，益加确定，图附如下：

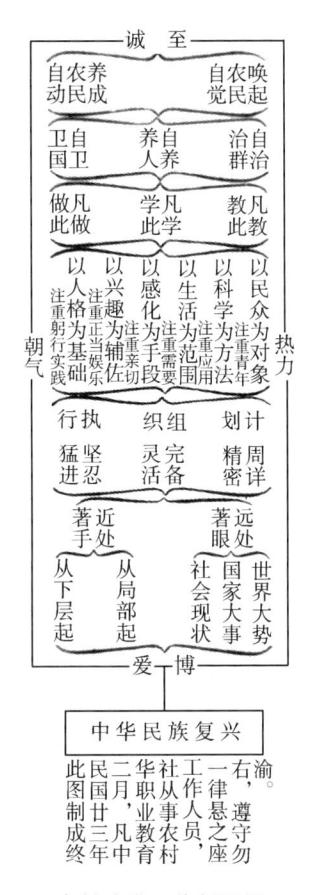

```
         ┌────── 至 ──── 诚 ──────┐
         │  自农唤        自农养    │
         │  觉民起        动民成    │
         │                          │
         │  治自    养自    卫自    │
         │  群治    人养    国卫    │
         │                          │
         │  教凡    学凡    做凡    │
         │  此教    此学    此做    │
         │                          │
         │ 以以以以以              │
         │ 人兴感生科民            │
         │ 格趣化活学众            │
朝 注注注注注 热
气 重为重为为为为
   躬重当重重范对 力
   行基辅亲方需青
   实础佐切段要年
   践  佐切段要象
         │                          │
         │  划计    组织    行执    │
         │  精周    灵完    猛坚    │
         │  密详    活备    进忍    │
         │                          │
         │  著远    著近            │
         │  眼处    手处            │
         │                          │
         │  世国社  从从            │
         │  界家会  局下            │
         │  大大现  部层            │
         │  势事状  起起            │
         └────── 爱 ──── 博 ──────┘
                     │
              ┌──────────────┐
              │  中华民族复兴  │
              └──────────────┘
   此民二华社工一右
   图国月职作人律渝
   制廿业事员'，
   成三教农座遵
   终年中育村勿
```

农村改进工作纲要图

三　工作的一般

中华职业教育社的农村工作机关，列表如下：

名称	地址	户口	面积	负责人	开办年月	备注
徐公桥乡村改进	江苏昆山安亭徐公桥	七三五户三五九七人	四〇方里	蔡望之陈明之金轮海	十七年四月	六年试验计划完成于二十三年七月交归地方自办并扩大区域为昆山地方自治实验区

续表

名称	地址	户口	面积	负责人	开办年月	备注
黄墟农村改进区	江苏镇江新丰黄墟	一三二九户五七七四人	五三方里	冷御秋李西涛	十八年十一月	
中华新农具推行所	上海华龙路八十号			姚惠泉祝唯一	十八年十月	
三益改良蚕种制造场	江苏镇江桥头镇		三四八亩	冷御秋	十九年三月	
善人桥农村改进区	江苏苏州木渎善人桥	一四五七九人	四四〇方里	张仲仁王洁人朱孟荣	二十年七月	二十三年十一月交与吴县教育局接办
顾高庄农村改进区	江苏泰县姜堰	七三〇户三五〇八人	三五方里	顾君义	二十年十月	
善庆农村小学	浙江绍兴柯桥州山	六百余户三千余人		吴性栽高东方	二十年七月	二十三年八月交归地方接办
诸家桥乡村试验小学	浙江余姚五夫	六	六方里	夏杏芳阮蓝田	二十年八月	
丁卯乡村小学	江苏镇江太平乡			许秋帆俞应江	二十二年三月	
农村服务专修科	上海漕河泾			黄齐生王印佛	二十二年十月	与鸿英师资训练所合称漕河泾农学团
鸿英乡村小学师资训练所	上海漕河泾			杨卫玉王印佛	二十二年十月	与农村服务专修科合称漕河泾农学团

续表

名称	地址	户口	面积	负责人	开办年月	备注
沪郊农村改进区	上海沪闵路	约三万人	约三百方里	陆叔昂王印佛沈寄农	三十六年六月	跨上海市松江县上海县三行政区分设赵家塘金家塘吴家巷三办事处
观澜义务教育试验学校	昆山地方自治实验区回巷村	一一七户六〇一人	三方里	杨潘叶菁	二十年三月	
陆景乡村小学	昆山地方自治实验区唐家角	一四〇户六一九人	四方里	茅志岳	十八年二月	二十四年一月交还地方接办
荻山自治实验乡	江苏上海县第四区	四二五户二一三七人	一五方里	乔憩林姚惠滋	二十三年二月	

在这许多机关中间，因为限于篇幅的关系，只有提出（一）最初开办的徐公桥改进区，（二）训练人才的漕河泾农学团，（三）最近开办的沪郊农村改进区来略略说一说，以见工作的一般：

甲、徐公桥乡村改进区

子、组织

徐公桥已于二十三年七月交归地方人士接办，目前他们还是有一个改进总会，七个改进会分会，一共有会员四百六十多人。在各分会的会员中，每一分会，各自举出五个干事，组织分会干事会，加上一个分布小学的校长，做干事会书记。再由各分会的干事，举出九个总会的委员，由委员举出了一个主席，组织改进会委员会，加上一个农民教育馆馆长，一个中心小学校校长，做了委员会书记。再由委员会请了昆山县长，教育局长，公安局长，和中华职业教育社代表二人，一共五个人，组织了一个顾问会，来帮助委员会推进。这样的组织，似乎还严密，而人选也还健全，所以事业的进展，仍能顺利地无多大困难。

丑、经济

徐公桥近一年来进展的事业，最快的要算合作社，只就这次冬季的白米储藏而论，竟超出了二千石，信用借款超过了八千元，肥料借款也将近二千元。最近筹办白米运销合作，中华职业教育社已许加以助力，直接运销于上海，是一件有希望的事业。目前合作社的全部营业，将达三万五千元，全区人口不过三千六百人，那在经济上自然获着不少的利益。又靠了合作社经济的关系，无形中约束社员，日渐向上，嗜鸦片的自然淘汰之列，（区内鸦片绝迹）即喝酒和到区外赌博的人，也大形减少，这是合作社成立后莫大的收获。可惜合作社组织还不能满意，对于合作社原则当然未能尽合，理事会的少数人，到底太辛苦了。这种办合作社免不了的过程，正在督促改进的。

寅、教育

其次是教育，关于义务教育，因了昆山县教育局的帮助，指定做义教实验区，经费没有问题，一方面因为警管区的试办，保甲制的实行，再加上改进会分会的努力，学龄儿童入学的，已达到百分之九十以上，可是成人识字教育，近来没有显著的进步，这也在研究督促中的。

卯、建设

建设方面，桥梁已全部完成，泥路也增筑不少，石子路因为经费关系，最近没有增加。河渠的浚修，用征工方法，与政府百分之二十经费的补助，有好多处完成了。

辰、保安

保安方面，死亡率比四年前减少了百分之四十五，疾病统计，比四年前减了百分之五十八，改进会的诊疗所，近来简直门可罗雀。不过保卫训练反松懈下来，这个因为保卫的需要大行减低；一则地方实在太平无事，有夜不闭户之概。二则警管区保甲制实行后，奸人更无混入，他们只有偶或招集旧保卫团，团员操演一下，既没有冬防之组织，也没有想新团的训练。他们在一二八接济十九路军第五路军的经验，认为江南之人，谈不到执干戈以抗敌人，只要在后方地理接济，防护治安就够，这不能说他们没有民族意识，不过环境如此，就也难以振作了。不料区外附近的客民，看到了到这个弱点，就乘这次废历十二月三十日深晚十二时许，聚集了六个人，带了刀棍手枪，从吴淞江起岸，偷偷地劫你一个冷不防。遭殃的是一个青年农民张姓，他因为拼命抵抗，竟致小腹上受了一刀，连肚肠都拖出来，大喊救命的结果，惊起了四周的乡邻，鸣锣开枪，此六个人急急地逃了。乡邻把受伤的张姓报告诊疗所救护，终算没有死掉。一方面六个匪徒，因为保卫团团部，和公安局的合力搜捕，竟于废历大年初一的下午，在区外的安亭镇上一个也不少的捉到了，这个教训，目前正做着鼓吹训练新团员的材料。

乙、漕河泾农学团

子、创立缘由

中华职业教育社附设的农村工作机关既不少，而各方面请求介绍农村工作人员的又很多，觉得合用的人实在太少。民国十九年徐公桥改进讲习所训练的学友十人，又分配无余，于是就上海近郊的漕河泾，创设一班农村服务专修科，得到上海市政府的帮助，居然于二十二年十月实现了，一共招收了高中毕业，服务农村二年的学友三十四人，预定二年毕业，招考的方法，先通信决定其准考与否，结果在通信的一百十八人中，准考的只三十七人，再招来作文字、演说、体格、劳作等考试，取录了三十四人，后来又淘汰了六人，现余二十八人。那时上海鸿英教育基金董事会，曾托本社代办鸿英乡村小学师资训练所招收毕业师范，有服务经验的学友十五人，加入共同训练，预定一年毕业，就混合组织为农学团。因团址在漕河泾，所以称做漕河泾农学团。这是中华职业教育社最近训练农村工作人员的唯一场所。

丑、生活提要

集中　农学团在最初四个月，称做集中生活时期，实行军队化，纪律化，团友在生活上力求平等，在职位上严分等级。经过三周间的生活调溶，训练，方始作正式的研习。课程种类，大概分做教育、卫生、农事、经济、村政、组织等，极端注重精神陶冶，农事操作，军事训练，事务练习，组织系统如下：

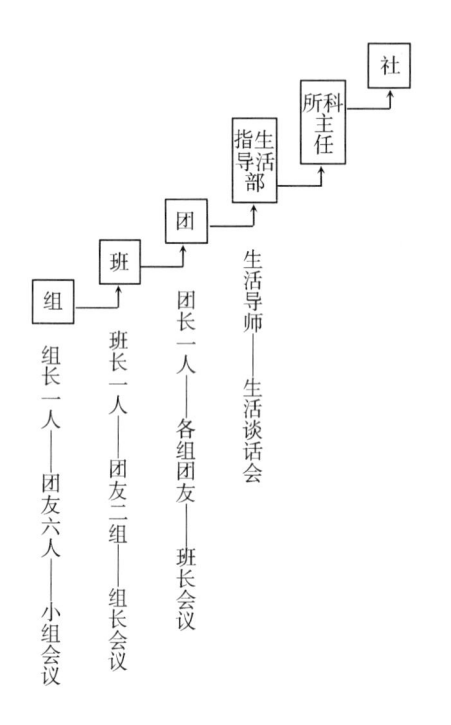

```
          社
          ↑
         所科
         主任
          ↑
       指生
       导活
       部
          ↑
        团 ——— 生活导师——生活谈话会
        ↑
     班 ——— 团长一人——各组团友——班长会议
     ↑
   组 ——— 班长一人——团友二组——组长会议
   ↑
  组长一人——团友六人——小组会议
```

分工　到了二十三年二月，集中生活期满，师资训练所的全部团友，分往沪闵路一带乡村，办理小学，实习单式组织的农村改进。专修科的一部分团友，分往沪郊赵家塘吴家巷等处，办理复式组织的农村改进，一部分团友分任团本部园艺场，畜养场，农场等工作。每二星期，各团友集中团本部一次，加以训练，一共六个月，称做分工生活时期，组织系统如下：

实习　二十三年八月，师训所团友正式办理鸿英乡村小学三校，分校五所共十一级，专修科团友选择十个地点，分别担任农村改进一切工作，每二个月集中团本部一次，称做学业实习时期，从二十四年三月起，专修科，团友一部分调动，担任独当一面的工作，倘有困难，随时与团本部通信，团本部也随时供给团友各种材料。直到十年七月为止，称做业实习时期。以后就算毕业，但本部还是存在，做各团友的指导机关，预备每年相当时期，还要集中一次，加以训练，平时的通信与供给材料，自还继续办理。

寅、目标和方法

中华职业教育社办理农村改进事业，主张经济、文化、政治、三者连

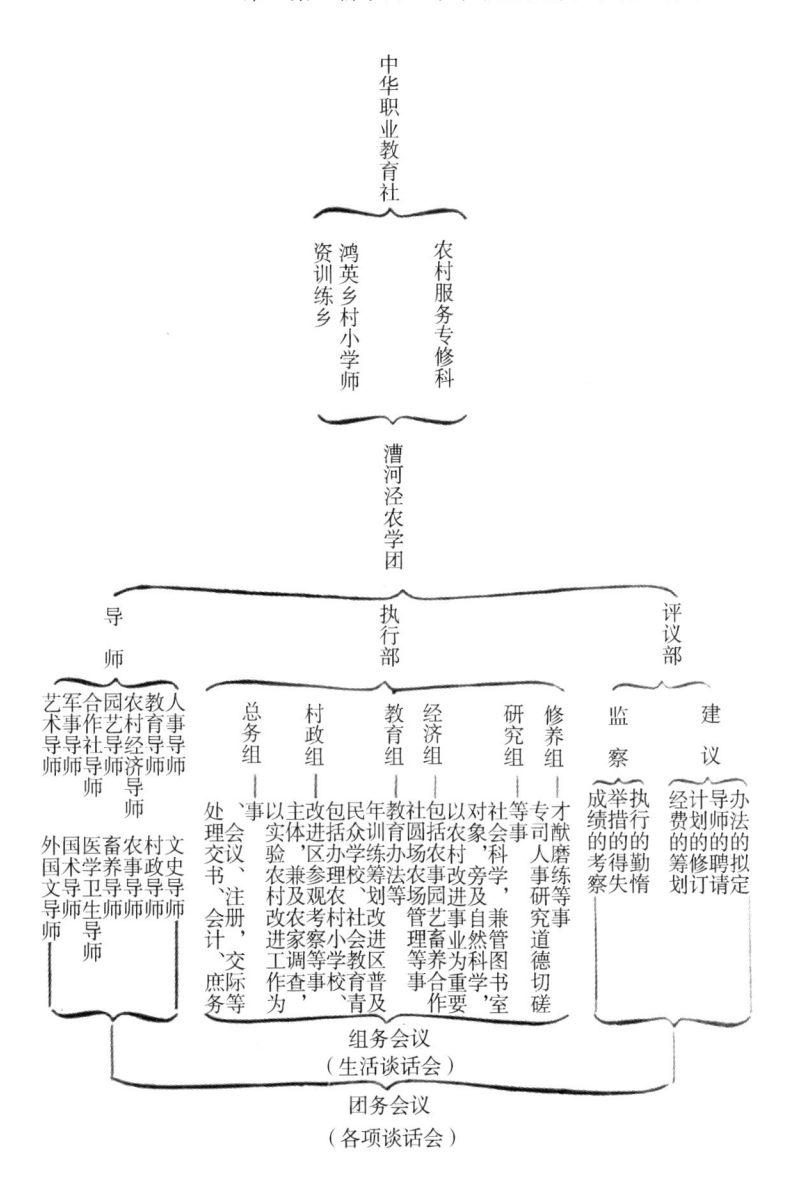

```
                    中华职业教育社
            ┌─────────────┴─────────────┐
       鸿英乡村小学师资训练乡         农村服务专修科
            └─────────────┬─────────────┘
                    漕河泾农学团
   ┌────────────────┬────────┴────────┬────────────────┐
   导师             执行部                            评议部
```

导师：军事导师　合作导师　园艺导师　农村社会导师　教育导师　人事导师　艺术导师　外国文导师　国术导师　医药卫生导师　畜牧兽医导师　农事导师　文史导师　民政导师

执行部：
- 总务组：处理事务、会议、文书、注册、会计、交际、庶务等
- 村政组：以实验区为兼办参校、农村及观察村改进、农家调查、改进工作、农村小学教育等
- 教育组：民众训练办法、包括农民教育、筹划、农场园艺、乡村小学教育普及青年
- 经济组：改进农村经济事业、合作社、农事改良、管理畜养事业合作要
- 研究组：对社会现象、科学、事自然科学、兼管图书室
- 修养组：专司人事研磨道德切磋

评议部：
- 监察：成绩考察、举办的的的的的得勤失惰
- 建议：经费筹划、计划修订、办法拟请、聘请定

```
        └──────────────┬──────────────┘
              组务会议
            （生活谈话会）
              团务会议
            （各项谈话会）
```

锁合一，——就是富教政合一，——来改进农民整个生活，达到真正自治做目的，所以农学团的总目标，一是"自养养人"，二是"自治治群"，三是"自卫卫国"，所有工作同志，"凡做做此，凡学学此，凡教教此"；对己、对人、对事、对物的一切动作，都是这样；并且实行"教根于学""学根于做""做是学之始""教是学之成"的主张，同时还实行"一面做一面学，从做中间求学，从做学中间求得系统的知能"。这是工作同志

"做""学""教"不二方法，也就是持此以达到改进农民整个生活唯一的途径。

卯、现在的生活

师训所团友十五人生活的分布，都在沪闵路一带。计：

1 鸿英第一小学区——鸿英第一小学四人——一小分校二人。

2 鸿英第二小学区——鸿英第二小学三人——二小一分校一人——二小二分校二人。

3 鸿英第三小学区——鸿英第三小学二人——三小分校一人。

专修科团友二十八人，生活分布的区域较广，计：

1. 团本部办事处二人。
2. 沪西团艺场二人。
3. 劳获畜养场一人。
4. 万生农场一人。
5. 沪郊改进区三人。
6. 马桥农民教育馆一人。
7. 三林农民教育馆一人。
8. 黄渡农民教育馆一人。
9. 高桥改进区二人。
10. 徐公桥改进区二人。
11. 南京和平门二人。
12. 浙江湘胡乡师一人。
13. 安徽特教处一人。
14. 广西研究院一人。
15. 四川成都一人。
16. 江苏东台小学一人。
17. 常州工学团一人。
18. 考察全国农村四人。

丙、沪郊农村改进区

子、决定地点

从昆山徐公桥改进区六年试验计划将告完成，预备交归地方人士接办之前，中华职业教育社在上海近郊，调查了许多农村区域，预备另外划定一区，把办理徐公桥改进的人才经济，移来办一个新改进区。一方面作为在都市中鼓吹农村去的实例；一方面作为农学团长修科团友，实习在复式组织下办理农村改进的场所。后来在二十三年三月初，决定就上海西南沪杭公路的沪闵段，北起上海市的吴家巷，跨过松江县境，南到上海县的赵家塘，面积约三百方里，称做沪郊农村改进区。

丑、三个办事处

沪郊区中又决定了三个办事地点：一个是最北的吴家巷，预备拿经济做出发，而以万生农场做根据地。一个是中间的金家塘，预备拿教育做出发，而以鸿英第一小学做根据地。一个是最南的赵家塘，预备拿自治做出发，而以众安乡公所做根据地。后来因为经费及领导人材过于缺乏的关系，就把赵家塘先干起来，在二十三年三月十二日开始筹备，一直到七月初，金家塘，吴家巷才相继发动，可是到了现在，吴家巷一处，还是因为种种关系，进行得异常迟缓。

寅、下手方法

只有赵家塘按照预定步骤，进行很是顺利。金家塘也还有一些成绩，这二处都是靠了医药的力量，而把农民的心抓住，接着办理民众教育场的力量，而把农民组织起来。于是户口调查，经济调查，保卫组织，都很顺利的办就。在乡公所保甲长自治制度之外，另有和徐公桥差不多的，改进会会员大会，委员会改进会分会，帮同推动。

卯、事业概况

沪郊区因为成立不久，还不能说怎样的成绩，现在姑且提出几点，大略说一说：

组织　除了邀集热心公益，绝无嗜好的农民；组织改进会会员大会，产生委员会，成立办事处外，又划分小区做分会区，已经成立了四个分会。同时有户长会议，研究从家庭的整理扩而为地方的整理。有妇女家政会，指示各种家政上改革要项。有青年服务团，训练为公服务精神。凡是地方上的事务，已能很热心的参加。有儿童作业团，就家庭、学校、社会三方面的需要，加以各种作业训练，儿童对于作业的兴趣大增，家长们很是欢迎。这次冬防期间，又有守望队和保甲的组织，竟收到窃盗绝迹的效果。（以前区内到冬季终有窃盗案件）

教育　根据了教育调查,全区增设了小学八校十一级(原有三校五级),积极作推广义教和民教,实行学校教育社会打成一片的主张。每个小学,附有民众教育场,试行不测重于识字的教育,把三十岁以上的男女成人,组成普训班,十四岁以上,三十岁以下的青年男子,组成青训班,青年女子组成女训班,都注重精神的陶冶,公民的训练,常识的灌输,时事的报告。特别注重于青年,俾成异日农村社会的中坚。现有小学生四百八十二人,青年一百五十七人,成人九十五人。有好多地方事情,就在教育场内大家发动,而请乡公所举办的,一切风俗的改良,婚姻的举办,调查的实行,都由教育的力量,收到顺利进行的效果。

经济　经济调查已完成。本年即将着手农事的改进,合作社亦开始筹备。农事的改进,预备用中心农场,特约农田双轨法进行。种树养鱼也相当鼓吹,而将于今春实行的。关于水利道路桥梁,得到政府的助力,农民很高兴的自己兴修了一部,小小的公用水埠,已成立二处。

保安　医药方面,有诊疗所一,简易药库四,大受农民的欢迎。区内事业的进展,得到医药的助力,很是不小。今年起,更注重预防,预备协助乡公所举行卫生运动,注射防疫针,布种牛痘。警管区的试办,也因公安局的帮助,而实现了一处。赌博在这次废历新年,竟自动绝迹。吸鸦片的,都因保甲的严密,调查得非常正确,定下分期戒绝办法,(年轻者先戒,定二年戒绝,)已开始实行了。

篇十五　农村复兴委员会一年来之工作

孙晓村

一　向行政院的建议
二　内部的工作

一　向行政院之建议

农村复兴委员会成立已近二年。依照章程规定非执行机关，其任务有二：（一）调查与研究，以其结果或建议于行政院，或备行政院之查考咨询，或刊布以供众览；（二）联络与促进，调查全国各公私机关之工作，为之联络，并设法予以促进及鼓励。二年以来，该会依据调查及研究之所得，向行政院建议者，计有下列各项：

（1）设立中央农业实验所　是案于民国二十二年五月十九日经行政院第一〇三次会议，将其开办费经常费及组织系统通过如下：开办费五万元至三十万元，经常费每月五万元，由实业部设立中央农业实验所，设所长副所长各一人，内分农业经济，动物生产，植物生产三组，从事研究垦荒、合作、推广、改良育种、除虫等工作。民国二十二年六月间中央农业实验所正式成立，由国民政府任命实业部部长陈公博兼任所长，钱天鹤为副所长。

（2）设立中央农业银行　是案经民国二十二年五月十九日行政院第一〇三次会议通过。当时所定的办法纲要如下：（一）农业银行，采用土地抵押，及分期摊还之放款方式，辅助农林垦牧农田水利事业之发展，在未设立农民银行之区域内，农业银行得代理其业务。（二）农业银行设总行于首都，分设支行或代理处于国内适当地点。（三）农业银行资本定为国币一千万元，收足总额二分之一，即开始营业。（四）由国家银行，商办银行，及信托公司，保险公司，投资四百万元，一次缴足，其投资及保障办法另定之。（五）除前项四百万元外，其余资本额数由政府筹足。

（3）救济华北战区　农村复兴委员会委员陶孟和章元善，以河北省区人民负担奇重，此次敌兵所至之地，人民所受痛苦更深，现值战事告一结束，战区救济刻不容缓，故拟具战区农赈法办法九条，拟请设立华北战区救济委员会，经提出行政院第一○八次会议决议通过。并派黄郛、于学忠、李煜瀛、张继、王树翰、王克敏、陶孟和、吴鼎昌、宋哲元、庞炳勋、王揖唐、周作民、蒋梦麟、张伯苓、汤尔和、鲁荡平、卞白眉、周贻春、何其巩、庄乐峰、魏鉴、鲁穆庭、方擎、章元善、李钦、张志潭为华北战区救济委员会委员，并以黄郛为委员长，于学忠为副委员长。该会办理救济放赈，为时计阅一年，颇为战区人民所称道。已于民国二十三年八月，办理结束。未了工作，交华北农村合作事业委员会办理。

（4）整理各省农业机关　农村复兴委员会以中央及地方与农业有关系各机关，应就其现有经费加以整理，删去浮滥重复以增加效能，故建议行政院，由各部会自拟方案，提出讨论。后由实业部提出整理办法，于民国二十二年六月二十七日行政院第一一二次会议通过。其整理办法纲要如下：（一）各省省立农事试验研究及其他农业机关，应由省农政主管厅就原有之经费加以整理，删去浮滥重复，以期增加效能，限文到两月内，将整理情形呈报实业部备核。（二）各县县立农事试验场或农业改良场，每年经费在六百元以下二万元以上者应就原有经费改为农业推广所，或农业指导员办事处，依照修正农业推广规程办理（修正农业推广规程于本年三月由实业教育内政三部会令公布并由行政院通令各省遵照办理在案）。（三）各县县立农事试验场，农业改良场或农场，每年经费在六百元以下者，应就原有经费酌改为示范农田，或种子繁殖场圃。（四）各县县立农事试验场农业改良场或农场，每年经费在二万元以上者，应就原有经费加以整理，仍从事试验研究工作。（五）各县合作社指导所，或合作指导员，在已设有农业推广机关之县，应酌量情形，归并于农业推广机关。按修正农业推广规程，规定县农业推广机关内，设置农村合作指导员，如县内另设合作社指导所或合作指导员，似嫌重复，但在注重都市方面合作社之指导者，毋庸并归。

（5）救济华北产麦滞销　民国二十二年秋间，华北各地产麦滞销，数千万之农村人民生计，顿感恐慌，是年八月二十二日行政院会议，乃定由铁道财政实业三部南京市政府及农村复兴委员会于八月二十六日派员出发调查，并作成救济方案，报告呈院。后各机关代表调查结果拟办法多项经行政院采用，其中最要者为增加洋麦及面粉进口税。

（6）废除苛捐杂税　民国二十二年十一月一日农复会通电各省政府及人民团体，要求报告当地苛捐杂税情形。各地方政府及人民送来报告者达十六省市。乃即拟具废除苛捐杂税进行办法节略，于民国二十三年二月二十七日提出行政院会议通过。其步骤为：（一）由行政院通令各省市政府，负责切实调查该省市内各县各地方一切捐税之名目，税率及用途等，限于本年三月内完毕。（二）由各省市政府，依据调查结果，详加研究，并参照该省市内度支实在情形，拟具减轻田赋附加，废除苛捐杂税之具体计划，限于本年五月内作成，将报告与计划书，送达财政部。（三）财政部于收到各省市报告及计划书后，再加研究，作通盘之筹划，于本年六月间召集各省市财政当局，及经济界代表，到京开会，切实商定裁废抵补办法，并议定地方捐税种类范围，以后增税，必须经过法定程序。财政公议后提早于五月开会其结果已由该部印专刊公布，至二十三年底止，各省杂税经废除者达一千种，税额约达三千万元。

（7）设立整理地方捐税委员会及各省市监理委员会　本会以苛捐杂税之废除，诚为当今迫切之需要。然而此事与中央及地方财政息息相关，非缜密研究，妥定步骤，随时督促，次第推行，难期实效。此项工作财政部必须有一永久性质之机关切实办理。爰拟仿照国定税则委员会之例，于财政部赋税司之旁，添设委员会，任用专门人才，专司调查研究，并作成具体计划，呈财政部长采择施行。一面废除各种不良之捐税，一面开辟正供之财源，以为抵补。同时各省市应有监督机关，使苛捐杂税不致废而复作，除而益滋。经由该会拟具整理地方捐税委员会及各省市捐税监理委员会组织大纲草案提请全国财政会议通过，嗣由财政部修正呈经行政院核准备案。现在，整理地方捐税委员会已成立数月，分区向各省接洽废除苛捐杂税之实施情形，亦已详载报端。各省市监理会亦已由行政院通过聘任矣。

（8）设立粮食运销局　该会以我国产米区域，今夏亢旱为灾，民食问题顿形严重。去年虽有积存米粮，约计七百万石之谱，（计湖南积谷二百万石，安徽积米二百万石，江苏积米三百万石，）但广东一省，每年须输入八百余万石，以此积存之米，供养广东一省，不敷尚巨。又如浙江一省，年须消费一千余万石，而生产仅八百万石左右，本年度短少尤巨，约四五百万石之谱。且江苏等省，灾情奇重，米产之减少，呈惊人之纪录，其他边陲各地，纵有粮食产额之增加，与中部主要市场，交通阻隔，犹如远水不能救近火。故准专门委员顾馨一氏之提议，请中央设立粮食运销局，在财政实业两部监督指导之下，努力运销粮食，使内地米粮，得以流通，荒裕区域，得以调剂。该局之组织及办法，大致依照蒋委员长所召集之八省粮食会议所议定之八省粮食运销局办法，是案于二十三年七月十七日提出行政院会议。决议："由政府设立粮食运销局，由财政部主办。并召集实业、内政、交通、铁道各部暨农复会会商计划。"会商之计划亦于十一月二十日通过院议时，该局成立当为时不远，实际之运销工作，已由财部进行。

（9）设立中央农村服务讲习所　年来公私机关，提倡农村事业，在在均感人才之缺乏，经委会在赣省拟设立"服务中心区"十处，各聘农业医学经济教育之专门指导员四五人，指导该区域内农业卫生教育自治之改良事项，用意甚佳，然亦颇苦于人才之难得。农村复兴委员会拟将此种办法酌加修正推行全国。将来每省仿设若干类似"服务中心区"之机关，以为推动农村复兴政策，新生活运动及科学文明之中心，使各深入民间，改革社会，造成新社会新文化，唯普通专门学校毕业生，或乏服务农村之经验，或无农村特别需要之知识。故建议行政院设立中央农村服务讲习所，以造就特种人才，为一县或数县农村事业之干部。经行政院会议通过。将来拟联合全国有关系之公私机关，共同办理。讲习期间拟为一年，半年在所内讲习，半年在各处各机关实习。其讲习事项约有三端：一为军事训练。二为自己所习专门学科以外卫生行政农事改进农村金融农村教育与自卫之常识，三为各公私农村服务机关历年之经验与方法。学员之招收拟于卫生农业经济教育诸门各定一定之名额。

二　内部之工作

农村复兴委员会除以调查及研究所得建议行政院外，其内部工作，大致为调查研究与联络，惟以经费甚微，只得从极小规模做起，聊作将来发展之基础。会中所作种种调查，务期为新鲜之材料，且力求确实，其主要目的为行政院施政之参考，至刊行问世为次要之目的，兹将会中内部工作，述其梗概如下：

（1）草拟改进中国农业计划　农业改进之计划，中外专家，尝有发表，然或则囿于一隅，或则语焉不详，社会人士有志研究及实行，每苦无所参证，政府方面亦迄未颁布方案，以致各项农政进行，类多枝枝节节，未能统筹全局，按程计功。然按诸我国现状，亟须由国家规定纲目，促成朝野合作，集中人力与经济，以赴事功，始克有济。适中国农学会于民国二十二年七月二十二日在苏州开会，农复会遂邀请农学会诸会员到京讨论。参加起草者为：洛夫、邹秉文、谢家声、钱天鹤、蔡邦华、吴觉农、赵连芳、孙本忠、汤惠荪、吴福祯、梁希、吴耕民、周桢、程绍回、陈燕山、袁辉、鄞裕洹、沈鹏飞、孙恩麟诸氏，于一星期之内，即分别草竣。旋由洛夫顾问，及谢家声、钱天鹤二氏加以整理，于八月十五日全部完成。该书其定名为"中国农业之改进"，内分上下两篇，上篇详述全国农业组织系统之宜如何改进，农业专门人才之宜如何训练，下篇则为各类农产改进计划，计分稻、麦、棉作、蚕仔、茶叶、畜产、园艺、森林、植物病虫害防治及农村经济等九章。该书现已由上海商务印书馆出版。

（2）调查全国米麦棉丝茶之产运销状况　米、麦、棉、丝、茶为我国之主要农产，农复会拟将此五种主要农产之产运销状况，详细调查。聘请唐文恺、徐佩琨、吴觉农、姚庆三、林熙春、孙晓村、李述初、蒋迪先诸氏分任调查研究。因上海为全国商业枢纽，亦为农产品输出输入之咽喉，调查研究在上海举行较为便捷，故与上海社会经济调查所合作研究，每月将调查结果及所制之种种统计表在"社会经济月报"发表，现该项月报已出至十一期。每期均有最近米、麦、棉、丝、茶各项农产品产运销状况之叙述。此外拟将米麦棉丝茶五项之整个研究，各编一书，作详尽之阐明，正在编辑中。吴觉农氏所编之茶叶复兴计划，亦已脱稿，不久即由商务印书馆出版。又南京上海两处之粮食调查亦已完成，扬子江流域之粮食调查，数月内亦可告完毕。

（3）研究农村金融问题　农村金融之研究由上海新华银行总经理王志莘氏担任指导，常文熙氏辅之。其研究大纲：（一）各国农业金融制度之研究，中分（1）各国历史背景及农村金融发展之程序，（2）其组织系统，资金来源及业务经营之现况，（3）各国农业金融制度之演化，及其趋势。（二）本国农业金融实际状况之研究，注意各地农民之需要，通融资金之习惯及其症结所在。（三）根据研究所得拟定适合国情之农业金融制度计划。其已完成之工作，计有各国农业金融制度，农业仓库论，日本农业金融制度三书，业已付印，不久即可出版。中国及世界之金融货币问题亦由该组与社会经济调查所合作研究。

（4）研究地下水利用问题　地下水因地层之不同而性质有异，若能分析研究，于饮料水及灌溉问题，大有裨益。如各都市往往恃井水为饮料，北方各省多恃井水为灌溉之资，究竟何处之水，何地层之水最为适宜，必须调查研究。农复会由李仲揆、朱庭佑二氏指导研究。附设于中央研究院地质研究所，曾于去年九月初先往南昌市附近调查研究，次及西山一带之泉源，编成南昌附近之地下水一书，业已出版。此外有河南地下水调查报告，不日亦可出版。内容包含安阳、洪县、林县、汤阴、浚县、新县、辉县、修武、博爱等九县，关于各县泉源之位置及丰啬，渠道之情形，均有详细记载。本年浙省旱灾，该会应浙江省政府电请派地下水利组人员，驰往调查水源，结果已草拟报告及建议书送浙省府矣。

（5）调查农村状况　我国地域广大，各地农村状况，颇不一致，大别而言，则北方旱田区域与南方水田区域中情形，不论在农业生产或农村经济上，迥不相同。该会成立之初，即着手计划苏浙豫陕四省一般农村状况之调查，由陈翰笙、唐文恺、孙晓村和鲁成诸氏主其事。于二十二年七八两月举行，调查内容为土地分配，农田使用，租佃制度，借贷关系，捐税负担，作物产别，以及乡村政治组织等，报告书现已由商务印书馆出版。二十二年冬，举行云南广西二省调查，历时三月，报告书已交商务付印，不久就可出版。

（6）调查全国各地苛捐杂税　农村复兴委员会于二十二年十一月，通电全国人民团体要求报告苛捐杂税情形，同时派员赴各地调查。二十三年四月，即草拟报告，分田赋附加及摊派，变相厘金，契税屠宰税，牙税等附加，及其他苛捐杂税等四款叙述，刊印于会报第一组第十二期中，提出第二次全国财政会议，作为参考资料。现此项工作，仍旧继续办理，同时与财政部整理地方捐税委员会保持密切之联络，以期推进废除苛捐杂税之工作，而实现减轻农民负担之初意。

（7）编制农业年鉴　该会以近年来出版农业书报，为数颇多，其中虽不乏精警之作，惟散漫庞杂，使行政及研究者对中国目前整理农业之现状，未能一览无遗。特委托上海社会经济调查所编制农业年鉴，以供施政之参考。定名二十三年中国农业年鉴，嗣后每年修订一次，由唐文恺、徐佩琨、陈翰笙、吴觉农、冯和法诸先生主其事，内容分目前重要农业问题，农业生产要素，主要农产，农家副业，农家收入概要，农业经济制度，灾荒，农业建设等八章，最后并附有重要农业法规，以及公私农业改进机关，与其所出书报。现已编就，交商务印书馆出版。

（8）刊行会报　本会搜集中央所颁布关于农业之法令，中央关于复兴农村之种种设施，中央与各地方公私机关团体对于复兴农村之种种措施，及各种关于农村之重要参考资料编为会报，由徐象枢先生主其事。每月刊行一册，使各机关团体间得借以交换消息，互通声气。本年十月间，本会复接受第二届乡村工作讨论会之要求，以本会会报作为该会平日之总通信机关，使各地乡村建设实验运动之工作与理论，得借本会会报而互相商讨。

篇十六　实业部农业改进工作报告

徐廷瑚

一　引言
二　工作

一　引　言

此次在定县召集第二次乡村工作讨论会，鄙人代表实业部出席参加，非常荣幸。而且来赴会的人，多半是对于乡村问题素有研究，或实地在乡村工作的。荟萃一堂，集思广益。一定会讨论出很好的办法来，以作将来从事乡村工作者指南针。想到这里，更觉得十二分愉快。尤其是实业部现正草拟合作社法施行细则，有征求各方意见之必要，本会会员中不乏合作专家及办理合作社有经验之人，乘此机会，与大家交换意见，使合作社法得以完成，造福乡村，实非浅鲜。所以鄙人参加这个会完全是来当学生听讲的，并没有打算报告。刚才接到主席团通知叫我报告实业部农业改进工作，所以不得不说几句话。不过农业改进工作范围甚广，不是几句话可以讲完的。况且我们这个会是乡村工作讨论会，只好光就本部直接在乡村所做的工作，简单报告一下，并不是来报告实业部农业改进工作。这是我预先要向大家声明的。

二　工　作

实业部的工作可分为下列十二项述之：

甲、农业推广

实业部为推广农业起见，特督促中央农业推广委员会中央模范农业推广区，暨中央农业推广委员会直辖之乌江农业推广实验区各机关加紧工作，以资倡导。兹将较重要之工作撮要分述如下：（一）派员调查江苏浙江两省农业推广事业，（二）审查湖南省及江西省农业院农业推广计划书。（三）供给各地乡村师范学校及民众教育馆，推广材料，并予以技术上之扶助。（四）分区举行第二届农产改良讨论会。（五）与金陵大学中国银行等合办作物改良会，剔选优良麦种，共计一万二千斤，种植面积计一千二百三十亩。（六）殷巷镇发生猪瘟，共注射病猪柒拾陆头，结果救治者七十头。（七）推广树苗二万七千余株，并在乡间举行植树运动。（八）指导青年种麦团及养鸡团之进行。（九）推广特种作物蓖麻子共计二千二百七十六亩。（十）举办殷巷镇第三次农产展览会及耕牛比赛会。（十一）整理江苏省农民银行放款之合作社，并组织合作社联合会。（十二）组织农产改良合作社，以扶助农民，增加副业改良生产。（十三）协办农业仓库工作。（十四）组织乡村新生活运动促进会。（十五）联络本地各小学校组织社会教育促进会。（十六）利用四月乡村中庙会举行讲演，农民参加者共计三万余人。（十七）成立霞曙新农村改进社为改良乡村之示范。（十八）设立美棉纯种场一百五十五亩。（十九）乌江农业仓库押稻四千余石。（二十）指导五十一家农户，应用农家簿记。（二十一）指导组织乌江信用兼营合作社二十七所。（二十二）筹划开办四种训练班：（甲）农会领袖训练班。（乙）合作社业务训练班。（丙）儿童农事训练班。（丁）妇女家政训练班。（二十三）成立农村诊疗所，疗治农民一千一百余人。（二十四）举办示范农场繁殖稻麦改良品种。（二十五）推广鱼苗七万尾，水蜜桃苗七千五百四十株，其他如推广优良稻种、猪种、鸡种、指导农业团体，防除病虫害，改良农民生活等，均继续进行，并拟将办理成绩，推广各省县，以期普及。

乙、整理农业团体

各地农会，先后组织成立。截至二十四年二月底止，已达一万一千六百九十所。内河北省四千六百六十所，江苏省一千九百三十二所，山东省一千六百七十三所，山西省一千四百七十五所，浙江省六百七十六所，河南省三百九十三所，湖南省三百二十一所，福建省二百八十二所，安徽省一百四十三所，察哈尔省六十四所，四川省二十所，湖北省十三所，甘肃省七所，黑龙江省一所，绥远省一所，南京市二十八所，汉口市六所。（以上各省市农会，均经呈由本部核准备案）又广东省三百六十五所。（据该省建设厅报告，尚未呈由本部备案）其他已经组织之农会，未经呈报及呈报未经核准备案者概从略。本部为明了各地农会工作状况，并督促进行起见。业经制定各级农会概况调查表颁发各省市主管机关，转饬查填。其表格内，分为农会成立时期，现在工作，将来计划，工作有何困难，改良农业建议及经费人数等项，现各省市已陆续填送，正在整理统计中。

丙、调剂农业金融

吾国来年农村经济，竭蹶万分，欲谋救济，应以调剂农业金融为首图。业经本部召集农业金融讨论委员会。凡农业金融之制度实施计划，及有关系之法规等项，均经详加研究，大体决定。如关于农业金融之临时救济事项，由本部办理。关于农业金融机关资金之筹措及运用事项，与中央农业金融委员会组织条例草案，中央农业银行条例草案，及农民银行条例草案等项，则由本部会商财政部办理。

丁、促进农村合作

农村合作为改善农民生活发展农村经济之要图，各国施行，多著成效。吾国合作事业，已有长足进步，统计全国各种合作社总数，已达一四六四九所以上，社员人数已达五五七五二一人以上。内除极少数设立于都市外，余均散布于各农村。同时由本部令中央模范农业推广区，开办合作社业务训练班，并组织农产改良合作社，以扶助农民，增加副业，改良生产。现合作法虽已公布，尚未施行，在未施行以前，各地合作社之组织，仍依照本部颁布之农村合作社暂行规程办理，一俟合作法施行后，当依照合作法督促各省市县积极办理。

戊、筹办农业仓库

农仓法草案，已由本部农业金融讨论委员会拟定，转送立法院审议。

俟公布施行后，即可令饬各省市切实遵办。同时令由中央农业推广委员会会同宁属农业救济协会，在首都附近举办中央模范农业仓库，并经制定暂行章程，及储押秕稻规则分仓保管细则。办理以来，颇著成效，现已成立仓库三百零一所。储押秕稻一万八千九百二十七石，储户达四千六百五十八户。贷出款项十一万三千余元，已收回之款项十一万零一百六十七元。仍当继续督促办理。并拟将办理成绩，推广各地以谋普及。

己、农业调查

吾国各地农业蚕桑实况，素无确实之调查，以资依据。本部为明了上项情形起见，派员前往江浙皖川鄂五省，视察各地蚕丝业及蚕种制造场内容设备，及制造状况，并指导一切，俾臻完善。更由中央农业实验所派遣昆虫专家，前往河南河北山东三省患蝗区域，调查蝗虫发生，及防治方法，以为解决国内蝗患之参证。并制定全国各项农作物面积，产量，及病虫害损失情形，田租、农村社会、经济、农村概况、农村合作社、蚕种制造、蚕业指导、茧丝生产、茧行茧市、茧栈、丝厂、生丝输出、丝价变动等，各项调查表式，分别令发各省市，切实查报。并制定国外蚕丝等产销调查表，发交我国驻意大利、德意志、苏俄等国公使馆，及纽约、旧金山、伦敦、孟买、横滨、神户、里昂、瓜地马拉等领事馆查报。

庚、改良农产

改良农产，事颇纷繁，在今日国内产业未科学化且农产衰落之时，首应注意农事试验之整理，与农业技术之改良，次则对于需要改良之农产，均应分别予以深切之注意。此外更制定各项法规，俾便有所遵循。兹将工作情形条举如下：

一、整理农事试验　农事试验场，为改良农业及增加生产之主要机关。一面筹设中央农事试验总机关，以立全国农事试验之枢纽。一面举行全国农事试验场总调查，以为督促改进之计划。现本部所办之中央农业实验所，已粗具规模，至全国农事试验场调查，业经得其梗概。计普通及特种农事试验场共为五百五十二场。此中以县立占百分之八十，私立占百分之三。以成立时期言之，十六年以后成立之试验场，较十四年以前增加约二倍。尤以十九年增加为最多。惟省立县立农场，多半经费不充，设备简陋，当于二十二年六月，厘订各省县立农业机关整理办法纲要，提经行政院核准通令遵照。兹将该项办法列举于后：

（一）各省省立农事试验研究及其他农业机关，应由省农政主管厅，就原有之经费，加以整理，删去浮滥重复，以期增加效能，限文到两个月内将整理情形呈报实业部备核。

（二）各县县立农事试验场，农业改良场或农场，除每年经费在六百元以下二万元以上者外，应就原有经费改为农业推广所或农业指导员办事处，依照修正农业推广规程办理（修正农业推广规程，于本年三月由实业教育内政三部会令公布，并由行政院通令各省遵照办理在案）。

（说明）举行农事试验研究，必须有相当之经费人才及设备，方能得相当之效果，各县农事试验机关经费人才，大抵均感不足既不能从事有效之试验研究，其人员又多不赴乡村实地工作，故应改为农业推广所，或农业指导员办事处，俾所有职员，均赴乡村实施指导，扶助农民。将省立国立或其他农事试验研究机关，所得优良方法及材料，推行于各地农村，效益可资普及。至于各场原有之田亩，仍继续经营，以繁殖种子，或做示范之用。

（三）各县县立农事试验场农业改良场或农场，每年经费在六百元以下者，应就原有经费，酌改为示范农田或种子繁殖场圃。

（四）各县县立农事试验场农业改良场或农场，每年经费在二万元以上者，应就原有经费，加以整理，仍从事试验研究工作。

（五）各县合作社指导所或合作指导员，在已设有农业推广机关之县，应酌量情形，归并于县农业推广机关。

（说明）按修正农业推广规程规定县农业推广机关内，设置农村合作指导员。如县内另设合作社指导所或合作指导员，似嫌重复，但在注重都市方面合作之指导者，毋庸归并。

复于二十三年三月，通咨各省政府，转饬农政主管厅，增加农事试验场经费，以便扩大试验，而资改进。

二、讨论农作物改良技术　吾国农业技术，向皆墨守成规，故无进步之可言，欲谋农作物技术之改良，尤赖罗致及集中农学人才，研究讨论，方能收集思广益之效。故有举办改良农作物冬季讨论会之必要。历经本部中央农业实验所举办上项讨论会四次。由各省市农政主管厅局，派遣技术人员预会，研究改良作物，及训练改良作物人才。（其详细情形，见中央农业试验所工作报告内，兹不赘。）

三、改良棉产　棉产一项，为需要大宗，年来国内纺织工业勃兴，洋棉之输入颇巨。吾国长江黄河两流域，土质气候，均宜植棉，亟应提倡改良，推广种植，以期自给。经本部一面督饬所辖正定棉业试验场对于选育中美棉种，及各项栽培试验，切实进行。一面通令各产棉省份农政主管厅，按照省内实际情形，拟订改进推广棉产具体计划，以凭实施。业据江苏、安徽、浙江、河南、山东、山西、湖南等省呈送计划。计二十二年棉花生产，较之以往产额，约增百分之十五以上。至二十三年产量，较之前年更有增加，前途甚可乐观。

四、试验麻类　麻类一项，亦为吾国主要农产品。苎麻尤为特产。用以制造夏布，行销极广，莒麻为制造包袋原料。国内栽培尚少，均应改良推广，以应需要。经于二十三年八月令本部中央农业实验所，广征麻类品种，详加试验，以便指导全国麻业改进事业之进行。并通令江西、湖南、湖北、四川等省农政主管厅，于省内产麻中心区域，筹设试验场，积极试验，以便就近指导农民。

五、改进植茶　吾国茶业，向占输出主重要地位，只以国人安于故常，对于栽培制造诸端，漫不注意，遂至输出不振，为试验改良，以资挽救起见，经于二十三年秋季会同全国经济委员会，及安徽省政府合办祁门茶业改良场，组织委员会，按照改进计划，先力谋红茶之改良。此外复于本年一月，通令各产茶省份农政主管厅，迅行按照省内产茶情形，设场试验，指导农民，并呈送详细报告，及改进茶产具体计划，以凭审核。

六、防治农作物病虫害　蝗虫为农业重要虫害，每年损失不赀。迭经通令各患蝗省份，努力防治。复于二十三年五月，在本部中央农业试验所，召开江苏、浙江、安徽、山东、河南、河北、湖南七省治蝗会议。关于治蝗经费及组织，均经议有切实办法。此外关于植物病虫害输入之防范，亦为维护国产之要项。经于二十二年十二月，颁行农业病虫害取缔规则，转令上海商品检验局积极筹办检验，以免国外植物病虫害之侵入。

七、取缔人造肥料　人造肥料，输入我国，为数颇巨。其效用虽较自然肥料为著，然往往因奸商期图渔利，搀假作伪，农民受欺。且该项肥料，种类性质，各有不同，与各地土质气候及作物等之关系自异，若施用不当，非徒无益，而且有害农田。年来各地之施用此项肥料者，弊害丛生。本部除督饬各商品检验局认真检验外，曾令行各省农政主管机关。转饬所属试验机关，切实试验，指导农民施用，惟各地情形不同，成效未著。特拟订人造肥料取缔规则，呈请行政院公布。一俟呈准施行，则农民对于人造肥料之施用，或有相当补救，不致遭受意外之损失。

八、调查土壤　土壤之良窳，与作物生长有密切关系。近来人造肥料充斥，何种土壤，宜施用何种肥料，方能有益无害，亦属农业上重要问题。我国幅员广大，各地土质不同，欲施肥适当，增加生产，非将各种土壤，加以调查，难得适宜标准。本部北平地质调查所土壤研究室，已从事调查，业将北部数省，及江浙广东等省，大致调查完竣。其他省份，尚在继续进行。

辛、改进蚕丝

吾国蚕丝，向占国际输出贸易上重要地位，只以国人墨守成法，遂无进步。本部认为改良蚕丝，首重蚕种，曾制定蚕种制造取缔规则，颁布施行。江、浙、皖等省依照规则拟定施行细则，并设立蚕业取缔所，切实办理蚕种取缔事宜。现经核准之公私立蚕种试验场，已达二百三十五所，至于全国蚕丝试验研究事宜，由中央农业实验所妥筹办理。惟华南蚕丝，因气候土质等关系，情形特殊，有设场试验研究之必要。现已与全国经济委会员、财政部商洽就绪。拟在粤设立华南蚕丝试验场委托中山大学负责筹划，刻正详拟计划，及编制概算，一俟呈经中央核定，即着手进行。

壬、救济蚕丝业

近年来吾国丝茧滞销，价格跌落，以致营此业者，时复亏本停业。本部迭经与财政部商洽，拟具救济办法，以谋恢复。其办法如下：（一）制订挽救江浙蚕丝业根本办法，呈准行政院公布施用。（二）本部除会同财政通令各省市，转知银钱业从事茧丝低廉放款，以期蚕丝业金融之活跃外，并令行各省市厅局，指导农民健全各种蚕丝合作社之组织，以便银钱业安心投资。

癸、举行国际蚕业技术合作

瓜地马拉政府为增进该地茧丝生产,推动蚕桑事业起见,拟向吾国聘请蚕桑技术专家,赴瓜指导,前由我国驻瓜总领事馆,转呈到部,现正与外交部磋商关于指导期限及经费等问题,一俟磋商就绪,即设法进行。

篇十七　江西省农业院工作报告
董时进

江西省农业院为一总管农业研究试验、教育推广及行政农业之机关，在国内尚属创举，颇引各地人士之注意。惟该院之内部状况及工作情形，外间尚少公布。兹特作一简括介绍，以飨阅者。

一　成立经过
二　一般工作
三　各部及各组工作

一　成立经过

随江西各项工作之进展，改良农业复兴农村之需要，日见迫切，于是改组全省各农林场校，另办大规模农业研究及推广机关之议，因之而起。二十二年七月十四日省务会议通过改进江西农业计划大纲，决定筹设农业院，此议乃具体化。同年十二月一日及二日，开农业院理事会第一次全体会议，推董时进为院长。二十三年一月六日省政府致发院长聘书。三月三日颁发农业院关防，三月六日启用。同日农业院理事会开第一次常务会议，通过农业院组织大纲并议决本院即日成立，再行定期开成立会。是为本院设立及开始办公之经过。彼时本院办公系借用民政厅侧院空屋二间，及接收省立农业试验场后于三月二十三日移入南关口前试验场旧址，将此一向驻兵、失修多年之房屋，稍加补葺，于是农业院始自有其办公之地点。

二　一般工作

本院成立后最切要之工作，不外乎聘请人员，确定预算，选定院址，筹备建筑，购置设备，接管各场校编制计划及规章等。兹简单分述于后。

聘请人员　此为开办后最急切之事情，而欲觅得一适当之工作人员则至不容易。盖本院物色人才，学识经验，办事精神，均须着重，具备此等资格之农学专门人才，全国罕有。兼之当时正值各学校及各机关年度中，非脱离改就之时，又加以本院系初创机关，信用未立，设备毫无，而南昌生活情形，又非京、平、沪、杭等处可比，以故罗致人员乃特别困难。数月来向各方接洽情形以及经过曲折，笔难罄述。所幸现已陆续聘到若干人，计技师九人，技士十人，农业指导员八人，技术员二十一人。（包括各场旧有职员）

确定预算　省务会议通过之改进江西农业计划大纲，规定本院开办费为二十万元，而第一次理事会全体会议又议决为五十万元。数目虽有所拟议，款项来源实未确定。嗣经数度商洽，乃决定开办费为三十三万元，其中由全国经济委员会补助二十万元，由江西省政府拨给十三万元。经常费原规定为十五万元，后因归并各农林场及学校，增为二十六万元。所有经临两门预算，均经过多次之商洽及更改而后作成。

选定院址　本院南关口院址遍小不适，发展困难，须另觅适当地点，从新开辟建筑。曾由本院职员四处寻觅，能合条件之地甚少。原拟利用南昌牛行车站，介乎铁路及公路间之一段地皮，业经测绘完竣，后以种种原因，改定在南昌迤南三十里之莲塘。五月二十一日，理事决会定，呈经省府核准后，即行圈地测量，并与各业主交涉。中经许多波折，幸得和平办妥，于八月四日开土地平价会议，十六日给价。计共购到之土地约八百亩，其中山地占五百七十二亩，水田池塘占二百二十七亩余。惟此面积，尚不敷用，现正继续添购。

筹备建筑　本院一面进行买地，一面物色工程师，计划建筑办公及实验室。惜工程师绘制图样，耽延时间至三月有余，直至最近，始克招商投标。其余房屋如寄宿舍，猪舍鸡舍之类，则即由本院职员自行绘图设计，以省经费及时间。猪舍及鸡舍业已开工。

购置设备 现已购到之主要仪器机械等，有家畜医疗用具，多种化学仪器玻璃器皿，化学药品，天秤，各种喷雾器、抽水机、打谷机、砻谷机、碾米机、新式犁耙及他种农具、幻灯机及片，电影放映机及摄影机、农业电影片、留声机、无线电收音机等，共值一万余元。现尚在陆续采购中。惟各种科学仪器，本市极少出售，概须往外埠购买，不惟往返费时，而且手续麻烦，运输中又常有损坏之事。

接管各场校 本省原有一农艺专科学校及附属高中及初中，一农林学校，三林场，两农场，均经本院接管改组。起初各校设校务主任，各场设场务主任，不设校长及场长。其后取消场务主任，技术事项由本院技师技士直接指导监督，事务由本院总务处直接管理。农专校务由院长兼办，设教导主任一人管理教务，功课多半由本院职员担任。前省立湖口农场及彭湖林场，因近在咫尺，自接管之日即合并为湖口农林场。又农林学校在庐山含鄱口之演习林场，业已改组为庐山森林植物园，由本院与北平静生生物调查所合办。农专之白鹿洞演习林场，业经归并于庐山林场，为该场鹿洞区。制定各种计划及规章，较重要者有下列诸种：农业院组织大纲，农业院工作计划，农业院农事试验三年计划，院务会议规则，技术会议规则，各农林场场务规则，聘任技师特约，职员请假规则，任用技士技术员助理员及练习生规则，农业指导员任用及监督办法，出差人员支给旅费规则，防旱计划等。

以上为本院一般工作进展之大概情形，至于详细经过，非自短纸所克缕陈。兹再将各部及各组单独负责进行之事项，分别略述于后。

三　各部及各组工作

一　植物生产部作物组工作概况

兹将本院南昌总场稻作育种试验及其他关于水稻之工作略举如下：

一、稻作育种各项试验（一）早稻穗行试验。本试验所用之材料，系去年夏季派员赴本省稻作生产主要区域，在农田中实地采选而来，所经之县有南昌、新建、进贤、东乡、余江、余干、临川、鄱阳等八县。此当地视为优良品种者均经采到，总共采有一万二三千单穗。因于室内脱粒时，再行淘汰劣者，尚留一一二二〇穗。每穗给一字号代表，即一一二二〇系号。品种计有鄱阳早、五十早、抚州早、矮脚早等十余种。（二）晚稻穗行试验。本试验分为晚籼稻一七一〇系，晚糯稻一八四五系试验材料，系由南京中央农业实验所供给。各品种之单穗系由该所在江苏、浙江各县采选而来。标准品种用南昌晚籼稻及晚糯稻。（三）高级试验籼稻组。本试验即地方试验之性质，将省外改良纯系品种供试验之用，视其能否适合本省土宜气候及其生产力如何。若结果优良，且其产量较本省著名之品种增加，再继续试验一二年后，即可引入，以作推广，藉收事半功倍之效。本试验之材料，系来自中大农学院。（四）高级试验糯稻组。本试验材料亦来自中大。（五）高级试验糯籽种区籼。计有籼稻十八系，糯稻十七系。（六）早稻品种比较试验。本试验乃将中外各优良品种比较试验，视其在本省气候土宜环境下，适应之程度与地域上之限制如何。（七）晚稻品种比较试验。试验材料，有三夜齐、京谷、竹粘、见霜青、浙大二四号、三普兰、白花、井神力、飞来凤、一号雄町等五十六品种，均由中央农业实验所寄来。标准种用南昌晚稻。（八）品种观察。试验材料有水稻七十七品种，陆稻二品种。

二、采选稻种　本组于七月二十五日派技术员二人出发采选，八月八日回院，共费半月之久。采选稻种区域有上高、高安、万载、宜春、萍乡等数县。选采之单穗约计一万穗左右。本组拟继续派员分往各处采选晚稻品种，以供明年晚稻穗行试验。

三、训练本院农工　为增进本院农工之普通知识及农事工作效能起见，本组曾辟办农工训练班。自五月二十八日起至六月三十日止每晚上课两小时。其课为稻作育种田间工作事项，农民千字课、常识、习字等。

以上各项试验除品种观察，高级试验种籽区，及早稻穗行试验已决选二千余系，足供明年捍行试验外，其他试验成绩如何，因尚在计算中，未敢断定。但今岁南昌亢旱，数月不雨，据云为六十年来所未有。本院试验稻田，灌溉全赖地潭，水源有限，虽有自备抽水机，亦无法使用。且当抽穗时期适逢雨水缺乏，受干旱之影响甚巨。至于晚稻各试验希望尤微。各项试验田间观察及调查生育状况结果，早稻品种比较试验中以广西黄谷、帽子头常州细子籼等较有希望。高级试验籼稻组以帽子头，Ⅲ—14—45等。高级试验糯稻组中以Ⅲ—16—312等生长较优。但尚有待计算产量工作完竣，差异鲜著时，始能一目了然也。

本院又部分作物试验在湖口农林场举行，计有棉稻二种。关于棉作者有下列诸种：（一）美棉品种比较试验，用棉种二十八系，占三五六行。（二）中棉品种试验，二四系，占三〇三行。（三）中美棉标准品种比较试验，用湖口棉及脱字棉，占二四区，二八八行。（四）美棉播种期试验，用脱字棉，占地二五区。（五）中棉播种期试验，用湖口棉，占地二五区。（六）美棉种子区，用二八系，占二八行。中棉种子区，用二四系，占七二行。关于稻作之试验，有下列诸种：（一）品种观察三五系。（二）品种比较一〇系。（三）细粒谷二程行试验五二系。（六）荷谷二程行试验三二系。（七）细粒谷五程行试验八系。（八）荷谷五程行试验九系。（九）直播与移植试验。

二 植物生产部园艺组工作概况

本组自成立以来，业经数月，对于果树、蔬菜、花卉、各项研究积极进行，一面在园地栽培试验，准备推广。一面计划改良全省园艺，以谋生产增加。将已经实行工作，及现进行之工作，分别报告于后。

A. 过去工作

（一）关于果树事项

1. 栽培燕京大红李，燕京水蜜桃等果苗，八十三株。

2. 栽培玫瑰香葡萄一百九十九株，中国紫葡萄一百〇一株，黑马乳葡萄二十株，老虎眼葡萄三十株，甲州葡萄七十株。

3. 芽接上海水蜜桃，天津水蜜桃，吴江水蜜桃，肥城水蜜桃，共约四百株。

4. 整理本院原有果园及乐化果园。

5. 查勘莲塘地址，筹设果园及苗圃。

6. 最近从青岛购到桃苗二百株及其他果树苗数百株。

（二）关于蔬菜事项

1. 果菜类　栽培南昌大南瓜，南昌南瓜，美国南瓜，日本缩面瓜，菊座南瓜，南昌大冬瓜，东乡冬瓜，南昌白丝瓜，青丝瓜，黄房成番茄，渣得波罗番茄，西洋柿番茄，萍乡辣椒，南昌辣椒，乐平辣椒，新淦辣椒，日光辣椒，南昌白茄，荷包茄子，南昌矮茄，行品种比较试验。

2. 根菜类

a. 栽培青翠萝卜，口萝卜，露八分萝卜，象牙白萝卜，心里美萝卜，灯笼红萝卜，红水萝卜，红瓤萝卜，青皮脱萝卜，长青萝卜，红长萝卜，圆白萝卜，南昌萝卜，Chinese Scarlet 萝卜，White lcicle 萝卜，行萝卜品种比较试验。

b. 栽培三寸胡萝卜，乐化胡萝卜，鲜红大长胡萝卜，东京大长胡萝卜，行胡萝卜品种比较试验。

c. 栽培四季萝卜，西洋小莱菔，蔓菁，青芜菁，紫芜菁，口苤蓝，快苤蓝，甜菜，球茎甘蓝，行栽培试验。

3. 叶菜类

a. 栽培大青口白菜，小青口白菜，大白口白菜，小白口白菜，北平白菜，南昌白菜，河北白菜，山东包头白菜，黄芽菜，瓢儿菜，日本菘菜，小菘菜，行菘类品种比较试验。

b. 栽培 Copenhagen Market 甘蓝，Succession 甘蓝，Early Drumhead 甘蓝，Early Gersey Wakefield 甘蓝，行甘蓝品种比较试验。

c. 栽培胡葱，大葱，日本菠菠菜，南昌菠菜，金大菠菠菜，武岭农场菠菠菜，圆叶芥菜，花叶芥菜，大芥菜，Early Snowboll 花椰菜，Veitches Autumn Giant 花椰菜，Iceferg 生菜，California Cream Butter 生菜，New York 生菜，各种行品种比较试验。

d. 莴苣，芫荽，莙荙菜，塌蒺，雪里蕻，筒蒿，行栽培试验。

4. 豆荚类

a. 日本矮刀豆，日本白刀豆，南昌红刀豆，Early Brotter 豌豆，Telephone 豌豆，Alderman 豌豆，三寸蚕豆，极早生蚕豆，黄荚四季豆，青荚四季豆，各行品种比较试验。

b. 瑞昌红豆，进贤菜豆，行栽培试验。

(三) 关于花卉事项

1. 木本花

扦插法　扦插珠砂绣毯，麻叶绣毯，黄雀尾月季，樊氏三号月季，白花蔷薇，丁香，紫荆，栀子花，三相梅，香艾等种。

筒接法　筒接玉兰，大山朴，含笑花，木本珠兰各种。

2. 草本花

万寿菊，日日花，百日红，猩猩红，一串红，矮鸡冠花，贵子菊，凤仙花，牵羽牵牛，扫帚草，雁来红，黄秋葵，肥竹菊，十景竹等草花栽培。

3. 菊花

（1）扦插菊花五千三百二十株，共品种一百零七种，均已登盆。

（2）种植重办八月菊，白花八月菊，红花八月菊三种。

（四）关于编辑事项

编辑果树与蔬菜之手册，以供园艺工作人员之参考。

B. 准备进行工作

1. 到附近各蔬菜园，调查栽培蔬菜情形。

2. 会同推广部召集附近种菜农民谈话。

3. 到南丰三湖产橘最盛之地，调查橘树情形，以便设计改良。

4. 开垦莲塘果园蔬园，栽植名种果苗，及良种蔬菜。

5. 大宗购买国内外著名杏，樱桃，梨，桃橘，苹果，葡萄，小果，草莓等苗栽植。

6. 开辟果树苗圃，购买国内外著名果树种子，育成优苗，以备推广。

7. 育成适宜本省风土之良好蔬菜种子，广于推广。

三　植物生产部病虫害组工作概况

本组成立于本年六月上旬，初仅技师及技术员各一人，人员缺乏，器具不齐，故除整理前昆虫局移交物品及补购图书仪器外，其他工作进行，殊多困难。直至八月中旬加聘技士一人后，方略得扩大工作。自九月起，复添技术员一人。现全组织员为技师技士各一人及技术员二人，共四人也。本组主要工作，可分为下列四项：

（一）害虫之种类及被害损失调查

（二）害虫之生态研究

（三）害虫之防除试验

（四）害虫之防除法推广

即首先调查害虫之种类及被害损失，审其为害之轻重，然后观其生态，作为防除之基础。次乃试验防除方法，以其所得，再从事于农村之推广。此盖治虫工作之必然程序也。

过去工作

（一）害虫之种类及被害损失调查

a. 害虫定名种数，五九种。

b. 一般调查　发出各县政府及农村合作委员会等调查表六百余份。又本年晚稻之螟害损失调查，正在进行。

调查工作，原拟派员分赴各地，积极进行，嗣因人数过小，不敷分配，故仅一面就近调查，一面印发表格一种，分托各县代为填具，以供他正式调查之参考。

（二）害虫之生态研究

a. 饲育工作

1. 饲育害虫种数，二五种。

2. 害虫生活史观察饲育个体数，一五〇头。

3. 害虫天敌观察饲育个体数，一六一头。

4. 害虫一般饲育个体数，一二九头。

5. 发现稻作害虫天敌种数，六种。

b. 重要结果

1. 二化螟一般每年发生两次，但在本省为三次。（至少本年为三化）

2. 本组发现稻虫天敌中有蚤蝇一种，其寄生范围及寄生率极大。本虫似尚为他处所未曾记载。

3. 金钢钻虫为棉作之大害虫，但一般仅知其蚀害棉果。据本组观察，春季蚀茎，夏季方移入果内。

生态研究，目前以稻作害虫为主。故生活史及天敌观察之饲育个体，皆为稻作害虫。惟生态研究，颇费时日。欲得完全结果，非作长期之观察不能也。

（三）害虫之防除试验

a. 茶色金龟子（葡萄害虫）之灯火诱杀。

b. 虫螽（稻蝗一种）之灯光捕集。

c. 石灰烟草粉之黄筋跳蚤（蔬菜大害虫）除治。

以上三者为本组试验所得成绩。较之其他一般防除法，皆为有效。关于防除试验，本组以避免外国药品，尽量利用国产土药及其他简单方法，以便农民之采用为主旨。

（四）害虫之防除法推广

a. 供给推广部挂图材料共计害虫益虫五十余种。

b. 供给推广部杀虫药液如下：砒酸铅液三四升，石油乳剂原液一三五升，石灰烟草粉七五斤。

c. 供给园艺组杀虫药剂如下：砒酸铅粉五〇瓦，石灰烟草粉四〇斤。

d. 农民直接向本组领取药剂如下：石灰烟草粉三斤。

e. 答复他机关之虫害咨询二件。

关于防除推广之直接行动，概由推广部办理。本组仅负决定害虫种类，拟定防除方法，及供给药剂之责。

其他工作

a. 制作标本：瓶装标本九六个，针插标本二七九个。一般浸渍标本一六瓶。

b. 制作表格九种。

c. 外间调查采集四次。

d. 外间讲演一次。

预定工作（自本月十月至来年六月）

a. 筹办农业讲习会。拟于本年内与兽医组等合办农业讲习会，召集各县农业技术人员，授以短期之技术训练。

b. 继续观察重要稻作害虫之生活史。

c. 继续调查稻虫天敌之种类及其寄生率。

d. 继续试验重要害虫之防除法。

e. 继续一般害虫之种类调查。

f. 多量之标本采集制作。

四 除上列三组外，植物生产部尚有森林，农业化学，及农业工程三组。森林组系最近始成立，现已设备研究室一间，并计划莲塘一带造林及开辟大规模苗圃办法。至森林组管辖之各林场工作情形，比较繁复，此处限于篇幅，姑从略。农业化学组已设备化验室一大间，并已购置应用之仪器药品，现正化验从各处采取之土壤。该组只有技士一人，技师尚未聘到，故工作尚不能充分进行。农业工程组注重农具之改良，现方在筹备中。又本院湖口棉场面积狭小，殊不敷用，现正在另行物色新场，以便作大规模之试验。茶业改良场决设在修水，业已觅定地点，聘妥专门人员，刻在修水筹备进行。

五　动物生产部畜牧组工作概况

本院技师系七月以后到院，实际工作之时期，不过两个半月。今将此两个半月中之重要工作，及现在正在进行之工作，以及将来之工作，择要分述如下：

一、过去之工作

1. 确定预算　动物生产部预算，临时费约三万元，经常费全年度一万四千余元，以之举办全部动物生产及兽医事业，实不敷用。后经数度之商榷，始决定畜牧方面，暂以乳牛猪鸡三者为主。其他牲畜，如水牛黄牛山羊绵羊等，则待下年度再行举办。至于经费数目，大略规定乳牛临时费约二万元，猪鸡一万元，全部畜牧组经常费约四千四百余元。

2. 畜牧调查　欲改进江西畜产事业，必先明了江西畜产事业现在之实地状况，故实地调查，实改进之第一步工作。然本院成立伊始，事事草创，同时又限于经费，故大规模的实地调查，暂时尚不可能。乃与兽医组合作，拟就调查表格，凡各兽医人员赴各处诊治畜病时，即调查各该地之畜产情形。此种办法，虽觉迟缓，而调查之面积亦有限，然较之分发调查表格，由当地行政机关代为填报者精确多矣。

3. 拟定各种畜舍图样　本院为全省最高农业机关，志在改进江西农业，侧重试验，非纯粹经济农场可比，故各种畜舍之建筑，应必求科学化，以作模范。同时又应力求经济，合乎江西环境，以便推广于民间。换言之，本院各种畜舍，有最科学化最新式者，同时亦有最简便最经济者。两者建造方法虽不同，所有材料虽有异，而合乎科学原理及实际需要则一也。现已拟就之建筑图样，计有固定大鸡舍，活动鸡舍，固定种猪舍活动猪舍，肥猪舍，羊舍，乳牛舍，牛乳消毒室等数种，均系本组同人自行绘制者。

4. 决定畜舍之位置　本院莲塘新址，地面宽广，高低不同，土质亦异，本院各部所占地面，自应通盘筹划，以利进行。同人经数度之踏勘，已决定该地址之南段，作为畜牧场所。至于各种畜舍之固定位置，亦已决定妥帖。

5. 采购图书　关于畜牧之各种书籍杂志，业经拟就名单，直接向上海及国外购买，备作参考。

6. 购置种畜　改良畜牧，必先有优良之品种。国外纯种，不但应尽量购置，而本省及国内各地之品种，尤应多量收集，先行试养，然后择其最适合江西环境者，推广于农民。本院现已购得之品种，计有北平鸭，来克航纯种鸡，芦花洛克纯种鸡，及洛乌红纯种鸡数种。

7. 整理原有蜂群及牲畜　农艺专科学校原有蜂十群，中国猪九只，来克航鸡十余只，中国鸡十余只。以时值暑假，又在新旧交替之际，故管理上诸多失当，尤以蜂群所受损失为甚。本院于八月一日正式接收后，即将蜂群加以整理，施以人工饲喂及合并。对于猪鸡，则将恶劣者淘汰，将饲料改良。现鸡群产卵数目已较前为多，母猪一只，已产小猪十一只，现皆完全存在，未有死亡。

8. 购置器具　牛乳消毒机，装瓶机等，已托上海大中行向美国直接订购，约两月后可运到。又养鸡用具，如人工孵化器、保姆器、翅环、脚环、记蛋巢等等，已向上海民生养鸡场购置一部分，业已到院。

9. 接洽向美国直接购置种畜　本院一部分纯种乳牛，及纯种猪，拟向美国直接购买，取其品种纯良可靠也。乳牛已向上海丽园农场接洽，托其向美代购。猪则直接与美国爱渥瓦省立农科大学接洽，并请该校中国学生就地协助一切。

10. 编辑农业手册　现拟编辑一农业手册，备作实地指导农民之指导员及推广员之随身参考。该书内畜牧部分，由本院畜牧组负责编辑，初稿业已全部完成。

二、现在正在进行之工作

1. 建筑畜舍　各种畜舍图样，既已绘就，乃择其要者，先行兴工建筑。现有固定鸡舍一座，固定种猪舍一座，业已由包工估价妥帖。猪舍计宽二十六英尺，长四十八尺，价洋一千三百五十元。鸡舍宽二十英尺，长七十尺，价一千元。所有包工合同一切手续，亦经办理完峻。已于日前开工，约月内即可完工。其他如活动猪舍，及活动鸡舍，亦立即进行建筑。乳牛舍及牛乳消毒室，现正进行包工一切手续。

2. 采购乳牛及其他种畜　日前特派陆技师燮钧赴青岛采购纯种乳牛，日内即可运抵本院。另一部分之纯种乳牛、猪、鸡等，须向外国直接购买者，均已汇款皆在进行订购。

3. 继续管理现有牲畜　现有蜂群仍继续人工饲喂。现有母猪，有发情者，正陆续交配。又莲塘畜舍，尚须时日方能完成，大批乳牛不日到院，现正将原有农场房屋，加以修理，备作乳牛运到时之用。

4. 继续编辑农业手册　农业手册，仍继续编辑。

三、最近将来之重要工作

1. 继续建筑畜舍　如肥猪舍、羊舍等，希于最近将来，开始建筑。

2. 收集本省及本国各地优良品种　将派员赴各地直接采购牛、羊、猪、鸡、鸭等优良品种，俾作育种、选种等，试验之用。

3. 调查江西全省畜产状况　将派员赴各地实地调查，对于各地家畜之品种，饲喂之方法等等，实在情形明了之后，然后始能决定改进之方法。

4. 实地举行各种试验　根据调查之结果，拟定改进之方法。然此种方法，是否适用，是否能收效果，必须由本院先行实地试验，始能确定。试验有结果，然后始能推广于农民。故试验不特为畜牧期最重要之工作，亦本院最大之使命也。

5. 推广　根据试验之结果，推广于农民，以求江西畜产事业之改进。

六　动物生产部兽医组工作概况

查本院原定工作计划，并无兽医一项，预算上所列三千元之款，不过动物生产部家畜疾病治疗之药资而已。嗣本院工作开始，观察实地情形，得悉常年本省牲畜因疫病损失为数极巨，且征诸内外人士之意见，均认兽医一端，亦有相当设施之必要。爰就动物生产部原预算中设法拨出一万元，充常年兽医业务经费，一面加添人员，购办器具药材，从事工作。大旨注重家畜疫病之预防制止，兼为农民医治家畜普通疾病。兹将本组自五月迄今四个月中经过工作，及以后预定工作，略举概要，条列于后。

一、过去四个月间工作

1. 各区家畜疫病情况之调查　本院曾派兽医技术员二人，分往下列各县，实地调查家畜饲养情形，每年发生疫病状况，以为将来兽医防疫计划实施之准备，第一区南昌、安义、进贤、丰城、新淦、清江，第二区上高，第三区永修，第四区德安、九江，第五区余干，第七区临川，第八区崇仁，第九区吉水、永丰。

2. 成立兽医研究室　本院兽医工作向系就化学实验室共通应用，嗣专为研究兽医学术起见，别置研究室两间，配备用具，购置器械。现已大致就绪，普通病体剖解及细菌检查诸工作，勉足应付矣。现有设备如下：显微镜，蒸气杀菌器，干热杀菌器，冰箱，定温器，各种注射器及外科用具，玻璃用具等。试验用小动物有家兔一种。

3. 派员赴临川之章舍村，南城之尧村及莲塘各处视察畜牧兽医情况，前两处为经委会农村服务之中心区，莲塘为本院新院址所在地，均拟筹划作为本院兽医防疫实验区，试行家畜防疫工作。

4. 应各地农民之请求派员前往诊治家畜疾病，前后计有六次，遇有传染性病畜，因目前血清未备，不能施行预防注射，故先行通俗防疫讲话，指导防疫方法，期免疫势蔓延。计所到地方如下：青云谱一次，南昌新村一次，高安杭桥乡一次，南昌半边街二次，南昌又一村一次。

5. 剖解病鸡二次，病鸭一次，经细菌及血液检查，均属非传染病症。

6. 编拟血清制造厂预算　全省家畜防疫应用血清疫苗，为数甚巨，悉数采购，既非经济办法，亦难切合实用。拟由本院自行设厂，从事制造，已拟就三万元之概算书，呈转理事会审核。

7. 兼任农专兽医教课，现农专兽医课由本组技师兼任，并有专科学生三人，指定本组实习。遇有为学生等可以领会之工作，均指导实地操作，期养成实践技能。

8. 派兽医技术员一人，常川驻莲塘详密调查附近一带家畜饲养及卫生状况，以为实施防疫之准备。

二、本组以后预定工作

1. 本省兽疫调查及统计。

2. 本省兽疫病性之研究。

3. 各种兽疫预防液及血清之制造。

4. 开办兽医防疫技术人员讲习会。

5. 协助地方政府实施兽医防疫政策。

6. 家畜卫生巡回讲话。

7. 实地指导农民防止兽疫。

8. 农民家畜疾病之治疗。

9. 规划兽医防疫实验区试行普通卫生防疫与血清疫苗注射防疫之比较。

七 农业推广部工作概况

本部工作可概分为四类即：（一）充实内部资料。（二）添聘外勤指导员。（三）调查农村实况。（四）实施设计。兹将已完成及进行之一部分工作分述如下：

（一）编订推广计划及一切规程计七种如下：

（1）本部推广计划。（2）本部办事细则。（3）指导员规则及服务细则。（4）区农业推广协进会组织之程序。（5）各县区农事家事推广协进会规程。（6）本部出借图书简则。（7）领种除虫菊种子办法及志愿书。

（二）绘制图表已成功者计二百四十二种如下：

（1）江西省主要农作物亩数表十幅。（2）江西省主要农作物分布图十三幅。（3）宣传与指导用各种农业图挂九十四幅，计分病虫害类三十二幅，作物类五幅，土壤肥料类十幅，畜牧类十四幅，家禽养蜂类二十二幅，兽医类八幅，农村卫生类三幅。（4）调查农村用之表格二组计二十五种。（5）区农事及家事推广协进会征求会员表格二种。（6）区农事及家事推广协进会会长总干事干事履历报告格式二种。（7）区农事及家事推广协进会会长总干事干事就职日期及办公地点报告格式二种。（8）区农事及家事推广协进会会员录一种。（9）借阅本部图书登记公函格式一种。（10）本省各县及南昌各区详细地图九十二幅。

（三）编发各种技术通告计六十三种如下：

（1）农业通告五十六种：计分农作物及蔬菜病虫防治法二十九种。农作物选种等方法五种。兽疫防治法七种。畜牧方法二种。土壤肥料之管理及应用方法五种。本省农事统计及农业特产分布二种。度量衡及面积之计算四种。各种挂图及分类通告之目次二种。（2）本部开始推广工作及提倡种植除虫菊告农民书二种。（3）本部为开放无线电收音及幻灯事通告南昌各区农民书一种。（4）本部出借图书目录通告一种。（5）本部除螟工作会议记录通告一种。（6）本部告指导员及练习生关于推广步骤及推广工作种类二种。

（四）农业调查计三十三次如下：

（1）调查南昌县各区农业现状共十七次。（2）调查赣南赣北农业概况及兽疫二次。（3）调查及视察各县旱灾状况及估计患灾亩数五次。（4）调查及估计各县本年棉产三次。（5）调查修水及庐山二处茶场二次。（6）与植物生产部合作调查附近二化三化螟患一次。（7）与植物生产部合作视察三村桃天牛虫患害情形一次。（8）调查全国经委会服务中心区组织与业务二次。

（五）训练指导员助理员使用推广仪器计四十五次如下：

（1）幻灯机之使用及换片方法八次。（2）电形机之使用及换片方法六次。（3）影片之接合法二次。（4）练习开映幻灯七次。（5）发电机抽水机脱粒机之使用各三次。（6）练习开映电影四次。（7）无线电收音机及留声机之使用四次。（8）各种喷雾器及度量衡器之应用各四次。

（六）开映农业及卫生幻灯片共七次，观众共计三千八百余人。

（七）开放无线电收音机及留声机共计二十次，听众计四千二百余人。

（八）普通讲演参加南昌县各区保甲会议临时乘机讲演者计十四次。

（九）农业技术讲演计十九次，听讲者共二千二百余人。

（十）视察及指导防治害虫计二次，费时二日，工作者十八人。

（十一）视察及指导服务区农业指导员，全国经委会，江西省农村服务中心区之农业指导，均由本部指导员中派任工作。因开办伊始，经彼等之要求前往指导进行方针，共视察三次，临川章舍二次，南城尧村一次。

（十二）推广优良品种计九次，共特约农家五十五家如下：

（1）白花除虫菊种子五市斤，分装一百三十四小包，分给于五十一家特约农家。

（2）甘蓝苗及种子，本部与园艺组合作，将甘蓝秧苗二百四十株及种子三小包，分给蔬菜特约农家四家。

（3）桃树苗木。本部与园艺组合作，拟将本院所有已嫁接之桃树及现向青岛农林事务所及南京金陵大学购买之桃树数百株，分给莲塘附近之果树特约农家种植。

（十三）医治家畜疾病计六次，医治猪二头，牛四头。

（十四）喷雾除虫训练计九处，共二十九次，除虫农家共十家。

（十五）农具施用训练三处，施用者十一家，观众共一百三十余人。

（十六）编辑调查报告，调查者十六人，费时四月余，调查千余村，关于南昌全县各乡村之详细调查，行将完毕。现已着手编辑报告专书，以作推广设计之参考。内分五篇其目次如下：

（一）概论。（二）各区农村概况。（三）调查统计。（四）各区农村状况比较。（五）结论。

（十七）指导员与助理员分驻各区，开始实施全县工作，以前工作大在南昌特区施行，主为试验性质。现全县各区农村调查事务完毕，行将开始实施，全县推广工作，现已派定人员分驻各区，备筹一切，并实施农家访问。

（十八）组织各区农事推广协进会。

本部根据实业教育内政三部会令公布之修正农业推广规程之规定，在南昌县各区组织区农业推广协进会，将全区农民联合以便于指导。推广工作，使农民明了本部工作情形，共图改进。区内农业每区由本部特派指导员与助理员常川驻区，协助进行。现已分派前往，着手接洽。

（十九）家事指导。

前此农事组尚未筹备完毕，故家事组尚未进行，现农事组已着手推广工作，故家事组定于十月开办进行南昌全县家事之指导。

（二十）本年十月以后工作计划已拟定如下：

（1）推广果树苗木及蔬菜种子。（2）推广畜种（猪鸡鸭）。（3）农具示范打稻、砻谷、碾米、改良犁各器械之使用。（4）家事指导，侧重副业手工农产制造卫生。（5）防止兽疫及医治畜病。（6）开办农业讲习班及各区农业讲演。（7）往各处巡回开映电影与幻灯。（8）农业图画巡回展览。（9）刊印南昌各区农村调查报告。（10）成立南昌各区农事家事推广协进会。（11）继续除虫讲演，指导绘制图表编制通告等事。（12）举行南昌全县农产展览会及品评会。

八　农业教育部工作概况

本院附属一农艺专科学校，一高级农林科职业学校。职校原名农林学校，本年改组提高程度为高级职校。现正建筑新校舍，已次第完成一部。

该校特别着重学生田间实习工作，以期养成刻苦耐劳之农业实用人才。农专功课概由院内技师技士各就其专门学科每人担人二小时至四小时。专科学生须每人选定导师一人，除上课时间以外，随时跟着导师研究练习。此种办法在国内尚属创举，殊值吾人之注意也。

篇十八　江宁实验县工作报告

梅思平

一　引言
二　行政组织
三　工作概要

一　引　言

救济农村，必须从经济方面下手，还须要采取大规模的，急进的进行办法，方能有效。然而这终须有行政的力量，办起来方可减少困难。江宁县尽可以利用行政的力量，故救济农村的方法，主要的是利用行政力量，行政组织和技术来促进农村建设。所以江宁县是由上而下的，与邹平定县微有不同。又江宁县不是预备造人，而是造事做事，所以没有研究机关和训练机关，只有决定政策和执行政策的机关，这也是与邹平定县不同的地方。所以如此，亦由于南京已有各种大规模的研究机关和训练机关，例如中大农学院，金大农学院与中央政治学校，用不着江宁县再自己去办，尽可和他们合作。这也可说是江宁县便宜的地方。

二　行政组织

江宁实验县，以江宁县政委员会为其最高机关。该委员会由江苏省政府聘任之县政委员九人至十三人组织之，设委员长副委员长各一人。其职权为代表省政府指挥监督江宁县政之推行。其下为江宁自治实验县政府。该县政府于民国二十二年二月十日成立，隶属于江苏省政府，内设县长一人，秘书二人，一兼科长，并分设民政、财政、教育、建设、公安、土地等六科。现共有科长六人，科员三十人及其他办事人员共七十四人。

三　工作概要

江宁县工作可分为下列各项叙述之：

一、民政　在自治行政方面，江宁县曾于民国二十二年六月将闾邻改编为村里，于二十三年二月，将旧有之二百九十五乡镇，合并为一百〇九乡镇（划界后仅留八十八乡镇）；乡镇长副选举，增加乡镇办公费，裁撤区公所，及设立自治指导员，皆其重要之工作。

关于户籍行政，江宁县之工作可分为调查户口与试办人事登记二项，调查户口自民国二十二年十月一日起至五日止办理完毕，人事登记则自民国二十二年十月六日起试办。

江宁县亦注重卫生行政。全县共设有卫生所、卫生室二所，卫生所每所每月经费二三百元，卫生室每室每月经费则自七十元至九十元不等。其在筹备中者，尚有卫生院一所，亦即将来全县之最高卫生行政机关。

江宁县之保卫行政经费，亦至为可观，民国二十二年，全县全年经费为四万五千七百三十五元，民国二十三年为一万五千九百四十一元。民国二十二年，用分区训练方法，全县受训练者，共五百三十五名，民国二十三年，用集中训练，全县受训练者，共四百名，前后训练期间皆定为三个月。枪械由人民自备，科目则军事教育与公民教育二者并重。

二、财政　江宁县之财政，最重要者计有四端：一为田赋；二为契税；三为捐税；四为会计制度。在田赋方面，江宁县曾裁汰旧式胥吏，划齐田地等则，（异分四十三则，今并为九则），采行正附税合并制，改良券票，改用新式征收会计，实行自封投柜及设立分征收处等办法并减轻税率。在契税方面，江宁县将其税率自百分之十六，减至百分之六。江宁县旧有杂捐六种，自自治实验县政府成立后，一律废除。其会计制度，经改革后，亦采用新式官厅会计制度，实行预算决算，采用统收统支办法。

三、教育　江宁县受义务教育之学童，在从前只有三千四百九十二人。现在其人数则增至一万三千九百七十六人，截至二十三年七月底止，全县共有县立小学二百三十九级，乡镇立小学一百〇九级，私立小学五级，共计三百五十三级。江宁县旧无县立中学，今则有师范初中各一级，学生九十二人。在社会教育方面，江宁县曾将旧有之民教馆七所，一律裁撤，而以其事业并入小学办理，结果：则以民教馆之行政费，作为社教事业费。于是民众学校、农场、运动场、小公园、集会场、问字处，茶园壁报等遂皆有长足之进步。兹将其数目列后：

事业种类	未设置实验县前数目	已设实验县后数目	备考
民众学校	三三级 九六五人	一百三级 四五七〇人	
农场		八二	
民众运动场	七	一〇二	
民众图书报处	八	一二〇	
小公园	四	三〇	
民众集会场	三	二〇	
民众问字处	六	一一二	
民众茶园	五	三六	
壁报	八	五五	

江宁县旧无取缔私塾方法，亦无统计，自实验县成立后，严定取缔办法，将私塾之不合格者，尽量迫其停闭，现私塾经甄别合格者共有一百八十五所，学生有五千四百六十五人。

四、建设 江宁县建设事业有六，即公路、水利、农村金融，改良蚕桑，造林及合作者六者。公路最近筑成者，计有京湖路长二十八里，土山路长六十八公尺，东丹路长十公里，及其他郊外路二十五公里。水利，则有疏浚南河，防止风旱，兴修堤坝等工作。农村金融在二十二年七月一日曾设农民抵押贷款所一所，贷出款项，七万五千元，仓库十处，抵押稻麦豆等四万八千余担。蚕桑，则散出春蚕改良种一万九千三百〇五张，秋蚕改良种九千张。造林于二十二年，造成八十五万株，植行道树一万三千株，二十三年，造成二百六十五万株。植行道树二十五万株。合作社则共成立一百三十三社。截至现在为止，合作社共有社员四千七百三十人。

五、地政 自二十二年四月十六日起，江宁县办理土地陈报。其方法除于县政府内设立总办事处，各区镇设立分办事处外，尚采有下列三种方法：

（1）凡于五月三十一日以前陈报者，概不收费，六月内陈报者，每亩收费五分；

（2）契串及实在亩数不相符者，分别据实填明，如有短契短粮等情事，概不追究；

（3）未经税验之白契，准予呈验，并准暂缓补税，办理以来，税田额数，由百十五万亩，增至百三十万零一千七百余亩。此外，江宁县并拟举办航空测量，大约预计在十二个月以内，可将全县地亩原图完成，一年半以内可将全县土地登记办理完竣。至测量人员则拟请参谋本部陆地测量局，航空测量队担任，经费共需二十万一千余元，即平均每市亩七分四厘六毫，嗣因今夏旱灾奇重，税收锐减，经费无着，故未如期举办，现仍在积极筹备中，一俟经费筹出，即可开始。

篇十九　兰溪实验县工作报告

胡次威

- 一　引言
- 二　整理田赋
- 三　整理税捐
- 四　编造预算
- 五　努力建设事业
- 六　致力教育
- 七　改良民政
- 八　结论

一　引　言

兰溪实验县自去岁九月初旬组织成立，已届一年，于其成立之始，有怀疑江宁自治实验县所标榜者为自治，兰溪则并此自治二字而亦无之，似失其实验之鹄的者，不知兰溪实验县自有其实验之鹄的在，即（一）县政府制度之实地试验；（二）县政建设之实地试验是已。关于一般县政府制度，举凡留心地方政治者皆訾其为不当，内政部第二次全国内政会议，县政改革案言之尤详，其指摘现行政制之缺点及其困难约共有六端：（一）县政府之监督机关太多；（二）县政府之组织太简；（三）县之经费未能确定；（四）县之职权未能划清；（五）县之行政区域过于辽阔；（六）办理县行政之人才未能充分储备，而其结论，则在设立县政实验区以为改进地方行政之张本。兰溪实验县之现行县政府制度虽未能将内政部所指摘之各种缺点完全除去，然较之一般制度确已相当进步。据吾人实地试验之结果，窃以为现行制度不妨在他县试行，藉收改进地方行政之实效，其详已见拙著县政府制度的实地试验（见九月廿四日至廿九日东南日报）兹不赘。本文所欲简略报告者，厥维兰溪实验县县政建设之实地试验，亦即兰溪实验县一年来之县政工作。

二　整理田赋

社会秩序既已大体安定，自可从事各种财政之建设，第尚有一根本问题，即经费之来源是。一县一邑之经费来源，大部分为田赋附加，其次则为杂税，故整饬财政，必自整理田赋始。而田赋之课税物件厥为土地，兰溪地籍繁乱，垂八十年，故整理田赋，又非从清查土地入手不可，关于清查土地吾人系分三步进行，第一步补造鱼鳞册，第二步编造丘地归户册，第三步发给土地管业证。造册工作早已完成，管业证亦已发出百分之九十以上。全县十坊三十五都一百四十九图，总计田地山塘八十一万零七十四丘，分属于十二万六千零一户，就中田四十五万九千三百一十一亩五分二厘九毫，上地二万八千八百二十二亩六分，中地二万五千六百二十二亩零一厘六毫，下地七万八千八百五十九亩三分零五毫，山五十三万零三百八十亩七分七厘七毫，塘四万五千零八十三亩九分零二毫，四共一百一十七万八千零七十九亩二分九厘五毫，较诸鱼鳞册原编亩数增出三万余亩之多。至所造之丘地归户册，丘各有图有册，有字号，有四至，有亩分，有地别等则，有土地坐落，虽其亩分不如清丈精确，然如全县举办清丈，势非六十余万元不可，此次清查土地仅费七千余金，亩分毫厘之差，似亦无损于大体也。

土地清查既竣，爰即着手田赋征收制度之改革，查兰溪自民国十六年以还，逐年平均收数不及四成，其不起色之原因固多，而地籍不明，政府征收不能不假手卯簿，实为一重大原因。以是毅然决然废除卯簿，举凡造册造串，皆改由政府自行办理，同时决定下列各种改革办法：（一）按亩计税：按亩计税原为吾浙之既定办法，只以地籍不明，各县多未遵办，兰溪自清查土地以后，亩分厘然，于是实行按亩计税新制，以为他日实行地价税之标准（二十三年每亩应纳税额，计田六角七分八厘，上地一角七分一厘，中地一角四分六厘，下地一角二分五厘，山四分六厘塘三分三厘）。（二）按丘制串：此在举办查丈之桐乡曾采用之。兰溪为欲实现着佃完粮以串抵租之理想起见，亦采用按丘制串之新办法。（三）合并税目：各县田赋原有正税附税之分，而附税又有省县之别，名目繁多，辨识为难，吾人则以之合而为一，对于亩分粮款仅列一总数，藉以符合租税便利之原则。（四）改订征期：田赋征期，原可分为上期下期，但在兰溪下期征额仅及上期百分之四·五，零串征收，殊觉縻费，爰将上下期合并，并斟酌原有上下两期之时间规定征期为四个月，而于年度开始时起征。此外，复厉行奖罚，以期人民纳税之踊跃，增设分柜，以期养成人民自封投柜之习惯，凡有可资改进之处，无不尽力为之，预计本年田赋，收数当在八成以上，顾自入夏以来，亢旱成灾，以最近征收趋势度之，将来至多亦不及四成，不可谓非兰溪整理田赋最大之打击焉。

三　整理税捐

整理田赋，已如上述，顾县政府经费来源，除田赋外，尚有杂税，于是不能不从事诸般杂税之整理，查兰溪条税，除置产捐系契税之附加税外，不下三十种，爰拟定整理计划分期进行，为名符其实，改归各业认捐征收者，为原有各业认捐，鲜肉捐，旅菜馆捐，新增旅菜馆捐，毛猪捐，猪小肠捐，盐规及典规。因税目苛细，于二十三年一月一日自动裁撤者为柴捐、南北公所肉捐、面馆捐及夫行捐。于二十三年六月奉令裁撤者，为浮桥粮食米袋捐，粮食米行捐，山客米谷捐。于二十三年十月一日经财政厅小组会议议决废除者为青枣捐、鸡鸭蛋捐及活猪捐，以上十种捐税，全年征额，不下万元，县府因税目苛杂，均先后裁撤，藉以减轻民众之负担。目下兰溪之杂税杂捐，除已裁撤者外，仅存店屋捐、住屋捐、筵席捐、戏捐、广告捐、屠宰附捐、花舫捐、人力车捐、车照捐、自由车照捐、卫生捐、茶馆营业捐及各业认捐，刻正分别整理，务使此仅存之捐税，于租税理论上适合公平普遍充分及富有弹性之原则，而于征收组织，则力求其健全，征收手续，则力求其完备及简便。

四　编造预算

吾人一方面积极整理田赋及杂税，藉以厘清税源，一方面即厉行预算制度，藉以统制全县财政并使政府收支有所依据。兰溪在过去一年中为适应事实，曾编制四部概算，即二十二年九月至十二月四个月概算，二十三年一月至六月六个月概算，二十三年度概算，二十三年度紧缩概算，每一概算于编制及审议之际，均极审慎，既经议定以后，则忠实执行，力求保持概算之尊严。其次为预防挪用现金及增加行政效率起见，特采银行代管现金制度，即每日所有各种收入，悉由征款机关或缴款人直接缴存指定之银行，支出款项，则除各种零星开支另行设置备用金拨交庶务股随时支付外，余皆由会计股签发支票，交领款机关或领款人持向银行兑取现金。复次，于会计股内部组织，则采一种牵制办法，即将岁计簿记出纳审核四种事务，于会计股现有工作人员中，分别派定专人办理，务使彼此职责相对独立，藉收互相牵制之效。复次则为改订簿记组织，目前所用之账簿有八，（一）现金日记簿；（二）分录簿；（三）总账；（四）国省款分类账；（五）县款分类账；（六）岁出款分类账；（七）暂记付款分类账；（八）往来款项分类账。此种簿记组织，虽非吾人理想中之制度，然大体已较一般簿记组织为合理。复次，与预算相为表里者，厥为决算，兰溪现正实行决算制度，以期执行预算之财务行政官吏有无违背预算情事，有所查考。今者二十二年度业已终了，各项出纳整理事务，亦经次第整理完结，所有四个月决算与六个月决算均已依照法令规定分别编制竣事，吾人拟于呈省核销后正式公布，以示财政之公开。

五　努力建设事业

治安既无问题，财政又已得相当之整理，于是进而办理狭义的建设事业，此可分为两方面言之，其一，工务，兰溪号称五省通衢，向来商业极为繁盛，第自近年以来，因受农村经济衰落及杭江铁路通车之影响，已迥不如前。吾人深信挽救之法，一方在于复兴农村增加农民之购买力，同时则在开辟公路藉以挽回交通上之地位。兰溪现有公路凡三，一为兰衢路可以经由衢州而至江山玉山，一为兰寿路，可以经由建德而至安徽屯溪，一为兰金路，可以经由金华而至丽水缙云，刻已先后通车，当可挽回已萧条之商业不少。至关于安设乡村电话及建筑乡村道路等计划，均已拟具完成，现正积极进行，预计在本年冬季即可次第实现。其二，实业，所谓实业，固包含农工商业而言，但就兰溪情形而论，除商业外，仍以农业较为重要，振兴农业，本极困难，吾人为明了全县农村概况及农家经济起见，特商由浙江大学与本县合组调查队从事调查，此项调查资料，刻正积极整理，大约下月即可完成。关于品种改良及推广，亦系与浙江大学合作，在兰组织实验农场，从事实验。其与农田有关之水利，兰溪因旱灾甚少，向不注意，此次天旱，即遭遇打击不小。兹据调查，全县现有池塘约计可万余亩，现正拟具疏濬计划，拟依以工赈代办法，于本年冬季，积极进行开掘，最后则为农村经济之救济，兰溪原有农民借贷所一所，经整理以后，已臻健全，在其指导下之信用合作社，二十有七，生产合作社三，信用合作社联合会一，合作预备社七十二，社员三千五百九十九，会员八，同时于产谷较多之游埠永昌，设有农产品抵押仓库各一处，除游埠现已开始营业外；永昌尚在筹备进行中。

六　致力教育

与狭义的建设同为不可或缓者，厥为教育，吾人对于兰溪教育，系先从调查入手，根据调查所得，再拟定各种改良方案。兹先就学校、经费、教职员及学生四方面言之：全县学校数计二百八十三，就中私立初级商业职业学校一，县立中心小学七，县立完全小学一，县立初级小学四，区立完全小学三，区立初级小学十，私立完全小学五，私立初级小学二百五十二。全县学校经费数计五六·三四三·六〇〇，就中县款一三·五八六，区款三·二五〇，学费一二·三八四·二〇〇，杂费四七五，土产捐一·一一一，祠捐一二·九四二·四〇〇，私人捐三·七二八，租息三·八四二，庙产一·五四五，其他三·四八〇。全县教职员数计六百七十五，就中大学毕业二，专科毕业四十九，旧制师范三十三，高中师范一十六，短期师范八十五，高中普通科六，旧制中学五十四，初级中学六十二，检定合格一十三，高小一百九十六，非学校出身一百五十九。全县学生数计一三·四二九，就中幼稚班三八二，一年级三·八六七，二年级二·八七七，三年级二·三八七，四年级二·〇五六，五年级四六四，六年级三八七。就学校数言之，已不在少，只须积极整顿即可，自属无须积极添设。就经费数言之，不但为数不多，且多不能确定，吾人第一步整理，即在确定经费，第二步整理则在增加经费，现第一步已办理完竣，刻正进行第二步。就师资言之，其不合法定资格者，几占二分之一，吾人整理之步骤，则在举行小学教员总登记，开办师资班及设立循环讲习会，总登记已办理完毕，计合格者三百七十一人。师资班已办两期，计毕业学生六十一人。讲习会则因经费困难尚未举办。就学生数言之，全县学龄儿童约三万人，现受学校教育者仅及五分之二，吾人补救方策，则在就现有学校增加班级，并对于贫寒子弟一律免费入学，以资鼓励，实行以来，未及半年已增加学生二千四百余人之多。其次吾人对于教育尚有两种理想，一为政教合一，一为校社合一，于此二者均系先就游埠水亭诸葛三县立中心小学初步实验成绩尚好，刻仍继续进行，并已将校社合一办法实施于各县立区立及私立完全小学。

七　改良民政

复次，就民政言之，关于民政方面之工作，可分二端，其一地方自治，地方自治首应解决者为组织问题，吾人已办竣下列各事：（一）废止区公所合并乡镇，区公所之设原属暂时过渡办法，兰溪已遵照中央及省厅命令，一律取消，而采纯粹的两级制度。惟是所有乡镇完全与县府直接发生关系，在指挥监督上，殊感困难，爰将旧有一百七十八乡镇，合并为九十三乡镇。（二）废止闾邻改编村里，浙省现制仍为闾邻制度，此种制度，殊觉机械，吾人曾于旧第三区废止闾邻改编村里，实验以来，颇著成效，爰就全县一律采用。其次为人才问题，一般民众对于自治不甚了解，而于当选各乡镇村里长以后，多属不肯就职，或勉强就职，亦多不愿实心任事，此种困难各县皆同，吾人对于自然领袖，不惜多方设法使其出任巨艰，并经分期举行自治问题讨论会，以资训练。复次则为经费问题，全县自治经费仅六千余元，杯水车薪，无济于事，而农村经济竭蹶又属无款可筹，此实推进地方自治之最大困难。至关于地方自治基本的事业，兰溪已完成者，为户口复查，综计全县产数五一・八四五，人口数二六九・二五〇，就中男性一五四・三二四，女性一一四・九二六。其次，则为人事登记，二十三年一月曾就云山等四十一乡镇开始试办人事登记，户籍员均由小学教员兼任，自开办以来，成绩尚好，预期自七月一日起全县同时举办，兹以财政困难，除城区各镇外，余均从缓进行矣。其二社会行政，此分三点言之，一为救贫，关于救贫，除就原有之救济院积极整顿外，特新设平民习艺所一处，专收容业已戒绝之无业烟民，使其从事工作，俾于出所后自谋生路。先后计收容艺徒四百五十八人，已自新出所者达二百四十七人之多，该所工艺计分印刷木作藤竹缝纫雨伞泥水编织火煤八科，规模尚属宏大，营业亦颇发达。一为保健，计已成立县立医院及游埠卫生事务所各一所，在最近半年内，县立医院接种牛痘一・五九九人，注射防疫针九二八人，治病人数则为二・一八三。一为备荒，积谷所以备荒，兰溪经三个月之努力，计共募集积谷三一・六四〇担，约半数归仓，半数由民户具结保管，本年天旱，已贷出五千余担。

八　结　论

以上已就兰溪实验县一年来之县政工作作一平行叙述，吾人深愧能力薄弱，于县政建设贡献甚少，今后自当加倍努力，以求无负省府及爱护兰溪诸君子之期望。兰溪实验县施政纲要总纲第一条："一切设施，应在中央及省府施政方针之下，依照当地状况人民程度规划适切有效之方有法实施之。"从而所谓县政建设实验，仅为方法上之实地试验，而非于中央及省政府行政方针之外别有何种奇特之办法，此则为阅者诸君所应明白认识者也。

篇二十　山东省立民众教育实验区工作报告

屈凌汉

一　小史
二　工作

一　小　史

本区于民二十一年九月一日奉厅令成立，设办事处于历城县第二区的祝甸乡。我们也是想为民众教育找一条出路，想为民族自救想点办法才来到乡间的。当时拟定的实验要项，注意于普及乡民教育，增进农业生产，完成地方自治，改善乡村风俗四大端的方法，步骤与程度各种问题。这个实验区，以乡为单位，只有六个村庄，七二七户，三八三〇人，面积约三六方里。第一年到乡村工作的有同人六位。第二年省教馆实验部完全下乡，直接担负乡庄工作的又添了两位。到第三年开始的时候，又添了本乡七位学生，半义务的与同人共同努力。

二　工　作

依据本会筹备员所拟的报告内容，略述如下：

甲、农民负担

（一）银米　历城土地，分金、银、铜、铁、锡五等。所纳银米，以金粮地为标准。如纳同一标准数，五等耕地面积标的比例，遂为一：一·五：二·五：三：四。实际征收，计金粮地每官亩（六千方尺），年纳地丁银〇·〇七二九二两，米一·四七升。银粮地每官亩年纳地丁银〇·〇四八六一四两，米〇·九八升。铜粮地每官亩年纳地丁银〇·〇二九一六八两，米〇·五八八升。锡粮地每官亩年纳地丁银〇·〇二四三〇七两，米〇·四九升。铁粮地最轻，每官亩年纳地丁银〇·〇一八二三两，米〇·三六七五四升。但实际上铁粮已很少，最多的是银粮地和铜粮地。银粮地约二十五亩强纳银一两，约一六〇亩强纳米一石。地丁银每两合六·一元，内正税四元，地方教育费一元，建设费〇·二二元，自治费〇·二二元，财政预备费〇·五六元，还联庄会费〇·一元。米每石一一·八元，内六元交省，其余留县自用。由此推算，银粮地每官亩须纳地丁银〇·二九六五四五四元，纳米〇·一一五六四元，二者共须四角五分。铜粮地每官亩须纳地丁银〇·一七七九二四八元，纳米〇·〇六九三八四元，加票纸钱等项，每官亩约共须三角。最近该县又加征义务教育费每丁银一两征洋三角，以中等地计之，每亩约增税洋一分至二分。

（二）契税　契税按卖价值百抽六，按典价值百抽三，各外加契纸费六角。此外尚有验契手续费，数目未详。

（三）过粮　买地过粮，或分家拨粮，以中铜粮地计之，每官亩二亩半（一五〇〇〇方尺），即须纳手续费一元。金银粮所费更多。各乡有世袭之柜书，专办过粮事宜，每有任意勒索的举动。但柜书收费往往不多于政府粮房的征收额。

（四）乡村公费的摊派　农民除于地丁附税中已纳自治费〇·二二元外，每年复按户按亩摊派区乡公所公费及地方工资，为数亦巨。计一个烟户（凡有锅灶做饭吃的人家，）每年须纳费三角。每大亩地（二·五官亩）一亩，再纳费三角。至于临时摊派，无定时亦无定额，概不计算。

（五）看坡　公共看庄稼的费用，分麦秋两季，各庄办法不同。大约有麦田十亩出麦子一升。有秋禾十亩出谷子二升。

（六）印花税　各庄每季摊派印花，视户口多寡定六元至十六元不等。惟此项印花，多无法消纳。因各种交易商店都备有印花，即购买婚书，书面上也早把印花贴好了。

（七）土地买卖的佣金　土地买卖中间人于买主值百抽三，于卖主值百抽二。从前有官中，现虽废止，惟中间人抽收佣金，已相沿成风。

（八）牲畜营业税　牲畜买卖，有票税及头税两种。买主出票税，系值百抽一。卖主出头税，驴一头五角，牛一头一元，骡马一匹一元五角。

（九）屠宰营业税　宰猪一口纳税三角，死牲畜除私埋外也须纳税一元。

（十）小猪捐　买小猪一个，卖者出洋二角，买者出洋一角。

（十一）烟酒税　凡卖酒或卷烟之小铺，分季纳捐，每季三元，也有较多或较少的，大概视营业状况而定。

（十二）车捐　凡乡间大车或小车入城，由公安局抽收车捐，大车三角，小车五分。每次纳捐时效为五天。过五天后，须再纳捐。

查祝甸乡耕地面积约六千亩，户口七二七户，平均每户有耕地八·二五亩。根据以上调查，每八·二五亩之户，每年约须银米五元，假定平均每年每户有五十元的土地买卖，约须纳契税一元五角。假定平均每户每年有一官亩的土地买卖，约须纳过粮费四角。乡村公费的摊派约须一元二角，看坡费约须七角，印花税约须三角。土地佣金，以每年每户有五十元的土地买卖计，约须一·二五元。牲畜营业税，假定每户每年出洋一元，屠宰税及小猪捐，假定每户每年共出二角。小车五日捐，假定除农忙外，每户卖菜卖粮食，以入城三十次（按五个月合计）计，须出车捐一·五元，烟酒税暂不计入。平均每八·二五亩之农户，每年所出捐税约共须一三·〇五元，即扣除土地买卖一项，每户每年也须出税捐约十元之谱。

（十三）直接生产费　假定这八·二五亩土地每年种植作物两季，所需的直接生产费如下。

第一季种小麦，每亩需整地费〇·五元，肥料费三元，施肥〇·二五元，种子〇·三二元，播种〇·〇八元，中耕〇·二元，收获一·五元，共需生产费六一·八元。第二季种大豆，每亩需种子费〇·一六元，播种〇·〇五元，中耕〇·四元，收获一·六元，共需生产费二·二四元。小麦每亩可收入六·七三元，（主副产合计，）除生产费六·一五元，约盈余〇·四五元。大豆每亩可收入四·八四元，（主副产合计，）除生产费二·二四元，约盈余二·六元。以八·二五亩计算，两季可盈余二五·一六二五元。若除去上述的捐税一三·〇五元，还盈余一二·一一二五元。临时摊派以及农具补充费，均未计入；再加上全家的生活费，无怪农民家家闹亏空啊！

乙、农村保卫

本县训练保卫团，均出自政府。前任区长拟与本区合作，旋以去职作罢。区内现住有市政府马卫队一排，治安上可无问题，故本区对此实无工作可言。

丙、经济组织

本区于二十二年四月成立一个信用合作社，延至今年六月共成立六个信用合作社，一个美棉产销合作社。各社概况可见下表：

社名		祝甸庄信合	周家庄信合	十里辛河信合	小庄庄信合	七里河庄信合	辛甸棉信合	祝甸乡美棉产合
成立年月		二十二年四月	二十二年九月	二十二年十一月	二十三年一月	二十三年一月	二十三年六月	二十三年五月
社员人数		三六	一九	一九	二四	一四	一三	五五
占本村户数百分比		一四·七	三七·三	二一·六	二一·一	一四·四	九·八	七·五
社股		一一六元	七二元	三八元	四八元	二八元	二六元	一一〇元
储蓄		每人每月三角	每人每月二角	每人每月二角	每人每月二角	每人每月二角	每人每季一元	—
贷入总额		一五二〇元	八五〇元	二〇〇元	五〇〇元	三〇〇元	二八〇元	一二二元
外欠总额		五七〇元	五〇〇元	—	三〇〇元	一〇〇元	二八〇元	一二二元
利率（月利）	社员贷出	一二厘	一二厘	一二厘	一二厘	一二厘	一二厘	一二厘
	本社贷入	八厘	八厘	八厘	八厘	八厘	八厘	八厘
	股息储蓄	六厘	六厘	六厘	六厘	六厘	六厘	六厘

续表

社名	祝甸庄信合	周家庄信合	十里辛河信合	小庄庄信合	七里河庄信合	辛甸棉信合	祝甸乡美棉产合
纯益	六〇·三元	约一八元	约六元	约八元	约七元	—	—
社务委员 理事	五	五	五	五	五	三	七
社务委员 监事	三	三	三	三	三	三	—
附注	1. 各社均未做社外放款。 2. 美棉社股系认购数，秋季贷款时即实行缴股。 3. 各庄诸款满二元时，一年内须增购社股一股。 4. 除祝甸外未届年度结算故纯益只列约数。							

本年度各社社员信用评定，总计如下：

分数　　　　　　人数

五一——六〇　　三

六一——七〇　　三四

七一——八〇　　三八

八一——九〇　　三九

九一——一〇〇　　一一

本年度各社贷款用途，总计如下：

买肥料　一三·八%

买豆饼　六四·二%

买猪　　二·三%

买种子　五·四%

买工具　三·一%

买牲畜　三·五%

做生意　七·七%

为了完成合作组织的体系，并易于引入社会助力起见，今年八月间又组成了区联合社。此联合社包括前述的七个合作社，并扩大业务区由一乡推至一区。定名为山东历城县第二区农村合作社联合社。联合社已与上海银行签订贷款合同，兹介绍其业务要点如下：

第一批信用兼营贷款三千元，于二十三年九月贷入。此款除还历城县农民贷所及省民教馆本息洋一千七百元，并提出各社认购联合社社股五百元，存上海银行外，悉作信放及小本放款之用。小本放款每户以五元为限。

第二批产销贷款三千元，于二十三年十月贷入。此款拟以五百元，成立酱菜产销合作社，由小辛庄信合兼营。另以八百元，成立石灰产销合作社，由十里河信合兼营。其余一千四百元即由联合社直接经营仓库。计先收美棉，次及谷豆小麦三种。

第三批产销贷款一千元，拟于二十四年二月贷入。此款由联合社直接经营豆油产销业务。资本不敷时，仍可随时向银行通融。

第四批利用贷款一千元，拟于二十四年四月贷入。此款限购水车以利灌溉，亦由联合社直接经营。

经济机关除合作社外，县有农民贷款所，省有民生银行，惟与农民无直接关系殊难利用，以发展农村经济。乡民请会者，所在多有，惟活动范围既狭小，性质亦单纯，亦不能担负发展农村的重任。因此本区对于合作社的希望，不仅欲其成为农村中健强的经济组织机关，且欲其成为健强的教育活动机关，我们觉得合作社如果对于贫农没有好处，如果没有较高的系统组织，等到没有人时常指导的时候，它的活动能力与防止农村崩溃的力量是很可怀疑的。因此，我们希望一切从事乡建的团体，对于这种社会新组织，能打好一个深厚的基础，能在事业区域以外形成较广大的联合，能对社会经济作较大规模的统制与计划。

丁、经济建设

本区对于改良农业，现正致力者，一为美棉的推广，一为小麦谷子高粱黑穗病的预防，一为菜蔬螟虫的驱除。美棉种植面积本年为八十亩五五户，已组为美棉产销合作社。预防小麦黑穗病表证农户三十六，耕种面积一九二·一亩。杀虫园地面积共计十二亩，八户。此类事业与本区合作者，有山东大学农学院，与山东省立第一农事试验场。关于工业改良及凿井业务，另见联合社计划。

戊、乡村教育

小学民校一览表列下：

项别	校别	校址	班数	已毕业学生数	现有学生	常年费用（元）	备考
祝甸乡村小学	祝甸乡完全小学	省立民教实验区办事处	三五年级复式编制一班		五〇人	四〇〇	县津贴二四〇 学费一六〇
	辛甸庄小学	辛甸庄	单级		三〇人	一八〇	县款一八八
	祝甸庄小学	祝甸庄	复式一班		二〇人	一〇〇	学费一〇〇
	七里河庄小学	七里河庄	复式一班		二〇人	一〇〇	学费一〇〇
	辛甸庄天主教小学	辛甸庄	复式一班		一六人	一六〇	学教费一六〇
	十里河庄天主教小学	十里河庄	复式一班		二〇人	一三〇	宗教费一〇〇 学费三〇
	祝甸庄民校	祝甸庄	妇女男成人各一班	女二六人男四二人			
	辛甸庄民校	辛甸庄	妇女男成人各一班	女三七人男二八人		第一年每生一·〇九元，第二年每生〇·八〇四元，此款均暂由实验区支出。	
	周家庄民校	周家庄	妇女男成人各一班	一八人	女二五人男一四人		
	小辛庄民校	小辛庄	妇女男成人各一班	二二人	女二一人男二八人		

续表

项别	校别	校址	班数	已毕业学生数	现有学生	常年费用（元）	备考
	七里河庄民校	七里河庄	妇女男成人各一班	一五人一三人	一三人一七人	第一年每生一·〇九元，第二年每生〇·八〇四元，此款均暂由实验区支出。	
	十里河庄民校	十里河庄	妇女男成人各一班	一二人	一七人一五人		
附记	1. 祝甸小学开办六七年从无一生毕业。 2. 天主制因不欲教民入民校，故自办小学。						

社会教育设施，多系本区直接工作。语其项目，如少年团、武术团的组织，改良私塾，施诊疗所，组励志会及农民俱乐部，举行中心展览及临时活动，设各种讲习会，（合作自治，技术等）简易师范班及补习班，又举办书报巡回阅览，编印壁报农民报等。凡此设施，山东民众教育月刊五卷八期有专册报告，不赘。

己、调查

本区社会调查已完成者，只人口与教育一项，经济项只完成前述农民担负一部分。兹摘要录其结果如下：

1. 全乡人口计男子一九三八人，占百分之五〇·六。

女子一八九二人，占百分之四九·四。

合计三八三〇人。

2. 全乡户数计七二七户，每户最多二十人，最少一人。平均为五·三人。

3. 全乡识字人数与文盲如下表：

别\数量			实数	百分比	实数	百分比
儿童（一六岁以下）	识字	男	二一一	一八·七	三一四	二七·九
		女	一〇三	九·二		
	文盲	男	三六八	三二·七	八一三	七二·一
		女	四四五	三九·四		
	合计		一一二七	一〇〇	一一二七	一〇〇
成人（一六—五〇）	识字	男	五三四	二六·四	五八五	二九
		女	五一	二·六		
	文盲	男	五〇〇	二四·八	一四三三	七一
		女	九三三	四六·二		
	合计		二〇一八	一〇〇	二〇一八	一〇〇
老人（五〇岁以上）	识字	男	一三三	一九·四	一三八	一九·八
		女	五	〇·四		
	文盲	男	一九二	二八·三	五四七	八〇·二
		女	三五五	五一·九		
	合计		六八五	一〇〇	六八五	一〇〇
附注			凡不能读写自己姓名的人，都是文盲。			

篇二十一　山西铭贤学校农工科概况报告

梅贻宝

一　引言
二　农科概况
三　工科概况

一　引　言

自国难以来，爱国之士，不曰抵制劣货，即曰与敌宣战，惟环顾国内，则农村破产，实业不振，一切需用之物，均赖洋商之输入。不知生产，空言抵制，于事何补。不谋建设，侈谈主战，有何裨益。故救国之法，莫要于建设，图存之方，莫重于生产也。本校近年以来，目睹农村经济破产之惨象，及工业衰微之情形，即利用本校农工各科现有之试验及设备，从事于农村经济，农村生计，作物改良，农具制造，毛织工业之各种事工，试办以来，不但校内师生感觉兴趣，即国内实业教育机关，亦多来校参观，备资参正。兹为便于各界明了本校事工起见，爰将农工各科现在概况，择要陈述，望关心乡村事业之诸君子一指正之。

二　农科概况

农科工作，计分调查、试验、推广、教授等部，除调查工作，因已得到相当结果，业经结束外，现在农科大部分工作，多注重于试验方面。至于推广事业，在推广材料尚未届成功之前，因限于人才经济，故尚未尽量推广，仅于邻近各县农村进行推广工作。

试验研究部

（一）作物组

1. 粟之改良试验——粟在山西农作物中，占极重要之地位，粟之改良试验于去年秋季，开始加入试验，于太谷、祁县、平遥、汾阳、文水、交城、清源、徐沟、太原、阳曲、忻县、定襄、榆次等十余县内，采集粟穗六千余，今春业经穗行试验，现正收割，本年秋将赴晋城、平定并河北省之邢台等处，继续采种，以期选得良种，推广于本地之农民，有所改进焉。

2. 小麦区域试验——小麦改良，已有五年之试验，计有十八品系，确能较好于本地农家之品种，待种子繁殖后，即可推广，然在推广以前，必须根据试验结果，证明所选品种确为优良时，始能实行推广，此十八品系中究以何品系为最佳，及推广区范围之大小，均须赖区域试验以决定之。今年秋，已在平定、襄阳、汾阳、临汾等处，同时举行此项选种之区域试验矣。

（二）畜牧组

1. 绵羊改良试验——软布来羊与本地羊之交配试验，已经三年，今又增添美利努羊与本地羊之交配试验，以观测此两种交配试验所得之结果。

（三）土壤组

1. 锄地试验——此项试验已经五年，所用材料，以前尽为高粱，本年度起豆类及粟亦用同样方法，试验其结果，至于中耕器之施用，是否与高粱试验之结果，有同样之利益，亦在试验之中。

2. 肥料试验——测定本地土壤中所含之氮、磷、钙、各元素之肥料，是否缺少，此项试验实为其他施用肥料试验开始以前，所必须之初步试验也。

推广部

1. 农产物品竞赛会——历年于太谷县境内，择定适当地点，每年开盛大之农产物品竞赛会一次，本年计划稍有变更，已联合三数村之农民，筹开规模较小之竞赛会三处，以期普遍观摩，获得竞赛之实效。

2. 绵羊推广——本年起，实行软布来公羊与合作农家之母羊交配，期望将优良羊种，推广于邻近农民。

教授部

1. 自从去年授课以来，农业课程，计开二门，作物生产课，以教授高中第一年之学生，畜牧课，以教授高中第二年之学生，此等课程，半为课室及实验室之研究，半为田间及畜牧场之实习，各班实习生，均能按照科学方法，从事各项试验及劳役工作。

三 工科概况

本校工科之创办，已有三年之历史，内分机械、纺织及化学工业三部，惟以经费关系，各项事工及设备未能同时进行，现在已设备就绪者，有机械部。正在设备者有纺织部。至于化学工业部，现正在筹备之中。兹将最近工作，择要略述于下：

设备方面

机械部

本部房屋已增建二十四间，连同原有建筑共计五十六间，内分教室、绘图室、办公室及锻工、模型、机械、翻砂等工场，惟因实习人数过多，房屋仍感不足。现已由孔校长捐助巨款，将原有计划未完成之房屋百五十间，继续建筑，并期于最近完成，现已动工修筑，想明春当可完成矣。各种工具机器之置备，除原有者外，本学期又购到大宗新式机器，此外并由怡和洋行捐助各种机器多种，大约于本年底即可装置就绪，届时对于教授、实习、研究等事定有相当之裨益也。

纺织部

本部筹备始于民国二十二年秋，至今已有一年之历史，其创设之目的，在促进农村纺织工业之发展与训练有志于纺织工业之学生，藉此提倡造产，以舒民困。

本部现分毛织与棉织两科，备有织机两架，每日可织平布数百尺，斜文布八十尺，及毛布五十尺，织毛衣横机一架，每日可织毛衣五件，织袜机两架，每日可织袜两打。水蒸汽染毛机一套，每日可染羊毛六十斤，此外尚有梳毛机一架、梳毛板六副，缠线轮一架，及其他零碎器具，专为纺毛线之用。从事于工作与实习者，除本校工作生外，尚有工人、学徒、乡村小学教员及乡村特派来之实习生等，现因地址狭小，未便开班教授，一俟明春机械厂新建筑落成后，即拟大加扩充，并将各项设备，再行增加，以备正式开班教授及推广于各农村之需。

化学工业部：

本部以经费关系，尚未作大规模之筹备，现以目前之急需，暂设肥皂制造厂一所，以备实习之用，备有蒸汽锅一座，搅拌器一具，碱化锅一个，洗油缸二个，漂白缸一个，及各种零件，设备虽简，然颇合应用，所用油料，以本地所出之棉籽油，蓖麻子油及牛油居多，现有实习学生八名，每日可出肥皂百磅。

教授工作

本科教授材料，以机械、电器毛织、及化学工业四项，为主要课目，教授方法，系按各级程度之高低，分别班级，令其入各厂实习，例如：修理汽车、电话、制造电铃、铁床、省煤火炉、科学仪器、毛棉织品、化装用品、家庭用品、农事用品，均令学生亲行制作。各厂实习生，对于此等劳苦工作，均感兴趣，此亦实施职业教育之良好现象也。

研究工作

工科之研究工作，以改良农具及家庭工业机械为目的，本年度因教授工作过忙，对于研究时间略为减少，计本学期研究物品，有新式农具，如犁，开沟埋土两用机，玉蜀黍脱粒机，中耕机及高温度之化铁炉等，颇合国内之用。其他如煤汽发动机，深井打水机及纺织机等，均在研究之中，预料下学期定有相当结果也。

篇二十二 湖南棉业试验场报告

袁 辉

一 引言
二 场务概况
三 技术概况
四 推广工作
五 救济农村经济事项
六 其他乡村运动事项

一 引 言

本场成立于十九年春。二十一年，始办理推广。现育种工作，已及五年，推广工作，亦已三年矣。在事业方面，初原专注棉作，嗣因湘省棉区多在滨湖，高者植棉，洼者植稻，棉田又皆行雨熟制，其冬作之优劣，与成熟期之迟早，关系棉作者甚巨，遂兼及重要棉区作物育种与栽培试验，又由办理推广，而知社会情形极为复杂，改良农事，若仅就单纯之农事问题，片面进行，则障碍横生，困难滋多，不特难望预期之成效，抑且彼蹶此蹶，跬步维艰，于是救济农村经济衰落，兴修水利，提倡教育，改善风俗诸乡村运动，不得不兼顾并及，以辅棉业改良之进行。然均为随事策应，初无一贯之计划。不过，为日既久，事项遂繁，条理亦愈分。兹不敢自秘，特编为本报告，以求正于海内农界，与从事乡村运动诸先进，而场务与技术事项，亦略及焉。

二　场务概况

本场成立之初，仅置场址于长沙万寿乡长桥。嗣因试验事业，获有相当结果，于二十年，增设常德澧县衡阳三场，二十一年，增设华容场。场中组织，初于场长之下，设事务技术两股。二十一年，因办理推广，及与中央研究院气象研究所合办气象观测，复先后呈准添设推广气象观测两股。本年为适应事实，乃斟酌各股公务繁简，呈准将气象观测股裁并，而于技术股内，添设气象组，复将推广股掌管之农产、仓库、生产、贷款、经济调查、与凡关于农村经济救济事项，悉行划出，另设经济股主持之。测候所，除常德衡阳附设该两县分场外，长沙测候所，则设于省会天心公园内。又为办理合作场轧花运销，设轧花厂于津市。初因资金缺乏，暂租民房应用，去年自将省库借款领到后，即将前年所购津市油榨坊房屋，改建完成。

三　技术概况

技术事项，分为：育种、栽培试验、研究三项。

甲、育种　育种复分棉作，与棉区作物两方面：现有

（子）棉作育种各场，均已至五行试验，为继续求得良种起见，历年均会采选单萌单本，故萌行株行二行品种比较各试验，亦酌配各场举行。

（丑）棉区作物育种，有稻、麦、大豆、蚕豆、油菜、红薯六项：

（1）稻作已至高级试验，穗行二行五行十行及品种比较，亦均继续举行，长沙场更举行稻作品种观察试验。

（2）麦作在常德场举行，计有穗行二行五行十行各级试验。

（3）大豆在长沙常德两场举行，计有株行三行十行高级四种试验。

（4）蚕豆因为湘省棉区重要冬作物，二十二年经向苏、浙、赣、皖、川、鄂各省及省内各县举行大规模之种籽征集，分在各场，同时举行育种工作，株行试验一千八百六十系，品种观察六十六品种。

（5）油菜与蚕豆同为湘省重要棉区冬作物，亦曾大规模征集种籽，在长沙场举行品种观察，计七十三品种。

（6）红薯乃棉区重要山地作物，为研究及提倡山地植棉起见，故亦兼行育种工作品种比较，计七品种丛行试验四十八系，均在长沙场举行。

乙、栽培试验　栽培试验，有

（1）山地植棉试验，在长沙、衡阳两场举行。

（2）配合肥料用量试验，在长沙场举行。

（3）棉作饼类肥料效力试验，以棉饼、桐饼、菜饼、蔴饼为材料，继续在长沙场举行。

（4）畦幅宽狭试验，在常德场举行，分四尺畦、六尺畦、八尺畦、十尺畦、十二尺畦五种。

（5）美棉两熟试验，在澧县、华容两场举行。棉作供试品种为：生长期长之爱字棉，冬作则分蚕豆、油菜、大麦、小麦、绿肥蚕豆、懒棉蚕豆六区。

丙、研究　研究有田间室内之别

（子）田间研究，为：

（1）美棉育种区空白试验，继续在常德场举行，以脱字棉为材料。

（2）中美棉生长研究，继续在澧县场举行，以脱字棉、爱字棉及百万华棉为材料。

（3）棉作自然杂交研究，在常德场举行，以脱字棉及常德铁籽棉为材料。

（4）山地作物研究，在长沙场举行，以棉花、烟草、甘薯、落花生为材料。

（5）荒山垦植研究，在长沙场举行，以脱字棉为材料，分一年区、二年区、三年区三种。

（丑）室内研究，采集本场本省籽棉，及各地商品皮棉，研究其衣指籽指、衣分长度、整齐度、拉力、靱力、捻曲数等之高低优劣。

四　推广工作

1. 合作场组织　本场开始办理推广时，值二十年水灾之后，自将输入良种贷给灾农合作植棉计划决定后，即分函滨湖各县县政府，将被灾田亩及需籽数量做初步之调查。翌年春，复派指导员二十名分赴澧县安乡南县华容汉寿岳阳沅江各县，会同各区团绅董，挨户登记，计亩贷种。是年合作农民一万三千四百七十一户，棉田九万四千九百零七亩八分，划为二十个合作场。二十二年因各县农户纷请加入，而旧有推广区域因地区过广，指导难周，乃将沅江、岳阳两县，及澧、安、南、华、汉各县之散碎棉田，悉行放弃，于先冬重行登记新旧农户，合共一万九千八百一十七户，棉田一十二万三千零七十一亩八分，划为四十个合作场。二十三年，因鉴于前两年水灾损失，乃将垸堤不固，及易罹溃患棉田，复予汰除，计存合作农户一万三千二百二十七户，棉田八万二千五百二十九亩九分，划为四十个合作场，各合作场农户自由联合十户为一组，推举组长一人，办理种籽贷款借贷，及召集开会，散发刊物各事。每合作场派指导员一人或二人，长驻区内，办理该管合作场一切事项，并遴聘当地热心农事正绅或识字农民数人为协助员，辅助进行。兹将三年合作棉田分布情形表列于次：

县别	第一年 场数	第一年 田亩	第二年 场数	第二年 田亩	第三年 场数	第三年 田亩	备考
澧县	一〇	五二二〇六·〇	二九	八〇一四九·五	二二	四六九四一·四	
安乡	一	二二〇五·〇	七	二〇三五四·三	八	一六五八八·〇	
汉寿	二	九四五七·九	五	一五七五五·〇	五	八一九八·〇	
华容		一〇〇九五·九	二	五五三〇·〇	四	八一五七·五	
南县		一四四三二·〇		一二八三·〇	一	二六四五·〇	
沅江		二七四八·〇					
岳阳		三七六三·〇					
合计		九四九〇七·八		一二三〇七一·八		八二五二九·九	

2. 贷种　合作农户所需种籽，原分贷给、售给、换给三种办法。因农民经济艰窘，历年采用贷给办法为多。籽价均较市值为低。如二十一年，每担市价十元余，本场仅算价四元八角五分。二十二及二十三两年，亦较市值低减数角。贷籽手续，先由农户向指导员办公处领取贷籽单，填注请贷数量，署名盖章，及觅具保证人署名盖章后，即行持赴贷籽所，领取棉籽。秋后收缴籽价，即以贷籽单为凭。兹将各年贷出品各种棉籽数量，列表于次：

种籽名称	二十一年	二十二年	二十三年	备考
脱字棉	六六七一八〇斤	六一〇三八斤	四五〇三八〇斤	此系二十一年由山东输入二十二二十三两年则自合作场产品精选而得者
灵宝棉		一二九九三六斤	一四二九二六斤	此系二十二年由灵宝县输入二十三年则自合作场产品精选而得者
纯种脱字棉		三三〇〇斤	七二七一斤	本场育成
纯种爱字棉			七八八斤	本场育成
纯种常德铁籽棉			一二七八斤	本场育成
合计	六六七一八〇斤	七四三六七四斤	六〇二六四三斤	

3. 指导情形　凡棉作及棉区作物之栽培、管理、病虫害防治、选种、收花、以及信用、生产、运销等合作组织，与夫其他农村事业，如识字、运动、注重卫生、改良风俗等，均由指导员适应时机，酌量运用次列方法，积极进行：

a. 实地指导　凡棉作、及棉区作物、栽培、管理、病虫害防治、选种、收花等项工作，均由指导员轮赴田间实地指导。

b. 文字指导　编印植棉、除虫、选种、收花、各种浅说、图画、表解、分发农民及张贴通衢，俾供众览，并由指导员利用机会，当众详细讲解。

c. 集会指导　在棉作生长期内,举行农事讲习会,农事表演会,冬季则举行棉作展览会。

d. 耕余谈话　指导员于农民耕作之暇,利用机会,分赴各农户与老农共话桑麻,渐及棉作合作诸问题。

4. 倡用新式农具　合作农民所用农具,纯系旧式,力费效少,以致中耕除草各项工作,大都稀疏,杂草滋蔓,触目皆是,为节省耕作时间,增进工作效率起见,特购置五齿中耕器四十部,每合作场发存一部,以备农民借用,并由指导员指导用法,各合作农户已知新式农具之确较经济,惟以资金缺乏,无力购置,拟俟各合作分社组织健全之后,便指导其购置钢犁、播种、中耕、除草、打稻、各项新式农具,以备社员之用。

5. 组织合作社　为扶助棉农经济,增进生长力量,提高收益,及免除中间商人剥削,俾各农民能享所应得,以利棉业改良起见,二十三年春,即经指导农民组织棉花生产运销保证责任合作社,由指导员征集社员每十人为一组,负责经理春秋两季生产贷款及合作运销事项,并互相监督社员借款用途。为求指导灵活组织健全起见,复随地区上之便利,将每若干组划为一代表区,以为社与组中之传导机关,计征得社员一万二千九百余户,编为一千三百二十组,计分四十三个代表区,本场及常德、澧县、华容各分场,亦均加入,以资提倡。各代表完全选出后,即于五月三日在津市召开代表大会,选举理事、监事、组织理事会,与监事会,除呈报建设厅备案外,并检同社章贷款办法暨轧花厂各项章则函告上海商业储蓄银行、农业合作贷款部,俾资联络。惟因社员经济艰窘,无力缴纳股金,依据社章第九条规定,其各种业务,暂由本场负责代办。至二十三年,新合作农户,复有请求入社,旧社员亦有淘汰者,新旧社员合计共一万三千二百二十七户,分编一千五百九十五组。且为健全组织起见,由指导员分期召集各社员讲演合作社之意义、利益、办法及各项章则。

6. 合作运销

甲、历年运销情形　在二十一年,合作社尚未成立,然为

(一) 集中改良棉种以资推广。

(二) 集中改良籽花自行轧花,并加拣选以免棉种混杂劣变之弊。

(三) 利用机械,可以减省轧花打包及运输费用,以增进农民之收益。

(四) 利用运销合作,可以免除居间行贩之榨取,取得相当之善价,

使农民享受棉业改良之实效。

（五）集中多量品质良好之皮棉，可以供给纱厂原料之需要。

（六）训练棉农合作等各种原因，即一面以合作方式，厘具轧花运销办法，轧花厂组织章程，及办事细则，呈由建设厅核定，一面购机械，赁厂屋，筹资金，雇人员，至九月而渐次就绪，开始收花，十月而开工轧花，十一月而改良棉花运达长沙、沪、汉各纱厂，至次年二月竣事。及二十二年，合作社业已组成，乃改由社中经营。但因股金未集，仍由本场负责代办。二十三年亦复相同，各年资金，均由上海商业储蓄银行借用。

乙、收花办法

各年收花，均于合作场适中地，区分设收花所，以利农民选售产品。花价一项，因社员生活艰困，产品交厂便须立付现金，乃照沪汉长沙各埠皮棉市值，除去轧花、打包、运输、税捐各费，以衣分为标准，规定标准价，通告各收花所，按照籽花干湿纯杂程度，核实算给。故恒较花行花价为高。每户送花一次，除照付现价外，并给售花凭单一纸，注明交花数量、日期，以为摊领赢余凭证。二十三年，因凭单零碎，社员不易保存，厂方亦不便稽核，乃改用售花凭折。社员每次送花，均行记入折中，以便查对。

丙、各年运销状况如次表：

年份	收轧籽花数量	皮棉包数	皮棉重量	运销地点	备考
二十一年	一三五三七·六七担	二三六七	四三三八·八六担	长沙、汉口、上海	
二十二年	二六八六二·六二	四五三二	八一六三·八九	长沙、汉口、南通	
二十三年	九九·〇〇	一五〇六	三二·〇〇	汉口、长沙	本年皮棉运销系以新市秤计算重量

五　救济农村经济事项

1. 生产贷款　湖乡农民，因水患和住宅简陋之各种原因，素不储蓄，每当青黄不接之际，专恃预卖青苗，（俗谓卖望）或高利借贷，以维生活。近年水患频仍，此项现象，尤为普遍。春熟豆麦，秋熟棉稻，卖望均极盛行，所得代价，仅及平时之半。据二十三年调查，七百户农户宁，负债者，竟达五百二十四户，其各种农户负债之百分数，则如次表：

种别	负债者 户数	负债者 百分数	不负债者 户数	不负债者 百分数	备考
自耕农	一七二	二四·五七%	八七	一二·四三%	
半自耕农	一五三	二一·八五%	二五	三·五七%	
佃农	一九九	二八·四三%	六四	九·一四%	
合计	五二四	七四·八六%	一七六	二五·一四%	

观上表，可知自耕农、半自耕农、佃农、其负债户之百分数，均相距不远，而所借金额则如次表：

债务种别 \ 农户种别	自耕 实数	自耕 百分数	半自耕 实数	半自耕 百分数	佃耕 实数	佃耕 百分数
借款	元 一六九六五·〇〇	七二·六二%	元 一〇二八一·五〇	八七·一二九%	元 一二三一一·四〇	九二·五〇%
地租			七四七·七〇	六·三五%	六一八·〇〇	四·六五%
田赋	五一二·八二	二·八〇%	二五七·五五	二·一九%	二〇·〇〇	〇·一五%
捐税	七六二·四六	四·一六%	二九六·三〇	二·五一%	七五·五〇	〇·五七%
其他	七六·〇〇	〇·四一%	一九四·三九	一·六五%	二七四·一四	二·〇六%
总计	一八三一六·二八	一〇〇%	一一七七七·四四	一〇〇%	一三二九九·〇四	一〇〇%

至于借款利率，以四分至六分五为多，其高者，有达十分者，观次表自明：

利率（年利） （分）（分）	负债户数	百分数
0.0——0.4	3	0.76
0.5——0.9	2	0.41
1.0——1.4	5	1.27
1.5——1.9	94	23.90
2.0——2.4	9	2.29
2.5——2.9	1	0.25
3.0——3.4	13	3.31
3.5——3.9	39	9.92
4.0——4.4	29	6.84
4.5——4.9	66	16.60
5.0——5.4	67	17.05
5.5——5.9	—	—
6.0——6.4	64	16.28
6.5——6.9	—	—
7.0——7.4	2	0.51
7.5——7.9	—	—
8.0——8.4	—	—
8.5——8.9	—	—
9.0——9.4	—	—
9.5——9.9	1	0.25
10.0—10.4	1	0.26

附注：一分五利率占数较多为本场年来之贷款。

农民负债之普遍，与利率之高，既如上述，故终年辛勤所获，恒耗于卖望损失，与高利之偿付。医得眼前疮，剜却心头肉，不啻为今日湘乡农民写照。农事改良，确有效益，而农民所获，不能自享，倘无法救济，则改良产品，既因卖去而多走散，则良种籽无由集中。农民既不能享受改良之效，对于农事改良之观念自薄。此本场于推广之中，所以有低利生产贷款之举办也。迄今已办四次。当二十一年秋初次尝试，因地方情形不熟，乃借重地方机关，及士绅为之担保，不意农民之信用甚佳，而士绅反纠纷迭生。二十二年遂改为直接收放，又由挪亏进而为冒借，但较第一年减少实多。至二十三年，极力注意农民组织，贷款数额，亦以田亩为标准，而分为三等：（一）种棉五亩以下者，每亩贷款一元。（二）五亩以上至十亩者，五亩以内，每亩一元，五亩以外，每亩五角。（三）十亩以上者，十亩内照上法计算，十亩外，每亩三角。三等贷款，仍分春秋两季贷出，至秋，因稻作丰收，谷价又高，棉农已能维持生活，停办秋贷，而春季贷款，秋后已收回百分之九十一强，其余虽因旱灾过重歉收欠偿，然均经具出转借字据，承认于翌年春熟时偿还。四十个合作场，其本息俱清者，计有二十余场。兹将历届贷款收放情形列表于次：

年份	贷户	贷出金额	收回 金额	收回 百分数	欠偿 金额	欠偿 百分数
二十一年秋贷	一三四七二	元 一六三九九·〇〇	元	%	元	%
二十二年春贷	一六〇七七	五八五八五·四〇				
二十二年春贷	三五〇三	二五〇四〇·七四				
二十三年秋贷	一一一六七	三五四六九·〇〇	三二四〇七·六二	九一·三七	三〇六一·三八	八·六三
合计		一三五四九四·一四				

2. 农产仓库　湘省农产，历当收获之际，价特低廉，农民为维持生活完纳赋捐与婚葬谷项急需，每将所获贱价出售，待至青黄不接谷价高涨之时，则又贱价抛售青苗，高价杂籴入粮食，一出一入之间，损失甚巨。

农民终年血汗换得之收益，几大部丧失于兹，以致农村经济，日趋衰落。为救济农民贱价出售产品起见，特参酌仓储旧制，合作新规，联合金融机关，创办农产仓库，一面使农民遇有急需，不用贱价出售产品，而得到应需之资金，一面使农民遇到粮食高涨之时，得以低利赎回自用，且以调剂粮食之均衡，藉维地方之安宁。自将计划及押款办法呈由建设厅提经省政府议决通过后，即行成立津市区农产仓库一所，虽中间因匪警停押，然自九月一日开办起至十一月底止，已收押稻谷七千九百余担，现谷价飞涨，较收押时已增价百分之四十，其为农民保存利益，当亦非细。明年拟于各合作场适中地区，增设分仓，以资普遍。

六　其他乡村运动事项

1. 调查农村社会及经济状况　改良农事，系与农民直接发生关系之事。对于农村社会，及经济情形，自须详实调查，以为事业进行之依据。本场自办理推广以来，历年均经制具风俗、教育、职业、人口、租课、税捐、生活、农作物种类、各项调查表，发交各指道员，依式查填。惟因人力时间经费各种限制，仅能指定一狭小地区，为调查对象。二十三年为求详确与普遍起见，复举行第二次调查工作。此次参加工作者有五十余人，每人调查十户以至二十余户不等，取其中可为代表者七百户，予以统计，而绘制次列三十一种图表，俾供各方参考。

（1）人口统计。

（2）人口分配百分比。

（3）在家耕种者之百分比。

（4）识字农民百分比。

（5）各种农户百分比。

（6）各种农户耕地分配状况。

（7）各种农户耕地大小百分比。

（8）各种农户每月平均耕地面积。

（9）各种农户每人所占耕地面积比较。

（10）各级耕地面积占总面积之百分比。

（11）耕牛分配状况。

（12）各种作物所占耕地面积百分比。

（13）各种作物每亩平均生产费。

（14）各种作物每亩平均生产量附：各种作物每担重量比较。

（15）各种作物每亩收入净利比较。

（16）兼营副业农户百分比。

（17）各种副业经营户数比较。

（18）每户平均副业收入占每户平均农场收入百分比。

（19）各种农户债之有无百分比。

（20）各种农户负债种类百分比附：各种农户每户负债平均数比较。

（21）债户所负利息高低比较。

（22）佃农每亩平均地租及平均堤费各占每亩平均农场收入百分比。

（23）佃农每亩平均地租及平均堤费各占每亩农场平均生产费百分比附农场总生产费。

（24）自耕农每亩平均赋税及平均堤费各占每亩平均农场收入百分比。

（25）自耕农每亩平均赋税及平均堤费各占每亩平均农场生产费百分比。

（26）半自耕农每亩平均地租平均赋税及平均堤费各占每亩平均农场生产费百分比。

（27）半自耕农每亩平均地租平均赋税及平均堤费各占每亩平均农场生产费百分比。

（28）国赋与捐税百分比。

（29）各种农户资产统计。

（30）各种农户周年经营盈亏户数百分比。

（31）各种农户周年经营盈亏款额百分比。

2. 兴修水利

督修垸堤 湖乡灾祸，首推水患，虽各垸皆有堤工局之设立，然当地豪劣，恒视此为利薮。款项既多侵渔，工程遂尔草率，抢险堵修，毫无准备，一遇洪流，便遭溃决。水患之多，此实大因。弱小农民智识简单，团体涣散，无从监察，亦无监察权。本场自办理推广以来，凡有合作棉田之垸堤，由指导员商同垸内绅董，农暇时，则督率农民加工培修，遇险，则率众抢护，未尝稍懈，倘须款项抢救而难于筹集之时，则由本场贷款备用，如澧县黄县垸于外堤溃决之后，借款赶修间堤，二万余亩棉田稻田，俱得保全。魏家垸借款堵塞决口，赶种秋禾，八万余亩田地，得免荒废。五丰垸借款修沟开涵，全垸田地，溃患得免。故二十一二十二两年，滨湖各县均相继发生惨重之水灾，而合作棉区，得以受害较轻。兹为根本救治，一劳永逸计，特与金融界洽商，透借巨款，兴修澧县大围垸、五丰垸干支各堤，以为试验区，俟有成效，逐渐扩充，于滨湖水利不无裨补也。

抽排溃水　湖乡水患，不仅溃堤，设遇天雨过多，而湖水设又泛涨，垸内之水，无处宣泄，低洼田地，悉被溃没，时日过久，遂亦无收，此项溃患，损失为数亦巨，而且普遍。二十二年曾购置抽水机两部，并厘具借用办法，以备农民借用，当年著有成绩。兹拟就五万亩区域作大规模设置，潦则用之抽排，旱则藉以灌溉，水旱二灾，当可少减，俟筹有底款，便当依照计划进行。

3. 提倡成年农民教育　滨湖农民，知识固陋，恶习甚深，非辅之以教育，则农村建设事业，欲期推行尽利，实非易易，各指导员于农民识字运动，历年均有进行，本年为积极增高农民常识，俾利农事改良起见，特于澧县之江湾官垸、玫口垸、五丰垸各合作场，开办成年农民学校一所，招收当地失学之合作农民，授以国语、棉作合作、珠算各科，俟办有成效，再行普设。

4. 提倡注重卫生　湖乡人民，房屋湫隘，人畜杂处，一入其室，秽污四溢，以致疟痢虎疫诸传染病，最易流行，死亡之数，虽向无统计，然死亡率自较各地为高，因通饬各指导员，于集会指导时，讲习农事之余，附讲卫生常识。各农民亦有觉悟，逐渐改变。每遇传染病流行之际，则购备多量药品，发交各合作场，以期救济于万一。

5. 改善风俗　湖乡风俗，最为陋恶，其有碍农事改良者，扼要言之，计有：

（一）嗜好太深　滨湖各县烟馆茶肆，到处林立，纸烟摊三户之里，便有一家。故烟茶之癖，无人不具，血汗换得之农产品，耗于此无益有损之浪费者，占其多半。

（二）习性懒惰　因烟茶嗜好过深，便染成懒惰之恶习，不但三余时间消磨于此，农忙之时，亦常见三五成群，或踯躅街头，或闲坐烟窟茶肆，度其优闲生活，宝贵时光，浪掷莫惜。

（三）迷信甚深　迷信虽为国人通病，而湖乡农民，因穷愚影响迷信尤深，不特水旱之灾，委之天命，只务祈祷而怠于救济，农作物发生病虫害，亦惟知醮禳，而罔知防治，甚且以害虫之生，有神驱遣，不事醮禳，则愈捉愈多。其愚诚不可及也。

（四）不事储备　湖乡居宅，多系茅舍，因无仓廒之设备，收获农产，立行罄售，枭得价款，挥霍立尽，毫无久远之计，一旦告匮，草根树皮，皆为果腹之物。生产无资，遂多粗放，而收获亦愈歉。

以上四项，互为因子，遂演成今日之穷困。本场对于（一）（二）两项，则晓以鸦片纸烟之害，劝令戒除，各勤正业。对于（三）则晓以灾害成因，与防救方法，病虫害并印制彩色图说，给其阅看。对于（四）则开办仓库，收押产品，奖其储备，戒其浪费。办理以来，颇具成效，积以时日，或可移易风俗，于农事良，当非小补也。

篇二十三　湖南省立农民教育馆工作报告

周　方

一　本馆小史
二　本馆成立后之进行事项
三　困难问题

一　本馆小史

今日定县之乡村工作，即为平民教育之演进，而各地乡村运动，亦多以平民教育为嚆矢；此本会全体同人所公认者。我湖南论农民教育之实施，为时仅半年，而论到平民教育之推行，则有悠久之历史，今分别报告于次：

本馆（湖南省立农民教育馆）未成立以前之民教工作：

我湘有平民教育运动，萌芽于"五四"运动后之各校附设平民学校，其始概由学生所主持，教育界人未甚措意；至民国十年双十节，赵恒惕公布省宪，教育界人士深感于愚盲民众之不可与谈自治也。乃由罗教铎、方克刚、何炳麟、欧阳刚中、周方等发起创办湖南平民补习学校，以便与各校附设之平民学校，互相策进提携，是为湖南教育界人士以有组织的推行平民教育之始。十一年三月，晏阳初到长沙，由青年会组织平民学校十余处，招生八百余人，更唤起政府之注意。至十三年一月，方克刚罗教铎周方等，正式组成湖南平民教育促进会，推曹典球，方克刚为正副董事长，周方任总干事，经两年之努力，凡成立各县市平教会四十余县，成立平民学校至一千七百余所，受平教者，达十万余人，是时平教声浪普及穷乡僻壤，虽当时各地所收学生，成人少而失学儿童居多，然亦不可谓非努力文盲之袪除工作也。至十六年春，湘中共焰张甚；目平教会为反动教育，经共党所操纵之党部明令取消各级平教会，改为农工教育会。"马日清共"后，平教会仍未兴复，至十八年秋，始由教厅再组织湖南民众教育委员会从事设计，及编印民众教育刊物以资提倡。二十一年，长沙市政府始有民众教育委员会之组织，成立市立民众教育馆一区，规模狭小，尚未能顾及于乡村工作也。其时，市民众教育会委员狄昂人、周方等，会同省党部委员刘宝书、黄家声、谢祖尧、市党部委员缪昆山、刘卧南、黄抱玄、文亚文、王廷阁等，共组织长沙市近郊农村建设实验区，设办事处及枫林小学于北门外之枫树坪，思以乡村教育推进农村生产及自治事项，是为湖南创办农村实验区之始，时在市党部请拨余款二千余元，即应作该区建筑购置事业各费之用，办有小学一所，附设农场、鱼池、猪舍及成人班、短期小学班、以及巡回文库、造林运动等事之提倡，均先后进行不怠，此我湘在本馆未成立前之平民教育及农村运动之缩影也。

二　本馆成立后之进行事项

一、筹备经过　本馆于二十二年十二月六日，由教育厅组织湖南省立农民教育馆筹备委员会，负调查计划之责，至本年二月，由湖南省政府任命欧阳刚中为馆长，当由财厅到现金开办费仅六百元，在所指拨为馆址之省立高级农业学校内仅住房屋三间，为本馆临时办事处，逐渐聘定各部主任、干事、及各实验区教职员，至本年三月，本馆一、二、三各实验区次第成立，是为本馆稍具雏形之始。

二、行政组织　本馆在教育厅统属之下，办理农民教育事业。自三月正式成立，至今凡七阅月，其行政组织，除卫生部以经费困难，暂缓专设外，现在组织：分总务、教导、农事三部。部各有主任，总务处主任馆长自兼，总务部：分会计、庶务、文书、编辑、图书、缮印六股。教导部：分学校教育、社会教育二股。农事部：分畜植推广二股。各股设有干事，每干事任一股或二股以至三股，视事之繁简而定。

本馆谋农民教育事业之促进，更设有设计委员会，研究委员会，讲演委员会，编辑委员会。设计、编辑、讲演、研究委员会，均由馆长敦聘富有研究且热心农教人士，共同组织。设计委员会，由教育厅长兼委员长，馆长兼常委。研究委员会，以本馆职教员为研究员，并酌聘其他热心农教人士共同分组研究。

本馆谋教育及其他事业之实施，设三个乡村实验区。第一区指定岳麓山一带地方，初假湖南大学附近文庙一部分为办事处，近将办事处改设于石佳冲危家大屋。第二区指定新开铺一带地方，设办事处于陶园，更设分处于豹子岭。第三区指定枫树坪一带地方，办事处设于枫林学校。各区设主办干事一人，干事一人或二人，助干一人或二人，又专任教员若干人，视事之繁简而定。由馆直接指挥，办理区内各事物，谋有以促进各区教育事业，各区更设有乡村改进会，农民教育协进会，妇女慎德会等。乡村改进会，就区中热心地方公益，富有农事经验者聘请组织之。农教协进会，就区中富有研究热心农教人士聘请组织之。妇女慎德会，就区中妇女，热心农教，富于改进向上思想者，联络组织之。各会均已先后组成，地方人士于地方公益，均能推诚合作。

三、学校教育　各实验区分设儿童，妇女职业，成人各班：儿童班，上期一区三十四名，二区四十四名，三区三十五名，又特约班五十五名。女职班，一区二十五名，二区四十三名，三区三十四名。成人班，一区二十四名，二区三十四名，三区二十四名。本期儿童班，一区七十四名，二区二十名，三区五十二名。女职班，一区五十三名，二区七十四名，三区五十一名。成人班，一区四十八名。二区五十八名，三区三十四名。修业成绩，两期中均以各女职班，最为优胜。多数学生，均能独自缝制，学生因而大形发达。各班儿童，成绩大致平整，一、三两区学生，亦大形发达。惟各处成人班，上期稍有中途辍学者，良因春夏农作特忙所致。本期注意研究留生办法，故现除有特殊事故者外，中途辍学者尚少。

流动教学，农人以工作特忙，或交通不便，就学困难，此法实足以救济学校之所不及。二、三两区，分别试行，各具有相当成绩。教者虽劳，学者深为称便，现正设法从事推广。为提倡健康教育，各区均专聘有国术教员，儿童成人女职各班，每星期正式课程外，均加教授国术。此外就各区愿意专学国术者，各另组国术班。本期且于各区添置弓矢，教之射箭，民众均踊跃参加，是亦提倡民众体育之费少效宏者。

四、书报阅览　本馆附设民众书报阅览处一所，五月二十六日开办，计有书八千七百八十余册，刊物二千一百六十一册，图表六十一种，报三十五种，又画报三十二份，阅书人数，上下两期统计，每日平均六一·五人，阅报人数，平均每日八十一人。各实验区均附设有书报阅览处：三区以与枫林学校合办，有书二千余部，报六七种。一、二两区，书各四五百部，报三种多或四种。阅览人数，均不踊跃，平均每日约二十人。

各区壁报，均隔日一次。一区张贴四合斋、自卑亭、二里半三处，现移望城坡漾湾市等地，二区张贴豹子岭、新开铺、百家河三处，三区张贴伍家岭、新河、福寿桥三处。自四月初旬成立，从未间断，阅者亦渐增多，颇能引起民众注意国事与国际新闻意味。

巡回文库，有最适用而最浅近之书约五百种，运行各区，每轮所至，借阅者多或三四十人，少亦十余人不等，以此灌输知识，颇受社会欢迎。

五、各种讲演　本馆就各实验区附近，长于演说者，聘请组织讲演委员会，于各实验区及本馆附近地方，轮流讲演，讲演时，预标题目，佐以收音机留声机及其他乐器。上期计在本馆前坪举行者十七次，书报阅览处门首四次，三区枫树坪十七次，二区十三次，一区十九次，豹子岭十三次，石佳冲十二次，高农操坪举行卫生幻灯讲演一次，每次听众，多至千余人，或五六百人，少亦七八十人。本期继续举行，更拟组织星期话剧团，以广宣传。

每区更就各种纪念日，或民众因公集会时，或道途，或家庭，每星期必有数次之讲演，所讲演事实，不外各种国耻，或社会教育，或经济状况，或卫生事项，或新生活运动事项，或史地自然常识，因时因地而异，每次讲演，均有记录可查，或附以说书、收音机、留声机，以助余兴。第一实验区、设有麓山中心茶社，第二第三两区，各就办事处设立民众俱乐部，每周举行一次或二次，均备有挂图、书报、琴棋及留声机等器具，供其娱乐。民众工余之暇，得以逍遥谈笑其中。就之作时事谈话，公民训练，成绩尚佳。

六、代书询问　代书处，询问处，各实验区均于开始办公时，即行成立。初以与民众接近日浅，关于代书事项，尚多相望不前。查各处代书事件，每日多或三四回，或竟无有。询问事件尤少，多或日一二次，少或数日一次。本期为广事招徕起见，以简要传单，宣传本区工作。对此代书询问等事，便利民众之处，多方说明，影响所及，此类事项，遂亦较为踊跃。

七、社会调查　本馆对于社会调查，原注重识字不识字，及其经济概况，已制定一种简要表册，分发各区，着手进行，原冀迅速查完，即便依据以为改进社会事业之张本。乃以实验各区，辖域过大，多或三四千户，少亦二千余户，调查不易。加之开办未久，与农民接近日尚浅，于彼家经济欲作详细调查，不免时感困难。以是各调查工作，未能达到圆满结果。本期始将各实验区域，缩小分划，重行调查，但务实在，不求迅速。现各区已粗就绪，不日即可将调查结果公布矣。

八、生计事项　为谋农产问题之改良，本馆在第三实验区，办有表证农场一所，分花卉、蔬菜、苗木各实验区，现由枫林工学团学生管理，颇能接受科学方法，以资种植。一面征求国内良好品种，分发各实验区，散之农家，以为改良农作物品之张本。同时研究副业推广，向各地购买优良猪、鸡品种，现组设养猪场，除畜普通猪二十五头外，另购有中大农院英国盘克县纯种公猪一头，拟选浏阳、平江、宁乡之优良牝猪杂交，以为改良畜牧之倡导。又农产品比赛会，征集品种办法，早已颁布，施行之始，各地送来种子尚少。仅一区于七月三十日举行一次展览会，二、三两区，尚未分别举行。

合作事业，本馆曾注意提倡，如二区之蔬菜生产合作社，一区消费合作社，三区之信用生产合作社，已开会组织，并着手筹备办理，而各区成人女子职业班学生所组合之缝纫生产合作社，尤为进行顺利。

九、卫生事项　施种牛痘，除第三区由本馆函请湖南卫生实验处施种外，其余均由馆聘医生施种。夏秋施药，则由馆订立规则，购备中西特效药品。如：救急散、金鸡纳霜、五积散、神功济众水、玉树油、八卦丹、卧龙丹、藿香丸、六散、粒子糖等，分发各实验区，就贫苦患病者，分别救济。

奖励捕鼠捕蝇：三区分途举行，每鼠一头，或蝇百头，奖券一纸，定期凭券开奖，头奖奖银四元，二奖一元，三奖以下，分别各给奖品。

各区发出奖券，多至千余，少亦五六百张，临期开奖，民众鼓舞异常，此外如指导清洁，讲演卫生等，各区分别举行，颇多实效。

十、发行刊物　本馆组有编辑委员会，编辑各种刊物，农民教育已出创刊号，二期虽已经编辑，而以印刷费无着，不能继续出版，现拟改为半月刊，附本省大公报出版。其他就社会普通流行之唱本歌词，取其有合乎新生活运动，不违背三民主义，足以针砭流俗者，斟酌损益，编印小册，如新劝世文、怎样选稻种、螟虫及歼除方法、救荒要着、痢疾、疟疾等小册，业经印行。如毋忘国耻歌、新生活歌、民众四言杂字、怎样养猪、怎样养鸡、怎样种植等小册，则已编成待印。

十一、设陈列室　本馆农村矿产品陈列处，征求物品，已收到省内外惠赠农产品达五百件以上，矿产及其他制造品，达四百件以上，自制植物标本约七百种，昆虫等动物标本约二百种。

此外成立卫生陈列室：已购置模型挂图各二百余种，自制者数十种。国耻陈列室，生活进化陈列室，各已购置或自制图表多种，暂就本馆成列，现一律开放展览，俟觅得宽展场所，再谋扩充。一般民众对此，因直接之观感，殊足促起其教育之兴味。

三　困难问题

以上就本馆工作实况，已述大概，惟进行中所经历之困难，及演变之程序，与其他心得，有可为同人告者，谨撮述于次，以供参考。

一、女子职业班之特殊发达　本馆各实验区开办之始，于儿童班、成人班、妇女职业班为同样之注意，而结果各区均以女职班成绩为最佳。原谓乡村妇女，须理家事，故每日定二小时课，及实施教授，文实平分，太不足餍学生之求知欲，乃由二小时加至半日，由半日又进而要求整日，故今日之女职其实科时间，每日占四小时以上，班数亦由三班增至五班，而工作之努力与其程度之激进，亦大有可观。此可见乡村教育之不尚空文，而重实利矣。

二、讲演须媵以余兴　讲演之难于号召听众，在乡村实为一至严重之问题，而其解决之方，大抵须附以余兴。余兴种类，则留声机之不若收音机，收音机不若说书，说书不若化装讲演，故改良话剧，于宣传上实具莫大之功效。

三、图书馆与巡回文库之差异　乡村民众游闲者绝少，故图书馆之按时开放，而不借书出外者，几于无所用之。惟巡回文库，挨户递送，最能引起农民阅读之兴趣。盖就家中领阅，（一）无往返领书送书之劳；（二）不耽误家中工作；（三）可利用余闲增进知识。故借巡回文库书者，常逐页阅读无间。其阅者之数，常较来馆者为多，是费少效宏，无逾此矣。

四、中西医药之宜兼施　乡人信中医既胜于信西医，而西药又贵于中药。中药之效验，亦有颇著特效者。为塞漏厄，及提倡国货，节省金钱，寻求便利，切合民情，以计科学方法精研中药，似亦不可缓之要图也。

篇二十四　武进县农村改进委员会工作报告

盛景馥

- 一　引言
- 二　动机
- 三　工作

一　引　言

　　武进县农村改进事业，起始于民国二十一年八月二十六日，推动之总机关名"武进县农村改进指导委员会"。二十三年五月二十五日改组为"武进县农村改进委员会"。以救济农村为目标，以社会教育为中心工作，月领补助费九十元。兹将动机及改组后六个月来所办之实际事业，报告如下：

二　动　机

　　农村破产，救济农村，已为全国上下一致之趋向。江南为全国富裕之地，财赋之区，然近两年来，外受帝国主义之经济压迫，及国际金融不景气之影响；内困盗匪烟丸天灾人祸之扰乱，农村崩溃，有如江湖溃决，莫能防御。吾人生自田间，对于乡村情形，见闻较切，认定农村如无办法，则县政中之教育、公安、建设、农林、合作、保卫等等，均将失其根据，无所凭依。其结果，必在农村之崩溃而同归于尽，故于现今实验状况之下，急切之图，无过于农村改进者。有感于此，而动机生焉！此其一也。观乎今日之县政：教育有教育之经费，公安有公安之经费，其余如建设农林、合作、保卫，亦莫不各有其费。试问此项经费，用得其当否？主持各种事业之人员，各尽其才否？畅言之：各项事业经费，未尽其用；主持人员，未尽其力；盖亦无可讳言也。故官厅功令，堆如山积；佐治人员，多如鱼鲫；而农村崩溃，仍不因之稍止。官厅有求治之心，无致治之术，如果地方公正人士，能监督利用各项事业经费之用途，则年积数十万元之地方附税，以之为农村谋改革与建设，岂绝不可能之事？有感于此，而动机生焉！此其二也。十步之内，必有芳草；十室之内，必有忠信。社会不患无人才，而患人才之不见于用；世风日下，道德沦亡，社会混乱，政治腐败，推其原因，则正直之人，鉴于世道衰微，洁身自爱，不肯出而问世，其一因也。加以"只扫自己门前雪，莫管他人瓦上霜"之传统观念，深入人心；所谓君子人者，遂为社会之乡愿。至于牟利之人，逐臭之夫，争权窃位，坚不相让；及其既得政权，则又放僻邪侈，作奸犯科，无所不为；君子道消，小人道长，势所必至，理有固然，如能访探真士，求其问世，虽全县政治，未必即有解决，而农村推进，地方改观，实为意中之事，有感于此，而动机生焉！此其三也。生于今日，果何为而可乎？民气消沉，社会混乱，国难严重，国势凌夷，至今日而极矣，举凡亡国灭种之事，倒行逆施之举，政府与人民之间，层见叠出；故处于今日，在一县之中，不问其办政治，办党务，办自治，办地方公共事业，欲实现其改进地方之主张者，实不多见。即有其人，处于今日环境之下，亦为不可能之事。然良心未泯，睹此现象，实不能无动于衷。然则吾侪果何为乎？无已，其步入武进农村之途乎？明知武进农村，兹事体大，绝非少数人蛮干所能为力，然人生在世，总须服务，力恶其不出于身，在无他路可走之中，于是不得不循此而行，初不计其成效如何也，有感于此，而动机生焉！此武进农村改进事业之所由始。

三　工　作

甲、推进工作——各农村改进区示范乡之工作成绩。

本邑原有南夏墅、卜弋桥、湖塘桥、东安、奔牛等五个农村改进试验区，（月领补助费五十元）唐桥、竹溪等十九个示范乡，（并无经费补助）订有农改区示范乡最低限度工作标准，计关于政治者二十二项，关于经济者二十项，关于文化者十五项。本年十一月派员考查，查得各区乡遵照标准实行者，平均在十分之四以上，而以各区救旱及特殊工作，较著成效。兹将农村改进区示范乡最低限度工作标准，及工作成绩列后：

（一）农村改进区示范乡最低限度工作标准

（1）政治方面

一　开改进会会员大会

二　开村代表会议

三　调查户口

四　举办人事登记

五　举办冬防自卫团

六　消防队之训练

七　开卫生展览会

八　筹设民众诊病所

九　免费布种牛痘

十　严禁烟赌

十一　打免费防疫针

十二　举办夏令卫生运动

十三　举办灭蝇运动

十四　取缔露天坑厕

十五　检查饮食店之清洁

十六　募捐建筑桥梁

十七　征工浚河

十八　征工修路

十九　破除迷信

二十　举行植树运动

二十一　消灭靡费习尚组织婚丧改进会等

二十二　筹设戒烟所

（2）经济方面

一　举行稻作调查

二　举行麦作调查

三　实施稻麦作地方选种方法

四　推广改良稻麦种

五　试验盐水选种

六　开农事展览会

七　举办戽水田亩登记

八　筹备戽水合作事宜

九　调查全区桑叶数量

十　办理育蚕指导所

十一　调查全区茧量

十二　举行春茧展览会

十三　组织信用合作社

十四　举办肥料购买合作事宜

十五　组织互助社

十六　提倡副业

十七　推广改良鸡种

十八　推广改良猪种

十九　办理仓储合作

二十　组织储蓄会

（3）文化方面

一　举行各种纪念集会

二　订定全区公民信条

三　开办民众学校（详细计划另订之）

四　开办流动学校

五　组织图书馆或流动图书馆（流动图书馆详细计划另订之）

六　设立民众运动场

七　举行国耻画片展览会

八　开办民众茶园

九　民众茶园轮流演讲及时事报告

十　出版壁报并设立图书报社

十一　办理民众代笔事宜

十二　组织剧社

十三　组织球队

十四　组织青年服务团

十五　调查并设计改进私塾

（二）各农村改进区示范乡之工作成绩

区乡名	主持人姓名	已办事项			备考
		政治方面	经济方面	文化方面	
卜弋桥农改区	王亚新	十六项	十项	八项	
湖塘桥农改区	江上悟	十五项	九项	七项	
奔牛农改区	邵山涛	十七项	七项	六项	
南夏墅农改区	钱烈	二十一项	十二项	十五项	
东安农改区	薛正岳	十二项	九项	六项	
西山示范乡	李植	八项	六项	五项	
淹城示范乡	蒋秉政	七项	五项	四项	
塘桥示范乡	陈雨亭	十二项	十项	九项	
上干示范乡	赵午清	九项	五项	四项	
永乐示范乡	庄省之	十项	五项	四项	
永德崇示范乡	陈秉圭				
小新桥示范乡	高影仙	九项	八项	七项	
宁东示范乡	高伟	十二项	六项	九项	
梧冈示范乡	陈义	十二项	六项	九项	
芳茂示范乡	包宗棠	八项	七项	三项	
礼嘉桥示范乡	穆英	十一项	八项	九项	
胜西示范乡	杨雪映	九项	四项	三项	
周墅示范乡	潘亚航	十三项	四项	五项	
潘家桥示范乡	王叔和				
亭山示范乡	王庆同	六项	五项	六项	
尧南示范乡	沈鹏叔	六项	四项	七项	
竹溪示范乡	丁稚圭	十项	八项	七项	

乙、主办工作　内分卫生教育、识字教育、生计教育三项，兹分述之如下：

（一）卫生教育

（1）简易药库三十一处　本会会同款产处、救济院、医师公会、西药业公会、国医学会将地方补助寿安医局之一千五百元提出，购备简易药库三十一处，地点多散设在乡区，每处月以百计，贫病沾惠，数以万计，向各设立处就近调查，莫不交口称道其功效。

（2）巡回卫生展览会　本年夏与县立民教馆及医师公会，商借卫生模型及标本，分区挨日巡回展览，于展览时，派员或请专家演讲卫生意义，并举行大扫除及其他实际工作。

（3）夏令施诊所　每年夏令，乡村贫病极多。先由本会拟订夏令施诊所通则，各农改区、示范乡至少要办一所重要市镇，协助其进行。就地筹款，造成风气，并令各区施打防疫针，颇见功效。

（二）识字教育　在此方面，现设有（1）民众学校一处，有学生四十人；（2）民众识字学校十九处，有学生七百人；（3）民众阅书报处五处；（4）民众茶园一处，附设在县前最热闹处玉泉楼上。

（三）生计教育：

（1）妇女职业训练班　妇女职练班，内分成衣、绣花两部，成衣部四十九人，绣花部九十三人，合计一百三十二人，请技师四人，开办及经常费千元，除本会补助百元外，概由私人负责。成衣部六个月期满，绣花部三个月满期，绣花部训练期满后，每人可得工资十元左右，成衣部期满后，每人月约二十元左右。

（2）农本借款　内分肥料借款，戽水借款，蚕种借款等，本年以私人资格代各乡区所借信用款，数近四万元，在灾歉之余，尚能如期还清。

篇二十五　河北省县政建设研究院工作报告

陈筑山

一　设立理由
二　办法要义
三　设在定县的关系
四　建设工作的纲领

一　设立理由

当国家蒙大难，民族受奇辱，举国人陷于水深火热，救死不暇的时候，凡有血性有学识，真诚爱国的志士仁人，无有不劳心焦思的，要为中国政治寻求一条出路，来救国家的危亡。虽说人各有主张不同，但是那为国家殚精疲神，竭智尽忠的一片苦心，都是一样。我们感觉关于政治出路的种种主张之中，最切实，最根本，确乎有下手之处的，要算县政建设。

县政建设的前途，是否果有中国政治的出路，我们试就过去政治上种种主张的试验看来，在提倡创办的当初，何尝不有无穷的希望？等到大家模仿，成为时髦，多半是昙花泡影，没有实在的成绩。在今日好像朝阳初出满有希望的县政建设，将来的结果如何，也难逆料。但是中国今日现实政治的失望，已经到了水尽山穷的地步，我们不愿坐以待毙，只有向前努力，行行不已，探求柳暗花明的又一村。县政建设，我们既认为是今日政治上比较最根本最切实的一条出路，自当本着脚踏实地猛勇精进的精神去实地试验，不应当只是以消极的怀疑态度，终日作成败利钝的打算，和旁观不负责任的批评。也可说正因为对于好像朝阳初出满有希望的县政建设，抱着一种的恐惧，就是怕大家欢喜时髦，易蹈皮毛的模仿，把他弄成昙花泡影，没有成绩。所以才本着匹夫有责当仁不让的精神来作试验。

凡对于一桩事情，要想去力行，必先要求一个真知，知之不真，行之必不力，或有只顾行，不管知之真与不真的，那只是一时的盲行，不是持久的力行，持久的力行是一种牺牲吃苦任劳任怨的努力奋斗。今日的河北，已经由文化的中心，变为边防的重地，不仅关系华北的安危，并且关系全中国的存亡。在国难当头时局严重的时候，河北省府毅然决然议定设立河北县政建设研究院，指定定县为县政建设实验区，自有真诚的见地和重大的理由：

第一，要从根本上拯救国难非实行县政建设不可　今日救国的根本方策，总说一句话，只有充实国力作将来的准备之一法。这充实国力四字的涵义，是积极的，具体的，实在的，建设的，可以计日而成功的。求诸史例当中，只有卧薪尝胆的越王勾践所曾收效的生聚教训的事实，可以借来说明。因为充实国力，固然是救国的根本，可是充实国力，还得要以充实民力为内容。未有民力不充实，而国力可以充实的。卧薪尝胆生聚教训，就是于充实民力最切实最根本的办法。今日中国的时代，与昔之勾践的时代自然不同，其办法不能一样；但是根本上的精神与原则，古今是一理。关于民力的充实，不外是人民的知识力，生产力，组织力，团结力，战斗力，自治自卫力，等等生存力的培养训练与发展。以中国土地如是之广大，人民如是之众多，要想普遍地实行这种积极的具体的实在的充实民力的建设政策，并且希望计时而成功，来救国家的危难，雪民族的耻辱，非从亲民的县政建设入手，断难达到真正的目的。中央及各省政府，只能拿定大政方针，主持根本大计，的具体的方案，实际的设施，必得要靠亲民的县政组织，来作实地转动的机器，才有实现的可能。可是环顾中国今日实际县政的组织，除为催收粮税和应付兵差以及敷衍许多毫无实际例行公文之外，绝无担负此种重大责任的能力。所以要从根本上拯救国难，非另有一番更新的计划，实行县政建设不可。

第二，要确确实实地复兴农村非实行县政建设不可　中国自古以来，以农立国，虽说到了二十世纪的时代，万国交通非工商并兴不足以竞生存，但是农业国家，其本在农，若农村凋敝，则国本亏伤，不但是工商业失其本源，即一切政治经济教育的建设，都已失其基础。中国自海禁大开以来，羡慕欧美各国以工商致富强，于是全国人的眼光，皆偏注在大城都市的繁盛，简直把自家本来立国的根本置之不顾，一切政治教育经济的设施，只重在发达都市的文明，不管农村的死活。而都市的文明，又皆不过表面上的装点，东涂西抹，百无一是，可谓东施效颦，适足自丑。至于农村的建设，不但无人过问，而苛捐杂税，括削榨取，层出不穷。加以年年天灾，岁岁兵匪的照顾，弄到今日无村不破产，低到牛马同样的生活，尚难得撑持，试问靠着数十万农村自给自养的国家，其农村凋敝至于如此，真不知将何以为国！故今日救国的根本方策，莫要于充实国力，其充实国力的根本方策，又莫要于复兴农村。但是复兴农村的内容，不外是农业技术的增进，农村经济的发展，农民教育的普及，和农村自治的促成。凡这一类与农民实际生活不可分离的下层根本事业，尤非赖亲民的县政组织作直接转动的枢纽不成功。所以说要确确实实地复兴农村，非实行县政建设不可。

第三，要真真正正地实现三民主义非实行县政建设不可　中国近数十年来，差不多年年有难，不是天灾，便是人祸，不是内乱，便是外侮，政治迄今无常轨，人民四时不乐生，论政之士，标新斗奇，种种主义，号召鼓吹，一经试验，大都证明为口头空语，纸上虚文，名义虽美，毫无实际，人民被欺骗已久，任何主义都无真实的信望。孔子答哀公问政说："自古皆有死民无信不立。"时至今日，外患严重，国家到了紧急万分，举国人民，对于政治上的共信，尚未成立，这是何等危险的事体！国民政府，以党义治国，所标的三民主义，制成标语，编入教科，宣传不可谓不力，然而得到人民的了解与信望，达到若何程度，除开在党之立场及在党的范围内所得到浮面的印象，自当别论外，试一深入民间，从实际上作彻底的观察，有与一般空头主义同不见信之感。其所以如此的原因，关系颇为复杂，当中最主要的致命伤，自国民政府成立以来，民生日愈凋敝，民权日愈钳制，民族日愈屈辱，这种事实与主义，恰相反证的现象，虽说起于无可如何的天灾人祸，内忧外患所使然，不得尽行归罪于党国，然而党国之下所有一切党政机关，日以皇皇大字宣揭民族主义民权主义民生主义于门首，究竟如何充实其内容，使其在实际政治上，得为具体的实现，这是人民朝夕所仰望，至今尚未得到的。我们深深感受政治不入轨道的苦痛，民心失其信望的危险，加之外敌业已深入，处心积虑，得寸进尺，大有非吞噬全国不止的野心。国难已经到了今日的地步，国人尚不猛然自觉，全国一心，力图自强，真不知人世间有亡国的惨痛！三民主义的内容完全与否，固然是有问题，但在今日中国各种主义当中，不能不承认这是较为稳妥而合乎国情的主义。并且中国自闹革命以来，数十年于今，思想之复杂，主义之纷立，五花八门，随着政局的翻云覆雨，此兴彼仆，到今日比较上只有三民主义为普遍的存在。即此一名，亦不知国家社会受了若干大的牺牲，而后始得随着党国的政权，成为普遍的宣传。故在党侧的人，应当如何爱惜此主义，莫谓制为标语满街张贴，编入教科学校讲授，就算完事，须得要从实际政治上人民生活里，一一使之实现，然后才足以昭人民的大信，完成以党义治国的目的。即在党外真诚爱国之士，也应当对党不存歧视之见，为国家爱惜此主义，竭其聪明才力之所能及，促成此主义的实现，全国一心，大家努力向着实际政治上为国家造成一种共信，然后中国的政治前途始有出路，国家前途始有生路。可是要从实际政治上实现三民主义，在中央与各省的政治，因与人民实际生活相离太远的缘故，除开方针政策的采取，法律方案的制定外，无直接使其实现之可能。亦须得要从亲民的县政组织设施上，使其富有充分实现的能力，然后才不至于落空。所以说要真真正正地实现三民主义，非实行县政建设不可。

河北省府有见于上之四种重大理由，所以在国难当头，时局极其严重的时候，根据内政会议的县政建设方案，决定设立河北县政建设研究院，指定定县为县政建设实验区，为本省一百三十一县的县政建设，先在定县作一番的研究与实验。预期研究实验所获得的经验与成绩，将来逐渐推广到全省各县，由此完成根本的建设事业。

二　办法要义

这种根本建设工作，关系至大，其理由已如前述。然而事属创举，办法无可依傍。虽有内政会议的方案可作根据，不过是全国各省普遍遵循的纲领原则，河北自有特殊实际情形。要从实际上进行起来，除开依照普遍的纲领原则外，还要斟酌情况，规定切实的办法，其已经省府议决公表的文件，有河北省县政建设研究院组织大纲，及河北省县政建设实验区暂行办法。兹为要明白一个办法要义起见，特撮其主要的两点论述于后：

（1）主旨上的要义　研究院主旨，我们顾名思义，可以知道是在研究关于河北全省县政建设的事情，但是关于县政建设的事情，很不简单，不是笼统囫囵的一句话，可以说得明白的，因为要想对于河北的县政建设，研究得一般可以施行的有效方案，第一先要知道河北省一般县地方的实际情形。关于地理人口，产业交通，政治经济，教育卫生，和人民的一切生活习惯礼俗等等，都得要知道一个实在，然后才能下手去作实际建设的研究。因此之故，关于河北一般县地方的实际情形的调查研究，为研究院主旨之一。其次在已经调查清楚一般县地方的实际情形之后，就得要应合一般实际需要与能力，并且本着所以要实行县政建设的理由，用作理想的标准，去研究实际建设的方案。因此之故，关于河北一般县地方的实际建设方案的研究，又为研究院主旨之一。其三假定有了一般可以施行有效的建设方案，还得要有一般人才，对于这种建设方案，在行政上和技术上有实际从事建设工作的能力，然后才有实现成绩的可能。要是只有治法而无治人，也没有实现成绩的希望。因此之故，关于河北县政建设实际所需要的行政人才和技术人才的训练，又为研究院主旨之一。其四为要得着可以推行全省各县真正有实际价值的建设方案，和要训练成一般从实际建设的经验中得到实地见习确有把握的建设人才起见，故在一定的实验县区内作实际建设工作的试验，又为研究院主旨之一。要正确地了解本院的主旨，须得要将以上所述的四种总合起来观察，才能得一个全解。兹将这四种综合起来看，可以说：研究院是为河北全省各县，立在试验县区实地从事县政建设的经验上，应合一般县地方的实际情形，研究一般县地方建设方案，和训练其实施上所需要的行政与技术人才为主旨。

（2）组织上的要义 研究院为应合上述的主旨，所以重要的组织有调查、研究、训练、实验四部，兹述其要义如下：

甲、调查部 参看前项主旨中所说过的，可以知道调查部是为要调查河北一般县地方的各种实际情形而设。这一部的工作之重要，可以说是县政建设的最初步的基本工作。他的范围不仅限于实验县，凡河北全省各县，为要真实了解一般县地方的实际情形，都在调查之范围。他的责任，不仅将许多调查得的事项，列成一些图表罢了，最紧要的，是要在调查得的事实上，发见地方人民的一切真实疾苦，各方面的生活要需，社会表面所不能感觉到的问题，和县政建设上直接所需要的材料。这一类的工作很困难，第一地方人民知识程度不够，不能了解调查的意义，往往有反对或隐讳虚造的事情。第二在调查当事的人，往往有学识经验不足，不能得到真实重要的材料。所以关于县政建设最初步的基本调查工作，有特立一部，聘请富有学识经验的专家担任的必要。中国对于社会调查，向来极不注重，国家一切革新建设事业，多半没有社会实际生活，确切的调查作为根据，仅凭外国办过的事情抄袭模仿，作计划，拟章程，闭门造车，自然是不能合辙。一切革新事业的没成效，原因固然很多，其计划章程之不合实际，也要算一个重要的关系。民国成立以来，社会调查的事业，渐为识者所注意，政府也有举办调查的事实。可是一般由上级官厅发下的各种调查表格，因下级官厅从无用过懂得调查的人员，大都不过临时雇员，按表填写，虚应故事，毫无实在的效用，今日欲举县政建设实在的功效，关于县地方各种实际情形的调查，不可不认识它是最关紧要最有价值的工作。

乙、研究部　研究部为要应合一般县地方的社会生活实际的需要与能力，参照实验县区的实地经验，本着县政建设的理想标准，应用各种科学的方法，来为河北全省县地方研究实际县政建设各种方案而设。所以研究部的工作，是研究院的中心工作。中国社会有一种很显著的错误，就是一切学术的研究，都与实际生活太相隔绝。因此之故，在政治方面，也发生很大的缺陷。凡从事政治学术研究的人，往往不问实际政治的情况，容易提出不合实际的主张，而从事实际政治的人，亦大都抛开政治学术的研究，完全随波逐流，为现实环境所转移。所以学术专家与行政人才，往往互相轻视，不能合作。又因为用非所学，学非所用的缘故，以致人才与事实的需要，两不相投，此不经济的现象，也常常发见。中国历来举办地方自治，改革地方行政，一切政治上的改建事业，大都没有实在的成绩，不能不说这是一种重要的原因。不但社会科学应用不到社会实际生活里，即自然科学，如农学一类的研究，其学理与技术，也应用不到农业的改良上去。简直可以说中国人的生活与学术分了家，脱了节，老弄不到一块。于国家社会的进步上，这是极大的阻碍。研究部设立的真意义，就在从县政建设的研究上，打破学术与生活分家脱节的积习，聘请对于社会生活有精深认识的学术专家，及对于县政富有经验，而且对于学术有研究兴趣的行政人才，合成一气，就实验县区及一般县地方现实生活调查材料，应用科学方法，参照实际经验，依据理想标准，一面对于实际县政各种建设，为分门别类的研究，拟制度，立方案，作设计，一面对于实际建设所需要的人才训练，负专门研究指导之责。所以本研究部的目的和方法，都与一般大学的研究科不同。因为一般大学的研究科，大半偏重在精深的学理的研究，不问与实际应用的关系，是否适合，本研究部的研究，一面固然要重视学理的探讨，同时还要以切合于实际应用为主要目的。

丙、训练部　关于县政建设实际所需要的行政人才和技术人才的训练，为研究院主旨之一，已述于前。所以研究院的组织有设训练部的必要。中国下级地方行政区域，全国为二千余县，每县人口，以全国四万万人为标准平均计算，每县当在二十万以上。其大县的人口，恒在四五十万之众。其区域之广，等于欧洲的一小国。故中国的县政人才，关系实际政治的良否极其重要。今日一县之政，普通只靠县长一人，和佐治人员十数人包办，假使都得其人，欲举一县的实际建设事业，已属难于胜任。而县政人才的来源，现今不外两种：其一为专门大学或中学毕业生，经文官考试及格者。这一来路的人才，其在校中所研究学习者，与实际县政所需要的相距太远。就是专门研究政治经济的，乃至于特别注重地方行政的，也大半不过是涉猎从外国贩来的讲义课本。要想研究真正从中国社会实际生活调查研究整理出来的学术材料，百不获一。许多有志的青年，在未入专门大学以前，抱着一腔热血，希望从学校毕业以后，入到实际社会，运用所学，做一番事业，不料事与愿违。尤其是学政治的，离开学校，入到社会，得了一官半职，立刻觉到入了云雾的海，从前所学，虚无实用，而今所事，另是一套，须得从新摸索。人所求的事，事所求的人，两皆不合，欲求事业兴举，直等于缘木求鱼。故欲举县政建设的实效，关于人才的训练，不能不另有切实的办法。其二则为有多年经验的老吏，有由特殊的擢拔取得行政经验来的；有由前清科举资格的进路来的，中途经过短期学校训练的，也不在少数，这一来路的人才，对于实际社会的情形，自较熟习，其应对的能力手段，也较高明巧妙。可是他们阅历深，趋避熟，对于积习上例行的公事，敷衍的很圆滑，欲求其不营私舞弊，做一个清廉的官，已经是不容易得，还要望他们以积极的精神，做一番改革建设的事业，在他们的能力知识勇气环境种种方面，皆有所难能。所以今日要想对于县政建设真真正正脚踏实地做出一番的成绩来，不能光在计划上方案上寻求，要在行政人才和技术人才的训练上，同时下一番切切实实的苦功夫。关于训练的教材，训练的精神，训练的方法和训练的环境，都得要合县政建设的理想标准，及实际的需要。同时还要有实地的见习，然后才有希望。可是这样的办法，没有现成的可作依傍，必经一番创造的研究。所以训练部的设立，在研究院的组织上，有很重大的意义。

丁、实验部　在前项叙述研究院主旨的要义中，曾经说过："研究院为要得着可以推行全省各县真正有实际价值的建设方案，和要训练成一般从实际建设的经验中得到实地见习确有把握的建设人才起见，故在一定的实验区内，要作实际建设工作的试验"，研究院所以有实验部之设，就是为此。实验部即为实验区之县政府，故实验区县政府之组织，即为实验部之组织。实验区县政府之活动，即为实验部之活动。实验区县政府自县长以下一切公务人员皆为实验部之职员。因此之故，实验区的县政府与非实验区的县政府性质上有所不同。兹述其重要之三点于下：

其一　非实验区的县政府，他的组织，在法制上是固定的，是一般的。所谓固定的之意义，就是说非实验区的县政府之组织，只有依照现行法制上所规定的去断然执行。除开执行甚久，发现很大的毛病，由法定的手续变更之外，自从宣布以后，在执行期间，不容对他有所怀疑，或加以研究，或加以试验，而随时变更。至于实验区的县政府之组织则不然，因为他的产生，就是对于非实验区的县政府之组织，认为于县政建设的实际施行上，大有问题，而又不肯轻易更张，所以才有实验区的县政府之特别设置，先作一番的研究试验，然后才取其曾经试验而有效的组织，为非实验区的县政府的改良标准。故实验区的县政府之组织，虽然他的变更，也有一定的法定手续，但是就他的本质而论，在执行期间，就是容许研究的试验的而非固定的。又所以谓一般的之意义，就是说非实验区的县政府之组织，是县县相同的，是一律的，在法制上是不许有差异的。至于实验区的县政府的组织，因为在法制上明明许可它作研究作实验，所以它的本质上，就不能拿一般的县县相同的例去束缚它，否则便失其所以为实验区的本义。以上所述，是实验区的县政府，和非实验区的县政府在组织上的精神不同之点。

其二　非实验区的县政府，它的行政，在法制上以执行法令奉上行下为根本原则。所以对于中央及省之法令只有遵照奉行，不容要请变更。至于实验区县政府的行政，在上级政府，就不能单以一般的执行法令奉上行下的标准来绳他。在实验区县政府本身，也不能光以一般的标准来敷衍塞责，因为他负有为全省各县实地试验建设方案的重要职责，所以对于执行中央及省之法令，确认为有碍难时，在法制的主要精神上及条文的规定上，特许得呈请上级政府核准变更。这是实验区的县政府与非实验区的县政府在行政上的目的不同之点。

其三 非实验区的县政府的用人，在法制上以一般的合于县长或县长以下佐治人员资格者为任用标准。在实验区的县政府的用人，其标准则不仅此，除开一般的资格之外，还得要特别注重学识经验及品格。因为实验区的县政府，负有为全省各县实验建设方案的责任，他的执行建设计划的成绩，及一切行政上的设施举动，又当为各县树楷模。所以实验区县政府的用人标准，比较一般的县政府用人标准不得不较高。因此之故，实验区县长之待遇，为简任职。并且要先有研究院实验部主任之资格，而后由研究院院长呈请省政府委任之。还有实验区的一切用人行政权，也是属于研究院院长。凡法制上这一类特别规定的精神，皆在表明实验区县政府的用人，要与设立研究院的根本精神相符合。所以于普通一般资格之外，加重学术经验品格上的选择，这是实验区的县政府与非实验区的县政府在用人上的标准不同之点。

就上之三点来观察，关于实验区的县政府和非实验区的县政府性质上的不同，是很明白浅显的。可是实验区的县政府，在实际的设施上很容易发生困难之点，也同时看出，因为它的性质上与关于县政的法制上一般的规定容易冲突之故。就是从实验部的立场来看它，它有执行县政改革的责任，从普通县政府的立场来看他，他有执行一般法令的责任。一方面是要革新，一方面是要照旧，所以容易发生冲突。因此之故，内政会议决的各省设立县政建设实验区办法第十五条，才有"实验区执行中央及省之法令确认有碍难时得呈请上级政府核准变更之，并得制定各种单行规则"之规定，这一层在县政建设的实际进行上有很大的关系。

三 设在定县的关系

关于县政建设研究院设立理由及办法要义，在前之第一第二两章中，已经有了一个简单明了的叙述。现在要论及设在定县的关系。内政会议各省设立县政建设实验区办法当中，关于实验区的选定，有下列四种条件，以具有三种以上者为合格：

1. 该区情形可代表本省一般情形者；
2. 从前办理自治较有成绩者；
3. 地方人士了解自治并能出力赞助者；
4. 自治实验场所有相当设备者。

定县城乡纯粹为一个农村社会，代表河北各县一般情形而有余。民国初年自孙发绪为县长，开井以兴水利，废庙以兴学校以来，颇有模范县之名。而翟城村米迪刚先生，在本地方提倡农村自治尤早，故地方人士，很能了解自治的重要。因此三者，定县固已备有选为实验区之资格。而目前在实际上最有重大关系的，要算是中华平民教育促进会，四年以来以定县为实验区，已有各种的成绩，相当的设备和有经验的专门人才。故欲知本省县政建设研究院所以设在定县的关系，不得不就中华平民教育促进会（以下简称平会）的工作一述其概要：

第一，平民教育的目的 要了解平民教育的工作，先要了解平民教育的目的。关于平民教育的目的之论述，有平民教育的宗旨目的和最后的使命一文可资参考。今为求简单明了便于了解起见，特从现实工作上揭出下列三个目的：

1. 为三万万以上的失学青年与成人，研究最需要最实在最基本的教育工具材料，和实验最简要最经济最有效的实施教育方法；
2. 期望三万万以上的失学青年与成人，普遍地得到前项的教育工具材料及方法的训练，而成为二十世纪的中华民国所需要的具有最低限度生存上所必要，而不可少的知识力、生产力、团结力、强健力的新民；
3. 期望受过平民教育的新民，成为巩固国家的基础组织，在此基础的组织上面，实现改善国民生活和保持国家生存上于政治、经济、教育、卫生各方面所必要的基本建设。

据上述三个目的看来，可以知平民教育自始至终，是一个从教育出发，以教育为中心的整套的全生活的基本建设运动。可以说是从教育的对象研究起，所有应合对象的要求，改善对象的理想，其所需要的教材教具，应用的方法，推行的方案，实施的经验，以及最后的效果，整套的生活即教育，教育即生活的学术材料工具方法制度的研究创制与实验，由此可以论平会的工作。

第二，从会务分类上看平会的工作，分下列六种：

1. 调查事实　举行社会调查，经济调查，及教育调查等等，征集各种事实，作平民教育研究的根据；

2. 研究学术　根据调查所得之结果，按照实际生活的需要，研究平民教育上一切学术；

3. 实验学术　根据研究所得之结果，实地集中试验以求产生平民教育上效率最大，应用最广的各种材料方法及方案；

4. 编制工具　根据研究试验所得之结果，编辑各种教材读物学术丛书，并制造一切应用之教具；

5. 训练人才　集合各种学术专家调查研究试验编制各种的经验与发明，训练平民教育学术上与行政上所需要的各种人才；

6. 协助进行　政府实施民众教育，社会团体或个人举办平民教育，集平民教育会工作人员的经验及平日研究试验所得的结果，随时协助推行。

就上之六种工作看来，可知平教会的工作方面很多，范围很大，因为他是以教育为中心的整套的全生活的基本建设运动，所以如此。

第三，从平民教育内容上看平会的工作　中国大多数的人民，有四种基本的缺点，就是愚、穷、弱、私。因此之故，中国人的生活里，缺乏四种生存上必要的力量，（1）是知识力；（2）是生产力；（3）是强健力；（4）是团结力。平民教育，因为对着这四种病症下药的缘故，所以他的内容分为下列四种：

1. 文艺教育　文艺教育，包含关于文字、文学、图画、音乐、戏剧等类的材料的学习应用与欣赏，专在培养平民的知识力，而能适应复杂的现代实际生活为目的。

2. 生计教育　生计教育，包含关于经济的组织合作，生产的改良增进及科学的知识技能等类的材料的学习活动与应用，专在增加平民的生产力，而能解决生计上的困难，应付经济上的压迫为目的。

3. 卫生教育　卫生教育，包含关于日常的卫生知识，简易卫生技能，传染预防的常识和科学治疗的信仰等类的材料的讲习训练应用，专在提高平民的强健力，而能对于今日多难的国家担负种种困苦艰难的责任为目的。

4. 公民教育　公民教育，包含关于社会团体生活上必须的知识技能道德，民族精神，爱国观念，自治活动等类的材料的讲习训练活动与观感，专在养成平民的公共心团结力，激发民族自觉自强成仁取义的精神，而能自主自动为国家社会热诚奉公为目的。

据上述四大教育的内容来观察，可知平会的中心工作，在研究编制实验关于这四大教育的教材教具和教学法等等，由此再论这四大教育实施到民间去的方式。

第四，从四大教育实施方式上看平会的工作　四大教育的实施方式有下列三种：

1. 学校式　学校式教育，以失学青年为主要对象，以文字的学习为主要课目，为将来继续接受四大教育的基本预备。

2. 社会式　社会式教育，以一般失学青年成人为对象，以轮回讲演社会服务指导及其他直观教育方法为主，使一般失学青年与成人，随时随地，都有接受四大教育的机会。

3. 家庭式　家庭式教育，以妇女及幼童为主要对象，以家庭生活改良指导为方法，使无接受学校式及社会式教育的机会的人，从家庭式方面，得到四大教育。

据上述三大方式看来，可知平会又一方面的重要工作，为关于学校式、社会式、家庭式的组织办法材料等等的研究与实验。合前述关于四大教育的教材、教具和教学法等等的研究与实验来看，平会的中心重要工作，可以知其梗概了。并且可以看出关于社会调查的工作，即此中心工作的最初的基础。关于人才训练及协助进行的工作，即此中心工作的推广应用。由此可以进论平会的县单位的研究实验室的定县工作。（即平民教育会定县实验区的工作）

第五，从定县实验区来看平会的工作，分为下之四项论述其概要：

1. 活的研究与实验　就以上第三第四所述，可知平会的中心重要工作，是在四大教育及实施的三大方式的研究与实验。现在要说说怎样地去研究，怎样地去实验。普通一般关于教育的研究与实验，多半注重书本上的研究，和学校里的实验，但是平会的工作，则另开一个新方向，要在人民的现实生活上去研究去实验。因为平会所欲研究与实验的教育，是实际生活的教育，所以他的研究与实验，是活的研究与实验。换句话说，平会工作，是深入民间，从民间的生活里去找材料、找问题、找方法，将四大教育和三大方式联锁起来，为应合整个的生活之需要及改进，为整套的研究与实验。

2. 县单位的研究与实验　关于平会工作，要应合民间整个生活之需要与改进为整套的研究与实验已如上述，现在要继续论究所谓民间整个生活，以何区域，认为整个的单位问题。中国的一个县分，可说是一个社会生活的单位。不仅是行政区域的单位。因为中国的国家是由两千余县所构成，平民教育，既是要从基础上应合民间的需要，改进整个的民间生活，县确是最合宜的研究与实验的单位。一县就是一个广义的共同生活区域，为若干隶属的共同生活区，即乡区与村庄所构成，这是中国最大多数的人民的着落地。一切改造工作，必须从这里入手，才有根基。因此平会工作的研究与实验，就决定县单位的研究与实验。如其在一县里，对于四大教育三大方式的设施的原则方法与技术，在一县行得通，就可以推到全国各县。虽然说全国各县的实际生活情形并不一样，但是平会工作的目的，是在研究实验普遍的最低限度必不可少的教育，推到各地。原则上，必不至大有差错。较之从欧美抄袭模仿来的教育制度方法材料，总要合宜多少倍，这是可以相信的。

3. 研究实验室的定县　县单位的研究与实验，已如前述，现在要论平会以定县为研究实验室的理由。平会根据调查的结果，定县完全是一个农业县。农民生活，乡村组织，农业情形，可以相当代表全国各县，尤其是华北各县。而且定县公共团体，人民团体，地方士绅，对于平教运动比较了解。而且以前在华北推行文字教育，定县较有成绩。因此之故，平会遂择定县为实验区。定县有人口四十万，大小乡村四百七十二，此四十万人民，和四百七十二村的生活上种种的问题，即是平会研究实验的对象。平会的立场，是学术的立场，因此，所取的态度，根本是研究的态度。所采的方法，根本是科学的方法。平会到定县来，是要发现问题，研究问题，解决问题。所研究实验的，是以全县人民生活为材料，以全县为一个大的活的研究实验室。在此种精神之下，可知平会所以择定县为实验区的目的，既不是替定县建设模范县，也不是慈善机关，到定县来施教育，是来研究实验四大教育及其实施的三大方式，希望以研究实验的结果，贡献于国家社会。这是对于平会在定县工作，最紧要的认识。定县工作，可以说是为全国各县的平民教育而有的研究实验。当然第一步要希望一切原则方法，在定县能行得通，要能解决定县人民的问题，要定县人民的生活真能有好影响，才有推行全国各县的可能与希望。但是平会到定县是为全国各县研究实验教育而来，不是为定县建设模范县而来，所以说定县是平会的研究实验室。

4. 平会在定县现有的成绩　平会自创办以来，从全国提倡时期，经过定县准备时期，到现在定县集中实验时期，已经有十年的历史。欲将所有的成绩，一一列举出来，颇为繁冗。兹仅将在定县经过三年的实验，而已成为联锁的套数，可供推广应用或参考者述其大要如下：

a. 关于社会调查　定县全县四百七十二村概况调查已经整理统计完成，其他关于各村农产、各村工艺、全县铺店、全县田产、全县田庄、全县田产权、全县熟地田价等调查，已完成者二百余村。又关于农家生活费调查，各村教育调查，已完成者三百余村。

b. 关于文艺教育　分文学艺术两部来说：关于文学方面的成绩，已完成基本字通用字的选择、字典的编辑、初级高级平校各种识字课本，青年补习课本，及平民读物二百余种。关于艺术方面，制成四大教育各种插图挂图千余种，教育工具十余种，摄影八百余张。此外关于戏剧的编辑表演，唱歌的制谱训练，广播无线电的放送试验，都有系统的整套的成绩。

c. 关于生计教育　分农业改进及经济组织两部分来说：关于农业改进方面，关于猪种改良，乳羊繁殖，大麦高粱谷子黑丹病之预防，棉花蚜虫之防治，及棉种改良，玉蜀黍大花生之改良等等，都有确实的把握。此外表证农家，巡回训练学校的组织办法，也经过一番的试验，成为一套的学术。关于经济组织方面如产业合作社，农民自助社，农业仓库等之组织，及人才训练，都有曾经实验与四大教育三大方式联锁成的一套学术。

d. 关于卫生教育　分为三方面来说：1. 预防方面关于肠胃病天花白喉沙眼婴儿脐带风等的预防，已有显著的成绩。2. 训练方面关于卫生视导员，卫生调查员，临床护士，接生产婆等的训练，已曾经开办。3. 关于治疗方面，有医院治疗，分区治疗，游行治疗，农村救急等一套的保健组织。

e. 关于公民教育　分公民教材与实施法两面来说：关于公民教材，有公民课本，公民图说、三民主义讲稿、国族精神图说，历史地理唱歌等类的材料及其他各种纲目表解参考书。关于实施法方面，有家庭联络，平校同学会联合，节会利用，个人指导，村民团结，四大教育联锁和娱乐场所等等的实施法，及其他关于村自治活动之指导研究。

f. 关于学校式教育　学校式教育的成绩，在除文盲一段的学术，已经完成，即从除文盲的运动招生起，关于平校的组织、管理、教学、视导、训练教师等等整套的材料方法制度，都经过若干次的试验修改，确有实在的很高的效率。其他关于高级平校、青年补习学校的教材，及其组织管理教学法等，也经过相当的试验。

g. 关于社会式教育　社会式教育，以组织平校同学会为中心工作。关于同学会的组织指导训练，已有一套经过实验的方法。此外关于平民读书担，同学会周刊办法，农村社会服务运动的经验，均足资借镜。

h. 关于家庭式教育　家庭式教育，有一种将家庭生活向着社会生活化的组织，即将全村人家合组一个家庭会，其中分家长主妇少年闺女幼童五种集会。在此五种集会中，实施四大教育，由家庭生活改良，引到农村自治。这一套的组织材料办法，已有相当的颇有成效的实验。

据以上第一至第五各节，关于平会工作论述，已得了一个概要，由此可以说明县政建设研究院，所以设在定县的关系。

其一，内政会议县政改革方案各省选择县政建设实验区的四个条件，定县已有其三，前已述过。

其二，平会在定县研究实验的工作，即为县政建设最基本最实在的工作。平会在定县工作的主要目的，虽不是办模范县，但是因为平会工作的本来性质（改进县单位的整个的民间实际生活的教育）及其进行实验的结果，遂大影响于定县人民的知识力，生产力，强健力，团结力，因有此基础，始可以言县政建设。

其三，平会在定县工作已有的设备，如农场医院之类，非他县所有，而且工作人员合专门干事普通干事及见习人员总计有二百余人，人才及设备，皆足以为县政建设之资助。

其四，平会在定县研究实验之目的，不仅在完成四大教育及其实施三大方式的学术本身就算完事，还要再以三大方式的方法，实施四大教育到民间以后，期望实现县单位的政治、经济、教育、卫生、自卫种种方面整个生活上必要的基本建设。所以平会的教育，即是建设的教育。可是关于实际建设的工作处处与国家地方的政治法令有关，光是平会站在社会的学术的立场上，去研究实验，大有碍难进行的地方。所以要完全达到平会工作的整个目的，非与政府合作，把县行政这一阶段沟通，本分工合作的原则去实验不可。就以上四种叙述，可以深切了解县政建设研究院所以设在定县的关系。

四　建设工作的纲领

在第一章中，已经说明了研究院设立的理由，在第二章中说明了办法要义，在第三章中，说明了设在定县的关系，现在在本章中要说明研究院建设工作的纲领。兹为便于说明起见，先揭其表于下：

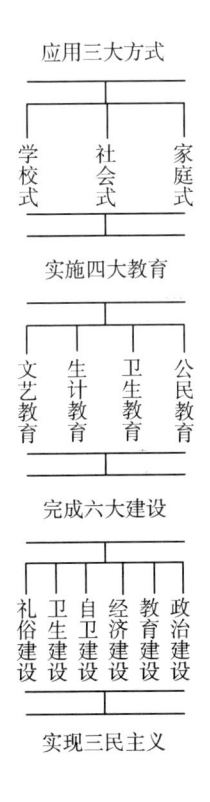

```
             应用三大方式
        ┌────────┼────────┐
       学校式   社会式   家庭式

             实施四大教育
      ┌──────┬──────┬──────┐
    文艺   生计   卫生   公民
    教育   教育   教育   教育

             完成六大建设
    ┌────┬────┬────┬────┬────┐
   礼俗  卫生  自卫  经济  教育  政治
   建设  建设  建设  建设  建设  建设

             实现三民主义
```

说明一　中国大多数人民，有四种基本的缺点，就是愚穷弱私。所以中国人的生活里，缺乏四种生存上必要的力量，即知识力、生产力、强健力、团结力。这四种的缺乏，在前面已说过。在这样的情形上面，无论何种的建设，都没有基础，所以平民教育因为对症下药的缘故，而有四大教育的内容。又因为要从多方面使大多数的男女老幼都能有接受四大教育的机会。所以有三大方式的实施法。可是平会在定县的工作，只是站在社会的学术机关的立场，专在关于四大教育的内容材料工具，和三大方式的组织办法等类的研究与实验，没有站在带有国家行政性质的机关的立场，去研究实验怎样地用行政的力量，将平会研究实验所得的结果，普及到民间。所以这一段的工作，在研究生院的性质上、目的上、立场上，都得要视为最基本的工作。可是与平会的研究实验，大有区别之点，不得不特别认识清楚。因为平会的研究实验，是注重教育的材料、工具、方法等本身的效果，而研究院的研究实验，是注重已经平会实验有效果的教育材料工具方法，如何普遍地推广到民间去关于行政上所需要的组织计划法令执行等的效果。

说明二　应用三大方式实施四大教育最后的目的，原为培养县政建设的基础。希望在此基础上面，实现县单位的改善人民生活保持国家生存上于政治经济教育各方面所必要的基本建设。这种基本建设的方案制度，在平会工作里，虽然也有相当的研究与实验，但只是在社会的学术的立场研究和狭范围的实验。若欲从实际上以全县为范围，且带法律命令的强制的研究与实验，自非从研究院的立场不可。而且设立研究院本来的主要目的，即在研究实验县单位的建设。故将县单位的全生活各方面的建设，概括的分为政治、教育、经济、自卫、卫生、礼俗六大类。而研究院中调查、研究、训练、实验四部的工作，即以完成此六大建设为主要目的。这六大类每类之下，自然有若干具体的项目，即为研究院所欲研究与实验的个别的设计。这在随时当另有详细的计划发表，兹不赘述。唯此六大建设下各种项目的个别设计，都以对着根本的拯救国难，消弭共祸，复兴农村，实现三民主义的四大目标为原则。又因为果能真正的实现三民主义，则民族民权民生的根本问题得有解决，必能拯救国难，消弭共祸，复兴农村。倒过来说，也要从根本上实际的拯救国难，消弭共祸，复兴农村，才能实现三民主义。所以研究院的工作的最后总目标，就是实现三民主义。

就以上四章所述，关于河北省县政建设研究院的性质内容办法的特点，可以得其要略。此外尚有河北省县政建设研究院组织大纲，河北省县政建设实验区暂行办法，和研究院及其实验部筹备时期进行计划，可资参考。

建设工作的纲领

篇二十六　中国华洋义赈救灾总会农村合作事业报告

章元善　于永滋

一　引言
二　河北省之合作事业
三　皖赣两省之合作事业
四　湖南分会之合作事业
五　湖北分会之合作事业

一　引　言

本件系继续去年的报告而略加补充，因敝会事工，仍依以前预定计划按部就班的进行，并没有何等新的变更，仅将一年来本会指导下合作事业情形，分别报告如下：

二　河北省之合作事业

敝会自民国十二年在河北省推行合作以来，目的只在为国人树一楷模，使知合作组织适合于中国农民之需要，大家起而提倡之足矣。因此本会推行合作之步骤，只求其稳健健全，不求其迅速庞大，所以截至本年八月底止，本会在河北省所承认之合作社，只不过四百七十四社，社员一万三千二百三十九人，敝会对合作社历年放款累积额四十六万九千余元。兹将自去年大会后一年来本会指导下合作事业之进展情形，分述如下：

（一）合作社之增加　本年度合作社质量与数量并进，殊为庆幸之事。截至本年六月底止，承认社为四百七十四社，较去年六月底，增七十四社。未认社为五百七十一社，较去年六月底，增六十八社。两共一千零四十五社。承认各社之储金及存款总数，为五六、六七一·九八，较去年六月底，增百分之四七·二二弱，计一八、一七五·九八。公积金总数为一二、六八七·三〇。较去年六月底，增百分之七一·六四弱，计五、二九五·二八。

（二）承认新社　各社之完成登记，成绩优良者，经敝会合作委办会核议认为合格者，即分批予以承认。敝会对于各社，非经详细调查后，决不率予承认。

（三）调查社务　农暇之时，分期派员赴各县调查社务。对于合作意义，相机讲解。经营手续，记账方法，多方指导与纠正，如有纷争者，则代为设法解决。新社鼓励进行，旧社据其业务状况，以定考成等次。

（四）兼营业务　敝会历年所提倡指导者，皆以信用合作社为主。但敝会主张信用合作社基础巩固之后，可以兼营他种合作业务，以便集中农村中之人力财力，供给社员之全需要。现在各社因事实之需要，自动兼营其他业务者甚多。据各社报告，所兼营之业务，约有运销、供给、消费、利用、储藏、生产等。其兼营非经济的业务者为尤伙，自二十二年起，敝会试行提倡运销业务，先择定深泽县试办棉运，成绩尚佳。本年（二十三年）更加扩大，择定深泽、无极、赵县、高邑、元氏、束鹿、蠡县、晋县等八县，举办棉运，并介绍大陆、中国两行，与各该县合作社联合会，订立抵押透支合同，在棉花下种以后，各社员需款者，可以承借农产品信用贷款，每亩二元，在棉花上市以后，各社员可以棉花押借当时当地市价百分之六十。

（五）联会之兴起　截至本年八月底止，各县联会成立者，已有七处。区联会成立者，已有四十三处。分布于二十县。

（六）公益事业之发展　各社对合作社之了解日深，互相的精神日固，对于地方公益事项，积极兴办，如改良丧葬、戒烟、戒赌、戒酒、自卫、植树、修桥、补路、改良馈赠、救济贫困、施种牛痘、举办平民学校、移风易俗，影响农民道德及经济，实非浅显。

（七）举办九合讲　敝会为使各社明了合作运动起见，续办第九次合作讲习会。听任各联会各社自动筹办，讲员由敝会指派，费用大部分归各社员自筹，敝会只津贴一小部分，所需讲义，由敝会编纂，廉价供给。会期七日，共举行三十二组。参加者八百六十五社，代表五十四县，听讲员三千零三十二人，较八合讲增加一倍。

（八）黄灾农赈　二十二年秋，黄河泛滥，冀南、豫东、鲁西二十余县，被灾惨重。同年九月九日，敝会举行一二一次执行委员会，当即议决举办河水灾农赈。发起筹募赈款，承各机关团体，协助进行，先后在上海、北平、及各省市劝募。认捐成绩极佳，截至本年六月三十日止，共募得赈款十八万余元。同年十二月八日，即派调查员分赴受灾区域，着手调查，二十二日返平报告，遂决定举办鲁之菏泽，豫之考城、滑县、兰封，冀之东明、长垣、濮阳各县农赈。先后设立黄灾农赈第一、第二两事务所，农赈区域凡七县，截至本年六月底止，已组织互动社四百社，社员一万五千八百四十一人，贷出款额十四万元。

（九）合作讯　敝会所发行之合作讯月刊，继续出版，现已出至一百十一期。去年十一月份，合作讯适届百期，敝会曾会函国内知名之士，及与本会有关机关之同人，征求关于农业、经济、及合作之论文。另行汇编合作讯百期特刊，颇堪供我国合作运动之参考。

（十）对切实生产事业之协助　敝会对合作社放款，本以生产事业为主。但因有最高额之限制，每不能满足社员生产上之需要。自本年起，对于切实可靠之生产事业，拟特别予以协助。例如掘井、灌田、确可增加生产，乃于本年四月间，公布掘井加借办法，特准二年以上，考成列丙等以上各社，于其借款最高额之外，依照本办法规定，加借掘井贷款。截至本年九月底止，已借出四百九十四元，共掘井七口。

（十一）扩充合作巡回书库　前次报告，合作巡回书库，仅设立五处。敝会因鉴于此项书库，对于推广合作教育，促进农业常识上，有莫大裨益，乃于本年又扩充五库。截至二十二年六月底止，阅者已达三千五百余人，九月间，复将书籍三十六种，计一百八十本，继续寄往各书库。自二十三年一月起，又为每书库定阅国闻周报、实报各一份，以新旧书库各一为联库，彼此交换书籍。

（十二）农村合作事业讨论会　敝会为统一办理合作事业步骤起见，

特函召各省分会、及事务所、主干人员来平，举行农村合作事业讨论会。列席者有安徽、江西、湖南、湖北、陕西各省，及总会经办合作之人员十余人，于本年九月二十一日至二十四日，举行会议，讨论事项中之重要者，如关于推行农村合作事业之方案，合作社及联合会之章程准则，贷放准则，及合作簿记等，皆有相当结束。并议决明年大会，将在陕西举行。

（十三）今后计划 （一）今后将扩大信用业务，兼营运销、利用、供给等业务。（二）举办第十次讲习会，以前各次讲习会，单注重合作社之理论及经营方面，今后拟更增加自卫、教育、卫生等知识。（三）促进区联、县联、省联之组织，以求合作运动之普及与力量之集中。（四）拟划区派员指导各社，以求随时纠正，督促各社进展。（五）对于基础确立之合作社，提倡兼营业务，以满足农民之全需要并提倡农家副业，及共同生产事业，以增加农民之收入。

三　皖赣两省之合作事业

民国二十年，敝会受国民政府救济水灾委员会之委托，承办皖赣两省农赈。计江西拨款三十五万二千五百四十五元八角，安徽拨款八十九万九千四百八十元零九角二分，（内有青年协会款三万元）所承办之农赈，至二十一年夏季，即告完竣。皖赣农赈办事处，旋改为敝会驻皖、驻赣两事务所，以收回之农赈货款，负责进行两省合作事业。

皖赣农赈办事处于民二十及二十一两年放出之农赈贷款，其限期为二年至五年。均系信用放款，至二十二年底，江西收回贷款，为三十万零五千五百七十四元一角二分。（占原放农赈百分之八六·七弱）安徽五十九万零零十九元五角五分。（占原放农赈百分之六五·六弱）总计两省共贷出农赈一百二十五万二千零二十六元七角二分。二年收回八十九万五千五百九十三元六角七分。（占原放农赈百分之七一·五强）由此可知两省农民信用可靠，此项收回之贷款，完全充为合作底款。至二十三年八月底，江西已成立合作社六百二十二处。安徽二千四百处。并于冬季联合举行合作讲习会二十九组，计江西十六组，安徽十三组。该两省合作运动，已有相当基础矣。

四　湖南分会之合作事业

敝会湖南分会，于二十一年五月，承办该省农赈，先后两次拨到美麦一万吨，折合银元七十六万八千七百一十元零八角七分五厘。促令受灾各县，组织互动社，当时贷出五十四万四千三百一十七元三角一分。定二十一及二十二年两年秋收后，各收回本息半数。旋因二十二年发生水灾，收成欠佳，特推展至二十三年秋偿还。现各农赈办事处，一律结束，共将贷出之款收回百分之九十。可见该省农民信用之坚厚矣。收回之款，及未放出之款，即以之充办理合作事业之用，情形与皖、赣相仿。

五　湖北分会之合作事业

长江水灾后之湖北农赈，本由国府救济水灾委员会迳行派人办理，并未采用互助社办法，该会赈务结束之后，即二十二年一月十三日，委托敝会湖北分会接收，继续办理该省合作事业，当时接收现款三万八千三百零八元，截至本年八月底，收回农赈欠款五万六千一百五十八元六角四分。湖北分会即以此九万余元，充作推行合作事业之用。截至本年八月底止，共有承认社一百二十二社，未认社一百五十六社。

附　本会推行合作事业方案

一、本会提倡合作事业之目的：在救济农村贫困，促进事业建设。故本会合作事业，应以农村为对象。

二、合作社乃农民自身之组织，其发达与进展，应基于人民之自觉与努力。但在农民能力尚在薄弱之时，本会应尽全力，灌输关于合作之知识技能，及供给资金之便利，以冀引起农民之兴趣热心，以达纯由农民自动组织合作社，及联合会之境地。

三、本会推行合作之时，应以物质增进及精神陶冶并重。庶于合作之推行，同时国民道德亦有向上之趋势与实践之机会。

四、本会推行合作，先从信用合作入手。但因地方需要，亦可先由运销合作或供给合作，或利用合作入手。唯以一村只组织一社，由一社兼营各种业务，以便集中人力财力为原则。

五、本会指导合作人员，应随时指导各社各联会，在可能范围内，兴办切身需要各种公益事业。如提倡节俭、戒烟酒赌、举办民众学校，养老恤贫之类是。

六、提倡农家副业及较大规模之共同生产事业。对确有把握之生产事业，如旱田掘井之类，可以扩大经济的协助。

七、本会对于中央，及地方政府，社会团体，学术团体，以及营利团体之有益农村建设之工作，均当予以充分之协助。力避重复冲突等弊，以求事工之一致，而增进工作之效能。

八、在不妨碍合作事业生存发展之条件下，介绍资金流入农村。

九、一切章程规则，均依据现行法规订定之。

河北省各县社数统计表（二十三年八月三十日）

县名	承认	未认	共计	县名	承认	未认	共计
香河	一二	一〇	二二	静海	二	一	三
定县	八	八	一六	肥乡	二八	三〇	五八
涞水	二六	二五	五一	新河	七	四	一一
通县	五	一四	一九	元氏	一五	二五	四〇
唐县	九	一三	二二	南宫	七	七	一四
望都	一		一	乐城	五	八	一三
深县	八	二	一〇	大城	一	三	四
临城	七	三	一〇	大名	二〇	一九	三九
三河	三	一〇	一三	任县	一		一
宝坻	一	六	七	威县	二	六	八
高阳	三	一	四	宁晋	一	一四	一五
蠡县	二五	二八	五三	盐山	四	三	七
安平	四二	二九	七一	曲周	一一	一九	三〇
束鹿	一三	一五	二八	隆平	一	五	六
饶阳	六	一二	一八	安次		一	一

续表

县名	社数 承认	社数 未认	社数 共计	县名	社数 承认	社数 未认	社数 共计
涿县	九	四	一三	肃宁	一	三	四
无极	一一	二二	三三	成安	一一	六	一七
清苑	三	九	一二	武强	一	—	一
房山	一一	一二	二三	广宗	—	一	一
赵县	二二	五〇	七二	尧山	四	九	一三
良乡	一	三	四	蓟县			
顺义	一	—	一	永年	三	四	七
深泽	三三	二三	五六	平乡	二	三〇	三二
柏乡	六	二	八	永清	—	二	二
武清	二	一	三	任邱			
高邑	七	一二	一九	新城			
曲阳	—	二	二	易县	二	一六	一八
宛平	四	四	八	邯郸	—	一	一
满城	一	五	六	磁县	—	四	四
完县	三	五	八	武邑	—	一	一
安新	—	一	一	大兴			
博野	三	六	九	沧县	二	一	三
广平	一五	二三	三八	赞皇	—	五	五
安国	一〇	五	一五	鸡泽	—	一	一
河间	一七	一一	二八	藁城	—	四	四
固安	一	一	二	冀县	—	一	一
晋县	二	四	六	南乐	—	二	二
献县	一三	一〇	二三	总计 七五县	四七四	六三二	一、一〇六

河北省各县联合会统计表（二十三年八月三十日）

县名	区联会数		
	承认	未认	共计
×深泽	四	一	五
×赵县	二	三	五
×肥乡	二	一	三
×无极	一	二	二
×安平	二	一	三
蠡县	一	二	二
束鹿	一	二	二
曲周	一	二	二
×高邑	一	二	二
广平	一	二	二
元氏	一	二	二
×大名	一	二	三
尧山	一	一	一
涞水	一	一	二
河间	一	一	一
房山	一	一	一
南宫	一	一	一
乐城	一	一	一
临城	一	一	一
×柏乡	一	一	一
新河	一	一	一
献县	一	一	一
成安	一	一	一
共计二三县	一三	三二	四五
附注	有×号者已成立县联会		

中国华洋义赈救灾总会黄河水灾农赈各县贷放统计表
民国二十三年

县别	互助社社数	社员人数	贷放款额
山东省菏泽	五一	二三七一	二〇、〇〇〇·〇〇
河北省东明	六一	二三五八	二〇、〇〇〇·〇〇
河北省长垣	八六	三三五三	三〇、〇〇〇·〇〇
河北省濮阳	五八	二一九三	二〇、〇〇〇·〇〇
河南省考城	五八	二三二二	二〇、〇〇〇·〇〇
河南省兰封	三五	一一〇四	一〇、〇〇〇·〇〇
河南省滑县	五一	二一四八	二〇、〇〇〇·〇〇
共计	四〇〇	一五八四九	一四〇、〇〇〇·〇〇

期限分类统计表

期限	借款社员数	借款总数	百分比
六个月至一年者	二、〇四八	五〇、四〇一·〇〇	六四、〇八三
一年至一年半者	二六二	七、〇八五·〇〇	九、〇〇八
一年半至二年者	五六八	一六、六五七·〇〇	二一、一七九
二年至二年半者	六八	一、九三五·〇〇	二、四六〇
二年半至三年者	八一	二、五七二·〇〇	三、二七〇
共计	三、〇二七	七八、六五〇·〇〇	一〇〇

数额分类统计表

数额	借款社员数	借款总数	百分比
十元及以下	四五七	四、二五三·〇〇	五、四〇八
十元至二十元	一、一三七	一九、七六六·〇〇	二五、一三二
二十元至三十元	七〇二	一九、三〇五·〇〇	二四、五四五
三十元至四十元	三四五	一二、九九八·〇〇	一六、五二六
四十元至五十元	二二九	一一、二六六·〇〇	一四、三二四
五十元至六十元	七三	四、二九四·〇〇	五、四六〇
六十元至七十元	三七	二、四六一·〇〇	三、一二九

续表

数额	借款社员数	借款总数	百分比
七十元至八十元	二五	一、九七三·〇〇	二、五〇九
八十元至九十元	七	六三九·〇〇	、八一二
九十元至一百元	九	八九九·〇〇	一、一三八
一百元以上	六	八〇〇·〇〇	一、〇一七
共计	三、〇二七	七八、六五〇·〇〇	一〇〇、

用途细数统计表

用途	借款社员数	款数	百分比
耕植	一一〇	二、七三三·〇〇	三、四七五
粮食	二一五	四、五一八·〇〇	五、七四四
肥料	六二八	一四、六九七·〇〇	一八、六八七
籽种	一四四	二、五〇八·〇〇	三、一八九
牲畜	六五三	一七、九七七·〇〇	二三、八五七
农具	三七七	一〇、三三八·〇〇	一三、一四四
修盖房屋	三三九	一〇、一六九·〇〇	一二、九三〇
赎地	二〇七	五、四二七·〇〇	六、九〇〇
造井	一四	六三五·〇〇	、八〇七
婚丧	九九	三、二三二·〇〇	四、一〇八
还债	九一	二、四一九·〇〇	三、〇七六
其他	一五〇	三、九九七·〇〇	五、〇八二
共计	三、〇二七	七八、六五〇·〇〇	一〇〇、

合作放款县别统计表（二十三年一月一日至八月三十一日）

县名	借款号数	借款社数	借款社员数	借款额数	县名	借款号数	借款社数	借款社员数	借款额数
肥乡	二二	一九	三八六	一〇、八三九·〇〇	无极	三	三	四五	一、一四〇·〇〇
赵县	一四	一四	二七〇	八、一四二·〇〇	高邑	四	三	六五	一、〇九〇·〇〇

续表

县名	借款号数	借款社数	借款社员数	借款额数	县名	借款号数	借款社数	借款社员数	借款额数
深泽	一三	一一	二三六	六、六四〇·〇〇	元氏	三	三	六一	一、〇四六·〇〇
大名	一三	一三	二〇七	五、五九〇·〇〇	尧山	四	四	五二	一、〇四二·〇〇
曲周	九	九	一五二	三、六六〇·〇〇	临城	二	二	四九	一、〇〇〇·〇〇
广平	七	七	九二	三、六〇〇·〇〇	柏乡	三	三	五〇	九五〇·〇〇
河间	一〇	一〇	一四七	三、一三〇·〇〇	武清	二	二	四四	八九六·〇〇
安平	六	六	一一〇	二、九九五·〇〇	南宫	二	二	一三	六五〇·〇〇
涞水	八	八	一六九	二、九五〇·〇〇	定县	一	一	四〇	六〇〇·〇〇
蠡县	七	七	一一一	二、八三二·〇〇	唐县	一	一	一六	六〇〇·〇〇
房山	六	六	一〇九	二、四二〇·〇〇	盐山	二	二	一八	五〇〇·〇〇
献县	七	六	七六	二、二六〇·〇〇	顺义	一	一	二四	四八〇·〇〇
束鹿	四	四	七四	二、〇五〇·〇〇	三河	一	一	二四	四六〇·〇〇
新河	四	三	四一	一、九六〇·〇〇	静海	一	一	一〇	四〇〇·〇〇
深县	三	三	五五	一、九五〇·〇〇	固安	一	一	一五	三〇〇·〇〇

续表

县名	借款号数	借款社数	借款社员数	借款额数	县名	借款号数	借款社数	借款社员数	借款额数
乐城	五	四	六八	一、九一〇·〇〇	宛平	一	一	一六	二〇〇·〇〇
涿县	二	二	四七	一、五三〇·〇〇	晋县	一	一	一九	一八八·〇〇
通县	二	二	四四	一、二七〇·〇〇	成安	一	一	一八	一八〇·〇〇
香河	三	三	五六	一、二〇〇·〇〇	共计	一七九	一七〇	三、〇二七	七八、六五〇·〇〇

中国华洋赈救灾总会驻皖事务所承办合作事业贷放统计

（截至二十二年八月底止）

县别	号数	社数	款额
东流	八〇	五七	三七、五九九
怀宁	六五	五一	二九·八四九
桐城	二九	二〇	一三、四六三
宿松	六	五	二、九四〇
芜湖	五九	五四	二五、七六八
铜陵	一九	一七	八、一八五
和县	一三	一一	六、〇五〇
无为	一六	一一	七、四〇〇
当涂	一一	七	四、九六五
望江	二五	二〇	一〇、五七八
繁昌	三八	三六	一七、六四四
贵池	一六	一五	七、五八二
宣城	三	三	一、三二〇
五河	二二	二二	一〇、二二〇
凤阳	二四	二四	一一、一二〇

续表

县别	号数	社数	款额
泗县	一四	一四	六、一五五
灵璧	四九	四九	二三、〇八九
凤台	一三	一三	五、九二〇
宿县	五	五	二、二九〇
怀远	一九	一九	八、五四四
南陵	五	五	二、一五二
总计	五三一	四五八	二四二、八三三

中国华洋义赈救灾总会驻皖事务所合作放款用途统计表

截止二十三年六月底止（未报有清单者未计入）

用途	借款社员数	借款总数	占总计数之%
牲口	三〇〇五	五六、六七七·五〇	三四·一六
农具	二二一〇	三六、七六〇·〇〇	二二·一五
肥料	一五〇二	二三、三七八·〇〇	一四·〇九
种籽	一〇六八	一六、九二六·五〇	一〇·二〇
修盖房屋	七五七	一三、〇八八·五〇	七·八九
粮食	三〇七	四、三六七·〇〇	二·六三
还旧债	二三五	四、一八三·〇〇	二·五二
婚丧	四四	九三三·〇〇	·五六
开垦	二四	五三七·〇〇	·三二
赎地	一九	三三三·〇〇	·二〇
修圩	一九	二八一·〇〇	·一七
其他	五二七	八、四六六·〇〇	五·一一
总计	九七一七	一六五、九三〇·五〇	一〇〇·〇〇

中国华洋义赈救灾总会驻皖事务所合作放款数额统计表

截至二十三年六月底止（未报有清单者未计入）

数额	借款社员数	借款总数	占总计数之%
十元及以下	二一四九	一九、四二四・五〇	一一・七一
十元以上至二十元	五六七七	九三、六四四・六四	五六・四四
二十元以上至三十元	一五六九	四〇、四二一・〇〇	二四・三四
三十元以上至四十元	二五八	九、三一六・三六	五・六一
四十元以上至五十元	四六	二、一三〇・〇〇	一・二八
五十元以上至六十元	一八	九九四・〇〇	・六〇
总计	九七一七	一六五、九三〇・五〇	一〇〇・〇〇

中国华洋义赈救灾总会驻赣事务所承办江西省十五县合作事业概况表

（截至二十三年六月底止）

种类	承认及未认	社数	社员数	自集资金
信用	承认社	三六七	一〇、九二一	二五、一六五・〇〇
	未认社	一八三	四、七八二	九、九六五・五〇
利用	承认社			
	未认社	二	二四九	二、五〇五・〇〇
供给	承认社	一	五〇	五三七・五〇
	未认社	一	三五	一五六・〇〇
运销	承认社			
	未认社	一	八五	二一二・〇〇
总计		五五五	一六、一二二	三八、五四一・五〇

中国华洋义赈救灾总会驻赣事务所合作放款分县统计表

（截至二十三年六月底止）

县别	放款种类	号数	期数	放款金额
南昌	信用	五〇	五三	二四、〇一三・〇〇
	供给	二	二	一、五〇〇・〇〇
新建	信用	三四	三四	一六、三五一・〇〇
	供给	一	一	八〇〇・〇〇

续表

县别	放款种类	号数	期数	放款金额
进贤	信用	二二	二二	一〇、三五三·〇〇
永修	信用	二七	三〇	一二、七四八·〇〇
鄱阳	信用	二五	二五	一一、六三九·〇〇
德安	信用	八	八	三、四六五·〇〇
星子	信用	一一	一一	五、三六〇·〇〇
瑞昌	信用	一七	二一	七、一一九·〇〇
瑞昌	利用	一	四	五、〇〇〇·〇〇
都昌	信用	一九	一九	七、〇六七·〇〇
湖口	信用	一二	一二	五、三〇〇·〇〇
彭泽	信用	一六	一六	六、九四九·〇〇
九江	信用	一六	一六	八、四五·〇〇
安义	信用	三一	三一	一四、一七一·〇〇
清江	信用	三一	三二	一四、一六〇·〇〇
清江	供给	一	一	三五〇·〇〇
丰城	信用	一二	一二	三、八五〇·〇〇
总计		三三六	三五〇	一五八、六四五·〇〇

中国华洋义赈救灾总会驻赣事务所承办江西省十五县合作社借款用途统计表

（截至二十二年六月底止）

用途	社员数	款数	占总计数之%
肥料	二、七〇五	三四、〇七九·〇〇	二二·五七
籽种	一、六二八	二五、三〇五·〇〇	一六·七六
农具	一、五八六	二三、七二一·〇〇	一五·七一
牲畜	一、一二五	二二、四九五·〇〇	一四·九〇
粮食	一、〇一三	二〇、二五六·〇〇	一三·四一
修理房屋	三八九	七、五八四·〇〇	五·〇三
支付工资	六一五	一二、三〇三·〇〇	八·一四
其他	二六三	五、二二二·〇〇	三·四八
总计	九、三二四	一三〇、九五五·〇〇	一〇〇·〇〇

中国华洋义赈救灾总会驻赣事务所承办江西省十五县合作社资产负债对照表

（截至二十三年六月底止）

负债类								资产类	金额						
	十万	千	百	十	元	角	分		十万	千	百	十	元	角	分
社股		二	六	〇	九	二	五 〇	联会会股			二	五	〇	〇	〇
定期存款				二	八	四 一	四	信用放款	一	一	九	六	七	二	六 五
活期存款				三 一	七	六	九	抵押放款		一	七	二	六 〇	一	八
储蓄存款			一	五	四	三 一	七	外存款				九	四	七 五	九
借入款	一	一	四	六	六 〇	八	〇	产业				一	九	九	八
公积金				二	四	四	九 五	营业用具				二	〇	九	九
储蓄奖励金					八	八 八	四	暂记支款				二	六 一	三	二
纯益					九	二	七 二	现金			四	七	〇 一	一	〇
合计	一	四	三	三	二	四 八	一	合计	一	四	三	三	二	四 八	一

湖南华洋义赈会对合作放款分县汇计表

（自二十三年四月至十月末）

县别	贷款社数	号数	汇计金额
长沙	九	九	$三、二七〇·〇〇
沅江	一二	一二	五、八二〇·〇〇
湘阴	二五	二五	九、二六〇·〇〇
南县	一〇	一〇	四、五二五·〇〇
常德	七	七	二、八八〇·〇〇
安乡	八	八	二、八六三·〇〇
临湘	六	六	二、七三五·〇〇
沣县	一六	一六	七、六一〇·〇〇
汉寿	五	五	二、二三九·〇〇
岳阳	一二	一二	四、〇五九·〇〇
华容	六	六	二、九二七·〇〇
益阳	六	六	二、五五六·〇〇
合计	一二二	一二二	五〇、七四九·〇〇

陕西华洋义赈会指导下之合作社

（截至二十二年底）

社名	社员	社股	借入款（向陕义赈会）
长安兴柳村无限信用合作社	四七	$ 四七·〇〇	$ 五〇〇·〇〇
咸阳大陈村无限信用合作社	二二	二二·〇〇	三〇〇·〇〇
长安白徐东村无限信用合作社	一二	一二·〇〇	三〇〇·〇〇
长安买家村无限信用合作社	二四	二四·〇〇	二〇〇·〇〇
长安塚珥王村无限信用合作社	一三	一三·〇〇	二〇〇·〇〇
临潼县南北削王村无限信用合作社	一八	一八·〇〇	三〇〇·〇〇
临潼华清村无限信用合作社	三五	三五·〇〇	三〇〇·〇〇
临潼三合村无限信用合作社	一二	一二·〇〇	—
西丰泉雒张庄无限信用合作社	四〇	四〇·〇〇	三〇〇·〇〇
西丰泉附郭村无限信用合作社	一七	一七·〇〇	三〇〇·〇〇
共计十社	二四〇	二四〇·〇〇	二、七〇〇·〇〇

中国华洋义赈救灾会湖北分会指导下合作社之概况表

（截至民国二十三年六月三十日）

合作社	社数	社员数	自集资金
承认	一一五	二二四八	$ 二、七〇三·二三
未认	一二八	二四八六	$ 二、〇九八·七八
总计	二四三	四七三四	$ 四、八〇二·〇一
附计			

对合作社放款		结欠			收还			
		号数	期数	款额	号数	期数	款额	
未期	全部	一一〇	一一〇	$ 三三、七三一·〇〇	一五	一五	$ 三、三三八·〇〇	$ 三、四九九·〇〇
	一部	一	一	$ 三一九·〇〇	$ 三四、〇五〇·〇〇	—	—	$ 一六·〇〇
到期	全部	—	—	$ —	—	—	$ —	$ —
	一部	—	—	$ —		—	—	$ —	

续表

对合作社放款		结欠			收还			
		号数	期数	款额	号数	期数	款额	
展期	全部	—	—	$ —	$ —	—	—	$ —	$ —
	一部	—	—	$ —		—	—	$ —	
总计		——————		$ 三四、〇五〇·〇〇	一五	一五	$ 三、四九九·〇〇	
汇计总数		号数	一二六		期数	一二六	款额	$ 三七、五四九·〇〇

篇二十七　山西河津县上井村晋祠十三村自治进行之概况

严慎修

一　山西河津上井村自治之概况
二　山西晋祠十三村自治进行之概况

一　山西河津上井村自治之情况

村治之说，今已盛行一时，村本政治，亦尝传闻于吾人之耳。余住山西河津县距城四十里之村中，于村治情状，颇多感觉，素日亦喜研究自治。故今愿发表其感觉与希望，以供同行之参考。

余对于村治，初本具专一之热诚，且在余村措施，亦未甚感困难。今三百余家人中，有小学五，信用合作社三十，兴学会，婚葬互助会，奖勤会，农民生产协助会各一，各有相当之基金。去年又议定提出相当款项，建设讲善堂与贫民住所。故余村自治虽不能满余之意，然殊不悲观，且更有相当之青年，足继其事，尤为可喜。

惟余今于自治，实不愿以村为本位，而欲以乡为本位者，其故有五。

甲、以村为本位，贫村富村之住民，于自治费负担，轻重悬殊，太不平均。

乙、以村为范围，境域过小，不易得自治之人才。即有余暇之通常好人，亦每有不易得者。

丙、村民居住过近，日常相遇，凡事好者易生情面关系，不好者易生借端报复之弊。

丁、办理自卫及保卫团等事，尤觉各自为心，力单势散，无互相策应之益。

戊、村各自为一体，村与村间彼此争端易起，凡事难望有截长补短之精神，同一整齐之进步。

因上五种之故，余乃欲以乡为自治本位，而减却自治困难，增厚自治之力量。

乡之自治，亦须有乡之中坚人物，先为结合。于公益事，量力办理，于自治事，量力倡导，而且不敢有包办独为之念，矢于胸中，若区域中有其他自治团体出现，关于法定之全体事务，或与之协商合作，或与之轮流主持，以重民意而资比较。关于自办之公益事务，进则推广全乡，退则单独发展。盖必先有自立之实力与地位，以辅助乡之自治，而不先图藉乡之公力与官力，空责人自治也。

中坚人物之结合，固须志意相同，而尤须有经济关系。窃以信用合作社实为必要之前题。以信用合作为基，再本古之乡饮酒礼，乡射礼，以联合乡人。明为娱乐之聚会，暗为自治之训练。长幼之序，射击之术，即隐于此中为鼓励。此事作有成效，则其他自治事务，或就此协商，或依此启导。则真正之自治，庶乎可睹矣。

近年乡村争端极多，每有因琐屑小故，而酿成讼累经年莫解者。此其故由于事物日见复杂者半，由于少年忘长幼之分，好出头而不遵长者之劝导者亦半。且彼此失和之后，于自治进行，亦颇多阻碍，欲使之讼小争泯，其道果何在乎，政平讼理，固为要端，然猝难盼到。似尚不若讲让修睦，平矜释躁为易致也。然以此望于青年难，望于老年易，至于当局者难，望于旁观者易，余于此回想礼经之言，而知长幼之礼，不可不速讲也。礼经解篇之言曰：

"乡饮酒之礼废，则长幼之序失，而争斗之狱繁矣。"

又乡饮酒篇云：

"乡饮酒之义……所以致尊让也，……所以致洁也，……所以致敬也，君子尊让则不争，洁敬则不慢，不慢不争，则远于斗辨矣，不斗辨则远于暴乱之祸矣。"

又云"……非专为饮食也，为行礼也，此所以贵礼而贱财也。……先礼而后财，则民作敬让而不争矣。"

又云"贵贱明，隆杀辨，和乐而不流，弟长而无遗，安燕而不乱。

此五行者足以正身安国矣。故曰吾观于乡，而知王道之易易也。"

观上各节，可知乡饮酒之礼，非虚文也，实有深意存乎其中，亦可藉以明长幼，杜争讼，减拜金之风，增平民之乐。此言乡自治而长幼之礼应注意，乡饮酒之礼应提倡也。

关于人民自卫之保卫团，他省余不知，若以过去之山西言，实为空增负担，无裨事实之秕政。盖所谓团丁者，皆点验时临时雇用之夫，平日多无其人，亦无所谓训练，间有少数长雇之人，亦不过供村长驱使，为村长奔走耳。故每点验一次，村中即多加摊派一次。点毕归来则只留名册，而实无其人矣。且不惟无人，即一真名册而亦不可得，盖名册所载者，多属假捏之名耳。此村民势重，村长权小者为然。若村民力薄，村长权大者，为害更甚。即强加摊派，长年雇用十余人，除供彼个人驱差外，或作烟土之暗贩，或作赌场之护符，彼则暗中分肥，用以结交官府，虎视乡曲，知事或警官点验团丁时，则彼之团丁，衣帽整齐，彼之招待，分外周至，于是上等村长之奖状至，而小民戴盆之冤苦深矣。此余于山西已往之保卫团，而不敢奉称也。

窃以乡之自卫，当先从奖励人民拳术射击起，而以举行乡射礼为鼓舞之术。即令各村小学中俱须有拳术射击教员，令彼除教小学生外，并择村中端正青年，联络之，引导之，使以时练习。每年乡中举行乡射礼时，可自由报名，由拳术教员率来比较。拳术佳而射击多中者，即记名为拳术教员，月给津贴一二元，即以雇团丁之费充之。候有缺即补。而拳术教育所在之村，报名比较者少，成绩劣者，即将该教员辞退。比较者多而成绩优者，即将其教员提充为乡团之总教练。并令以时酌调学徒，负稽查匪类，保卫乡里之责。其任期进退，则决于举行乡饮酒礼时，乡宾乡老之会议。此余于人民自卫，及办理保卫团之意见，而窃谓为乡自治重要之端也。

二　山西晋祠十三村自治进行之概况

晋祠为山西第一名区；天然风景之美，人文史迹之隆，在全国亦不可多见；惟现今风俗颓靡，民生疾苦，几不堪名状；以云自治，实觉难乎其难，而微乎其微矣。十三村之自治，不过余与当地数士绅，有此提倡；而幸得各村长及各小学教员之赞同，方思共同努力，不敢谓有何成绩；所幸者今更有乡村建设研究会，青年会，全省国术会，拒毒会，俱来相助；故今年之生气，似更增加，将来或有日新之象。今聊将数年来之经过，及现所努力者，述之于下，以待同好之教导焉。

（一）十三村联合前之一点新村史

新村者由余所自立职业中学递变而来有形式而尚未充实之村也，举其沿革在民国十一年春，余与友人游晋祠；友人导余至一处，在晋祠北门外纸房村之北，为一灰渣堆积成之高陵，傍西则破壁残垣，参差林立；计其院基，不下二三十所；一片荒芜残破之状，不堪入目，灰渣堆兼为村人之尘芥场，各种破烂污物之中，而又杂以荆棘，使人几不可向迩。然立此而远望，则云树层叠，稻田鳞比，远山近水，回环掩映，风景之佳，在北方几不可多得。友人乃指此瓦砾场而叹曰，此地若在西洋，当早经营成仙境梵宫，黄金境界，在中国而竟常如此，岂不可惜，余闻之深有感焉！适此时余又正感在城市办学之非，而热心地方自治之倡导；乃在此尽购其荒废之院基，并附近之地二十余亩，创立一志勤职业中学。倾余半生之积蓄，建筑讲堂二座，斋舍三十间，图书馆十二间，农事试验场十亩，而成一乡间工作之基础。自此余即与晋祠纸房各村发生关系，而居于客籍土著之间矣。

惟职业中学成立后，所设备之织袜厂，本工厂，农事试验场等，其结果皆发见不足安学生之心，应日后之用；第一班毕业者，仍多入军政界，从事于官吏之生涯。余又悟社会职业之种类綦多，区区此数种设备，又何能供嗜好各异者之实习。乃又变职业教育方针，而偏重于职业指导，审察学生之性习，供给关于各种职业之图书，指示各种职业所需之特性，介绍各种职业成功之前辈。今试列其指导之表，及指导概要于下：

进程\类别\需要性格	需要性格	初步	进境	小成	大成
文学	好思索 富情趣	小学教员 报馆访事	中学教员 报馆主笔	文科教授 书局编辑	文学大家 文化中枢

续表

进程 \ 需要性格 \ 类别	需要性格	初步	进境	小成	大成
教育	好讲论 喜高洁	小学校长 中学学监	中学教员 专科学监	中学校长 专科教员	教育大家 全国人望
经济	耐烦琐 有计划	理家兼 小商业	公司事务员 工厂庶务	小工厂主 公司董监等	实业大家 商界领袖
工业	耐劳苦 喜研究	工厂助手 技术员	小工厂主任 大工程助手	工厂经理 工程师	工业大家 大工程师
农业	耐劳苦 喜推察	农场助手 实业技士	农场主任 垦植经理	自辟农场 或代人筹办	大农场主 农业大家
医学	爱细密 喜慈善	自由行医 或医院助手	乡镇名医 药铺坐堂	自开医院 医院主任	都市名医 医学大家
附注	此表用意是要辅助学生分析自身之特性兴趣并审度自己之环境以选择终身职业而预为适当之准备校中亦依其类别购备书籍介绍师友使其自为努力				

本此施行一年，较前所施设，实觉轻便，而学生亦多感觉兴趣然与余所抱之地方自治事业，不发生影响，而毕业生仍多志在官吏，求余介绍于官厅者，余苦无以应；且审其所教，亦几等于为求官求富之助于是乃变职业中学为乡村图书馆，及乡村小学，农工夜校，以为改良乡村之计；一方又与姚石庵邱沧川二先生，在省组织志乡农村服务团，欲以此为实验之区。此时成绩，可以报告者，即于信用合作，加意提倡，与乡人数数接洽，散布信用合作之说明书多份；而又请一在齐鲁大学毕业之齐大夫，附设医疗所于图书馆，为乡村公共卫生之计划，兼为半费之医疗。齐大夫医术高妙，曾疗愈一难疗之疾，大得乡人之信仰；惜历时未久，为军队优薪聘去。我因事南行，而姚君亦北往，此农村之服务团，意如昙花一现，而遂寂灭焉！

乡村图书馆，初努力于图书之巡回；即令人送适宜之书于各商号，及乡村之识字者。每周一换，其结果商号之青年学徒，虽多嗜阅览，而号长每以其分心悮事而制止，乡间人阅看者不多，且至其家收书时，每忘书之所在，双方共感困难而停止。至今只将各种通俗书画，陈列馆中，供人观览或借阅而已。农工夜校，初则成绩甚佳，乡人之失学者，大感兴趣，惟数期之后，值连年灾变，来学者感觉于其生计无所补益，遂又冷淡而停顿，至此余乃知空言教民，所济无几，乃思与当地人民，共努力于信用合作事业，以渐达于自治之境；一方改筑职校之宿舍，为小院十所；拟招贫苦而近于忠信之民居住，自创一十室之新村焉。

惟此新村院落建成后，一时殊不易得适当之住民，自治事业，更无从着手；于是乃思联合数村，共同进行；遂邀请当地明达牛一清、胡子亨、任尔琪等数先生，商定十三村联合自治之计。县长陈敬轩，亦尽力成全，乃招集十三村之村长小学教员，而通过章程，选定职员，成立一共同自治之基焉。

（二）十三村联合后之几种努力目标

十三村联合后努力之目标，拟定三种：（一）信用合作社；（二）国术；（三）简易医院。民众教育，则拟只由志勤图书馆备相当之图画书籍，巡回陈列于各村小学，以供其阅览而已。开会数次，初推联合校长郭子仁负责执行，继则由乡村建设研究会公推之聂立轩先生，负责执行，今再将所以专努力于此三种之故，陈明于下：

（一）于信用合作，所以列为应努力之前提者，以晋祠农民能有田自耕者甚少，十之七八，皆系租种，而水田耕作，需资颇多；租得地时，一切肥料人工所需之资，不能不向人告借；而己无产业，不能得放款者信任，于是必须经开水磨业之商家，代为告借而始可。开水磨者，即租来水磨，以磨米面为生，农家所收之稻米，不能不向其求辗者也，彼代农人借款，其利有二：（一）以月息二分借者，以三四分贷，彼可从中取利；（二）为谁代借，谁可收之稻米，即不能不向其磨房求辗；辗费虽高，亦莫能外。故农人经此层层剥削，常有辛苦终年，至磨房结算之后，竟无米可得；即时复不能不求代借，而许以下年收获归偿者。故余以组织信用合作社开辟告借新路，为当地农民最需要之事。一方加意联络，择勤而端正者，令组织合作社；一方又与中国银行接洽，请其低息贷放，思以此稍舒农民之困，而并为将来自治之基焉。第一社已于二十二年七月成立，并公请北平华洋义赈会派合作专家二人来为一周之讲演，再经聂理轩先生奔走交涉，由中国银行已低息贷赀三百元，作为试办，本年七月又成立仓库合作，由中国银行贷款五百元，现在各社员颇有自动经营之象，前途或可日见发展焉。

（二）于国术，所以定为应努力提倡者，以当地烟赌之风甚炽，而审察青年之染此者，初皆以闲无所事，会聚一处时，戏吸戏观，而逐渐至成癖耳。官厅对此，虽严厉禁止，而成效甚微。余以国术本为多数青年所好，其余闲之时间，多用于此者，必少用于彼，且由此身体健壮，志气发扬时，则彼污臭不正之事，当自不趋就；此余欲从根本上减少烟赌之图谋也。此意定后，幸当地又有以拳术著名之任尔琪先生，与余尝相遇从，遂合力提倡，设一国术会于图书馆；时会集青年而表演，至后薛觉民、聂理轩二先生又介绍省垣国术会王醒吾先生，特俯临提倡，加以奖励，合演数次，临近数县之嗜此者，皆闻而来会；于是国术一道，乃增加多数青年之兴趣，十三村亦遂议定各设分会，从事练习焉。

（三）于简易医院，所以拟定应努力进行者，以此乡医药之费甚贵，乡人一场疾病，即是为负债致困之由；且因不得医疗之便，而遗悞死亡者，尤不在少。晋祠傍山临水，人民之作工者，以煤窑与水田为多，致疾皆甚易，而竟无一适当简便之医疗所，致疾病呻吟，疮疽溃烂者，常不断于此各区之道途，行政要人，虽不时来此游览，而亦只赏玩风景之优美，不见此美中之缺点。且有疾者以医药不便之故，每以烟丹为济急之计，浸假成癖，遂不能断；而食者卖者，俱缘以增加，乃共立于犯辟之地；此亦可为无识之人民痛，社会之设备不完咎也。故同人于简易医疗所，认为每区至少当有一所，余之志勤图书馆，空房甚多，家具齐全；余恒欲以此招致适当之医生，来此开设医院，不令彼出房资，家具，差役之费，而以半费为医疗。初得齐大夫，甚为相宜，惜中道为军队聘请而去，嗣得四川赖先生，由余与陈县长敬轩，供其食用，令彼减费医疗；惜彼有家累，未能久留。今有由南昌归来之孟先生，又在此继续办理，情形较前尚好；惜基金仍乏，但由乡村建设研究会，垫给药资，图书馆供其房舍器用，医师之费，仍须其从医疗中自为筹措，而又加以限制；故拮据之状，亦难尽述。惟既乐在此穷乡服务，只好望其能安于穷，有益于更穷之乡农已耳。

以上为晋祠十三村自治经营之现状，而余对于第二故乡努力之经过，计其功效，与余在第一故乡所致力者较，殊觉费力多而成功少，惟未用官厅一文之补助，亦未藉官力向百姓有一文之摊派，故成绩虽乏而问心尚安，至二十二年又幸有青年会薛觉民先生来此同工。且与余集合同志，成立乡村建设研究会，共同努力于此。太原青年会，拒毒会，北平民社，俱为团体会员，并资助聂理轩先生，专驻此为经营，信用合作，国术，及医院，余虽发端于前，而其后薛觉民与聂理轩二先生，奔波之力独多。至图书馆与小学，乃在余职业中学毕业之生张庆亨，苦力撑持，毫不外骛，以致对此方虽无显绩，尚有小效；此皆余之所甚感，而亦此方自治中辛苦服务之分子，不断催引之动力也。

篇二十八　菏泽实验县县政改革实验报告

孙则让

- 一　引言
- 二　工作概况

一　引　言

菏泽实验县，自民国二十二年七月一日开始试验工作，迄今已一年有半。期内以黄水为灾，曾以全部精力对此问题，一切应作之事，皆形停顿。至今年元气始稍稍恢复，所有改革试验，始能继续进展。一年以来，诸事只能谓之略具规模，更难以言成绩。惟县政改革，实为目前最切要之事业，乡村建设之发展，殆必于此处试验其路径。以是虽不敢言成绩，而诸般设施，其用心所在，尚觉颇有可以公诸同志，共同商榷之必要。兹篇之作，即由此而生。原稿原分两段，一为县政改革之实验，一为乡村建设之实验。惟以事务冗忙，原稿第二段尚未完成，即已成者，亦多粗疏简陋，不当一睹。公仅公布其第一段，惟希读者有以教之。

二　工作概况

1. 完成县政组织

县长为治事之官，一县数十万民众，其教养保卫诸大端，应由各县长总核擘筹，就地方情形，斟酌推进，盖社会生活所谓教养保卫诸事，实无断然界限，任举一事，无不与其他问题脉脉相关。

主席韩公毅然裁局改科，以一事权，法至善也。无如积重难返，所谓三科四科五科者，仍保持其独立形态，对外可独立行使职权，对内可独立支配经费。裁局改科之结果，只不过增重公文上之繁复，所谓裁局改科之真意，迄未副实。以是县长之职权无明白之界限，县政府之组织无健全之体系。昔人谓一国之内总司百政者，上为宰辅，下为州县，虽尊卑悬殊，而艰巨则相若。然昔日政治之方向，犹多在消极的裁制上下工夫，所谓政简刑轻与民休息，为其无上之理想政治。今则列强环伺，政治经济文化日相激荡与侵袭，使此和静自足之社会，虽欲自生自息而不可得。是以不谈吾国民族自救则已，否则一切皆须改进。今则此直接民事之县政机关，如此职权不明，组织残缺，欲其治理百废待举，沉沦不知所止之基础社会，其乌乎可。则自莅菏以来，即思所以完成县政组织之方，兹将初步改组办法分述如次。

（一）将三、四、五科归并县府，采合署办公制，以第三科为地方款总会计，实行统收统支。各科经费不独立，以完成县府初步之整个预算。所有整个县府事务，设专员办理。三、四、五科之会计庶务人员一律裁撤。各科合组录事室，缮写各科文件。归并之后，成效可见者：

（1）关于地方事业之推进容易统筹兼顾，无此疆彼界各行其是之嫌。且可化除各科意见，使步伐整齐，一致向前致力。查各县地方上每有不可讳避之事实，即所谓党派之倾轧。甚至有意气权利，无是非善恶。其所争夺豪取之目的，只不过属于地方性质的几个机关权位而已。而今归并之后，所有各科之附属机关直隶于县府，而统纳于县府行政范围以内。且各科人员与县长同餐共处，朝夕励勉，心气容易团聚，作事敏捷迅速，行政效力因此增加，而捍格不通之弊，亦因之而绝。

（2）归并之后，冗员自能裁减，经费亦可省。又如县府勤务，历来习惯，因限定六名不敷分配，多由政警民团调充，自各科合并勤务即可敷用，不复有调政警民团充当勤务之恶习。

（二）政务警察队之改组：自来胥役蠹民，尽人可知，缘一般民众所接触习知之政府人员，并非高级官吏，实皆此辈书隶警役之穿窬技俩。彼辈敲诈之隐微技巧，实有防不胜防之苦。此事虽似微小，其有关于县政之清明者实大。故将所有旧日警役一律遣散，重新考取农家清白子弟，与以相当之训练。并将政务警察队就其性质分为警务政务两股。警务股设分队长一人，警士二十人，负侦缉责任，均全副武装。政务股亦设分队长一人，警士二十人，专司传递政令。为行动迅速起见，两股警士均各自备脚踏车一辆。并全在县府爨炊，不得自由外出。又政警薪饷原定数目太低，无以养廉，且有脚踏车修补费，月饷七元之数，不敷用度，因增为九元五角。是以严其教育，使其醒觉其身份，并非如皂隶班役之不能侪于士民之列，而于政治上，自有其尊严地位。厚其薪饷，使其不必专事贼民以自养，而能责其守法奉公勿事勒索。厉行以来，差幸无流弊滋生，所有旧日班役旧习，似已完全禁绝。

（三）裁并公安局大队部：查公安局警士，全县共计七十员名，在此一千九百余村落，四十万人民之散漫的农业社会里，各个警士即能充分尽职，其能影响于社会之公安秩序者，几何哉？盖警察制度原以于都市为重心之社会组织里，容易发挥其效力。中国警察制自施行以来，其在都市与乡村两方面所表现者，利弊损益，即可灼见。盖散漫的村落社会，其所以维系秩序公安之法，当另有其道。且于吾国之村落社会，其如此愚蒙塞蔽，重理义，尚情感，而无视法度的和静民众，无论其社会经济力量，无法建设巨细周察之警察网。即使警察林立，亦徒见无识小民在其生活方式中，不能适合所谓现代公民楷式，而日在于罹法违警中。以故警士易于变为饕贪，小民则无往而非鱼肉，此则散漫愚蒙之社会情势使然也。是以警察制度，于吾国农业社会里，是否适宜，有大可考量之处。又本县大队部除鲁西民团指挥部调去五十名外，尚有三百一十名，合为招募而来，查军队招募与征调之优劣，已为军制上聚讼之点。然世界大多数国家则尽采征调制。盖军事训练与组织，已成现代国家公民所不可缺少之基本教育。若就我国农村社会状况，求其进于组织，则纪律化之教育，尤为当务之急。试一考日本在乡军人会，其在社会上所建树之社会改进事业，不能不憬然了悟日本之所由兴，与夫其社会秩序基础之所由建立也。然于中国招募士兵之散回田里，已成为乡村风气坠落之一大力量，都市上的一切不良习惯，不良嗜好，加速的播入穷乡僻壤，有赖于退伍军人媒介之力者非小。如再一考刑事案件，如盗匪毒品诱拐各案中，大半皆曾在军队充当兵士者。盖其应募之时，多游手好闲，不知生产，再加以都市商埠之风气濡染，其堕落之深，每至一去不返，此职业兵退伍之必然现象也。若乡村治安之维持，所谓自卫之完成，职业兵之遗害，更有过于国防省防军队者。

因此之故，所有民团有改招募为征调之必要。是以本实验县进行三年计划，其地方治安树立之条款下，有"为统一权限增大效力起见，裁并大队部公安局，另组警卫队一百名为干部训练，其余则化招募为征调，使一般民众均有受军事训练及普通教育之机会。"警卫队设队长一人，直隶于县政府，无单独对外行使职权之权力。其征调民众，递受纪律训练之办法，在自卫组织条序述之，于此从略。

兹将菏泽实验县组织暂行办法，其关系政府组织各条，节录如下，并附县政府组织系统图。

一至十条从略。

十一　本县政府设县长一人，总管全县事务，并指挥监督全县行政自治机关。

十二　本县政府设秘书室及各科。其掌理事务如下：

（一）秘书　职掌如下：（一）机要事项；（二）总核文件事项；（三）职员进退事项；（四）典守印信事项；（五）县政会议事项；（六）其他不属各科事项。

（二）第一科　职掌如下：（一）公安事项；（二）地方自治及选举事项；（三）地方警卫事项；（四）禁烟事项；（五）风俗事项；（六）宗教事项；（七）典礼事项；（八）社会救济事项；（九）著作出版事项；（十）保存古物事项；（十一）收发文件事项。

（三）第二科　职掌如下：（一）省财政事项；（二）编制省地方预算决算计算事项；（三）保管公物事项；（四）统计事项；（五）编存档卷事项；（六）省款会计庶务事项。

（四）第三科　职掌如下：（一）征收县地方捐税事项；（二）县地方募债事项；（三）管理县地方公产公款事项；（四）编制县地方预算决算计算事项；（五）其他关于县地方财政事项；（六）县款会计庶务事项。

（五）第四科　职掌如下：（一）土地事项；（二）森林事项；（三）电机事项；（四）建筑事项；（五）农矿工商事项；（六）水利道路事项；（七）劳资纠纷事项；（八）度量衡及合作业事项；（九）气象观测事项；（十）其他关于建设实业事项。

（六）第五科　职掌如下：（一）学校教育事项；（二）社会教育事项；（三）其他关于教育事项。

十三　本县政府各科，各设科长一人，承县长之命令分掌主管事务。设科技术员，督学事务员若干人，承长官之命令佐理各项事务。

十四　本县政府秘书科，由县长遴选合格人员，呈请山东乡村建设研究院委任，技术员、督学科员、事务员由县长委呈报山东乡村建设研究院备案。

十五　本县政府应事实之需要，得雇用雇员。

十六　本县政府设合署办公室，办公室细则另定之。

十七　本县政府设巡回导师二人至四人，掌巡视指导各乡乡农学校事宜。由县长遴选合格人员，呈请山东乡村建设研究院聘任之。

十八　本县政府设警卫队，掌剿匪、警卫、消防、卫生、救灾等事宜。其编制另定之。警卫队队长由县长遴选合格人员，呈请山东乡村建设研究院委任之。

十九　本县政府设政务警察队，分政务、警察两股，政务股办理催征传递等事宜，警务股办理侦缉调查等事宜，其名额另定之。政务警察队队长由县长遴选合格人员委任之，呈请山东乡村建设研究院备案。

二十　本县政府设县政会议以下列人员组织之：（一）县长；（二）秘书及各科科长，县长认为有必要时得指定有关系人员列席。县政会议开会时以县长为主席。

二十一　下列事项应经县政会议审议：（一）县预算决算事项；（二）县税捐之增减事项；（三）县公债事项；（四）县公产处分事项；（五）县公共事业之经营管理事项；（六）县政改革实验事项。县长或为有必要时得以其他事项提交县政会议审议。

二十二　本县政府设县地方会议，由下列人员组之：
（一）县长县政府秘书科长；（二）各乡乡农学校校长城镇公所主任；（三）商会代表；（四）农会代表；（五）教育会代表；（六）县长指定人员。县地方会议开会时以县长为主席。

二十三　下列事项应经地方会议议决后，依据法令进行之。

（一）县预算决算事项；（二）县税捐之增减事项；（三）县公债事项；（四）县公产处分事项；（五）县公共事业之经营管理事项；（六）县政改革实验事项；（七）县单行规则之编制事项；（八）其他应行讨论事项。县长认为有必要时，得以其他事项提交县地方会议。

二十四　本县总预备费之动支百元以下者，须经县政会议议决，呈报研究院备案，百元以上者，须提交县地方会议议决呈请研究院核准。

二十五　本县政府得应事实之需要，设置各项委员会。

二十六　本县政府办事细则另定之。

二十七　本办法如有未尽事宜，经县政会议之议决，呈由山东乡村建设研究院核准修正之。

二十八　本办法自呈奉山东乡村建设研究院核准之日施行。

2. 确定县政府预算

查菏泽县政府行政经费，每月一千五百元，而预算所列办公费，如纸笔杂品邮电旅费薪炭购置，月仅一百二十元，其亏垫在所必然。又如县政府组织太简，人员太少，薪金太低，欲其免滋流弊，不致愤事，往往由县长给与津贴，或增多人数，而此等必不可少之开支，而不列入正式预算，此县政改革上之一大障碍也，另一方面则又有未曾列入预算之无名收入，例如印花提成百分之十六，契税提成百分之八，烟酒税提成百分之五，牙税提成百分之三，油税提成百分之三，屠宰提成百分之五，牲畜提成百分之五，丁漕征解费百分之三，除十分之六属征收人员外，十分之四为解费属县政府，亦类似提成，若各种税收，办理有法，超过比较，则提成之外，又复动之以利，而有提奖。此种包办性质之县行政预算，庸懦者每致迁就敷衍，不肖者反易习于贪污，而有心作事者，则拘于法令不能有为，因此之故，则县缺有肥瘠之分，做官有赔赚之要，如此而欲吏治澄清，犹浸帛于墨汁之中，而求其洁白也，其乌乎可？故于二十三年度呈准省政府订定县政府确实预算，所有一切提成提奖，一概废除，以完成整个之组织与预算，盖此种实验，愚以为于县政改革上有极大关系。兹将县政府预算案列后，以资考核：

第一款	县政府经费	五一、九八四	
第一项	俸给费	三八、七四八	
第一目	俸薪	三〇、四二〇	
第一节	县长俸给	三、六〇〇	县长月支三百元全年约支如左数
第二节	秘书俸给	一、四〇〇	秘书月支一百二十元全年约支如左数

续表

第三节 科长俸给	六、〇〇〇	科长五员每员月各支一百元全年约支如左数
第四节 科员俸给	六、八四〇	科员十二员月各支六十元者六员月各支三十五元者六员全年约支如左数
第五节 办事员俸给	一、五六〇	办事员五员月支三十元者一员月支二十五元者四员全年约支如左数
第六节 办事薪金	四、一四〇	录事长一员月支二十五元录事十六员每员月各支二十元全年约支如左数
第七节 巡回导师俸给	二、四〇〇	巡回导师二员每员月各支一百元全年约支如左数
第八节 技术员俸给	三、八四〇	技术员五员月支一百元者一员月支七十元者二员月支四十元者二员全年月支如左数
第九节 册报事务员俸给	六〇〇	册报员一员月支五十元全年约支如左数
第二目 饷项工资	八、三二八	
第一节 饷项	六、六〇〇	警长一员月支二十元分队长二员每员月支二十元班长四名每名月支十二元警察四十四名每名月支九元五角伙夫二名每名月支七元全年月支如左数
第二节 工资	一、七二八	勤务十六名每名月支九元全年约支如左数
第二项 办公费	五、四六〇	
第一目 文具	一、八〇〇	
第一节 纸张	七二〇	纸张每月约支六十元全年约支如左数
第二节 笔墨	四八〇	笔墨每月约支四十元全年约支如左数
第三节 印件	二四〇	印刷布告杂件每月约支二十元全年约支如左数
第四节 杂品	三六〇	杂品每月约支三十元全年约支如左数
第二目 邮电	九六〇	
第一节 邮费	六〇〇	邮费每月约支五十元全年约支如左数

续表

第二节	电费	三六〇	电费每月约支三十元全年约支如左数
第三目	报费	一二〇	
第一节	公报报章	一二〇	各种公报及报章每月约支十元全年约支如左数
第四目	消耗	一、一四〇	
第一节	灯火	六〇〇	电灯煤油火柴每月约支五十元全年约支如左数
第二节	茶水	三〇〇	茶水费每月约支二十五元全年约支如左数
第三节	薪炭	二四〇	薪炭每月约支二十元全年约支如左数
第五目	修缮	二四〇	
第一节	修缮	二四〇	房屋及什项修缮每月约支二十元全年约支如左数
第六目	旅费	一、二〇〇	
第一节	出差旅费	一、二〇〇	县长及职员因公赴省巡回导师技师下乡指导及一切因公出差旅费每月约支一百元全年约支如左数
第三项	特别办公费	一、二〇〇	
第一目	特别办公费	一、二〇〇	
第一节	特别办公费	一、二〇〇	县长因公特别开支每月应需洋一百元全年约支如左数
第四项	购置费	五七六	
第一目	服装费	五七六	
第一节	服装费	五七六	班长四名政警四十四名共四十八名每名春季服装费五元共二百四十元秋季服装费七元共三百三十六元按四十两月请领全年约支如左数
第五项	冬季炉炭费	三〇〇	
第一目	冬季炉炭费	三〇〇	

续表

第一节	冬季炉炭费	三〇〇	每年十一月十二月一月每月约需炉炭费一百元按十一月十二月一月请领全年支共如左数
第六项	财务费	四、八六〇	
第一目	征收员薪金	四、八六〇	
第一节	征收员薪金	四、八六〇	征收主任一员月支三十元征收员二十五员每员月各支十五元全年约支如上数
第七项	解费	八四〇	
第一目	解费	八四〇	
第一节	解费	八四〇	每年上下两忙起解丁漕正杂各税按两期请领三月份领四百二十元九月份领四百二十元共均支洋如上数

篇二十九　山东省乡村教育辅导委员会工作报告

何思源

一　成立缘起
二　组织情形
三　工作概况
四　回顾

一　成立缘起

山东省政府教育厅因鉴于乡村经济破产，文化低落，非以求生教育转变此局面不可。此所谓求生教育，实有两种涵义：

第一，发展生活能力

第二，扩大生活范围

前者在培养增厚其生活能力，使其对团体（狭义的及广义的）能为有力之参加；后者在使其对家庭、邻里、国家民族，乃至于全体人类之能生活与否，胥为其应行担当之责任。在消极方面，力矫中国数千年书面化的士大夫教育之积弊，以免除农村经济之破产，政治组织之崩溃，社会秩序之紊乱；在积极方面，则力求国民生活能力之增进，使成为有力之组织，有力之生产，以及有力之向上。基此意义，故在初步工作时，其目标在改良整个民众生活，而以乡村教育为推动中心；其方法，则取小学教育与民众教育打成一片，以期双轨并进，同时发展。第现在教育制度，对此尚未计及。故欲此种理想之实现，与夫方法之筹议及推行，非先成立专门负责全省乡村教育之设计辅导机关不可。根据此种动机，爰即呈准山东省政府于本年三月组织成立山东省乡村教育辅导委员会（以下简称本会）。

二　组织情形

本会设委员长一人，由教育厅长兼任。委员十七人至二十一人，由教育厅聘任；其由各机关人员兼任者，均系义务职，不另支薪，以资节省公款。委员人选：则聘山东乡村建设研究院指导处主任，实验县区主任，农场主任，山东省立民众教育馆长，藉其往日之经验，作实施之指规；聘教育厅普通教育科，社会教育科科长，义务教育委员会主任，负贡献教育行政经验之责；聘民政厅第二科科长，以推行地方自治；聘建设厅第三科科长，以指导地方建设；此外更聘省内外乡村教育专家，以资设计。并由委员长指定委员三人为常务委员，负内部行政暨总务、指导、设计之责。聘技术员五人，分任农业、工业、合作、卫生、及礼俗改良等之设计指导。委干事三人，办理文书及乡村教育半月刊编辑出版事宜。委事务员一人，负会计庶务之责。至于会内重大事项，则悉由委员会议决执行。总之，本会宗旨在集各专家于一堂，综合其意见，以利乡村教育之改进，此组织之大概情形也。

三　工作概况

本会自本年三月一日组织成立，迄今才七阅月，各县乡村教育实验区成立仅三阅月。成立伊始，矩矱草创，惨淡经营，煞费周章。以时间短促之故，虽工作人员努力策进，而工作成绩，仍少表现，兹将过去之实际工作项目，胪列于次：

1. 划定乡村教育实验区（以下简称实验区）本会原负责计划全省乡村教育实施方案，以辅导全省乡村教育之进行。顾以同时辅导全省乡教之改进，势有不可骤几；且设计伊始，方法未必尽善。不有小规模之实验，恐贻误前途之进行。爰规定由各县先择定一乡村学区，划为实验区，设计实验，逐步推进；并预定此项实验区分期推行，期以三年推行全省。故现在第一期先择定历城、长清、章丘、肥城、泰安、禹城、莱阳、栖霞、即墨、平度、临沂、沂水、峄县、莒县、滋阳、济宁、郓城、宁阳、曹县、单县等二十县，各划实验区，由教育厅令委山东社会教育服务人员训练班毕业学员为各实验区主任，到县勘定实验区，成立县乡村教育辅导委员会（组织详山东省乡村教育实验区办法大纲），并联合县民教馆第五科（即县教育局），及区内各小学之人力财力，共同实施。现历城等二十县，除即墨，宁阳，峄县等三县因经费艰窘暂缓实验不计外，其他各县之实验区，均已呈报划定。其实施计划及经费预算，亦均经审核决定，且已饬其按照计划步骤实行，并不时派员辅导其迈进矣。

2. 调查实验区乡村情形及教育状况　欲谋乡村教育之改进，必先了解乡村情形及教育状况。是以在各实验区甫经划定之后，即制定山东省乡村调查统计表及山东省乡村小学调查表，颁发各实验区从事调查。现在已调查完竣者，计有沂水，栖霞，章丘，历城，肥城，济宁，济阳，滋阳，长清等九县。其余各实验区正在督促赶办中。

3. 甄别各实验区小学教员　本会为增厚各实验区工作力量起见，特于本年五月中旬，派员分赴各实验区，招集区内小学教员，举行甄别试验。现试验完竣，试卷亦经评阅蒇事，且已审查成绩优劣，分别去留，以增加工作效率，而利乡教前途之进行矣。

4. 出版乡村教育半月刊　本会为谋各县乡村教育之改进，教育消息之灵敏，及辅导各实验区进行之便利起见，特于本年五月下旬开始编刊乡村教育半月刊。每期印六千份，分赠省内外各教育机关，交换参考；并于各实验区多予寄赠，借代乡教材料之供给与辅导。现已出版者计有九期。

5. 辅导济阳等十二县自动试办实验区　自教育厅公布山东省乡村教育辅导委员会组织大纲，山东省乡村教育实验区办法大纲及山东省乡村教育实验区实施计划大纲，并划定历城等二十县实验区实施后，各县相继自动试办实验区者计已有济阳、蒲台、清平、博山、青城、商河、乐陵、阳信、惠民、郯城、邹县、齐河等十二县，均在本会辅导之下设计实验。其他各县尚多有接洽试办者，第以其尚未正式开办，故不赘述。

四　回　顾

本会成立迄今七阅月，各实验区创办迄今三阅月，在检讨过去中，吾人实深惭愧！良以乡村教育运动，为目前之一种新运动新风气，一切俱无成规前例可寻，以致工作成绩表现无多。因之吾人不能不于探索实验中，求出路，开前途。然自试办以来，表面成绩虽嫌无多，而实际则确已引起各方面之注意，及实验者之兴趣与勇气。自兹以后，诚能力避虚名，务求实际，群策群力，共同迈进，则乡教前途，庶有进展。

本会工作，简报如上。

篇三十 遂平县立职业学校工作报告

魏朗斋

一 成立经过
二 工作
三 组织系统
四 实验
五 结论

一 成立经过

遂平县西五十里嵖岈山，山势奇特，久为汝属名胜。惟地处偏僻，风气闭塞。民国十九年春，河南村治学院停办之后，院中同人，各率领一部肄业学生，分赴各处从事乡村实际工作。本校校长魏雁明回遂平约合同志，于二十年秋筹备设立职业学校于该山寨内，利用山麓古庙皇经堂地址，及其庙产，计有院落一所，田地一顷四十亩，山场四座，约十余方里，教育局补助经费八百元，遂以成立。旋受地方阻挠，中途停止。二十一年春，魏校长亲自住山主持，力加整顿，排除困难，且教育局经费亦增至二千二百五十元，招收农科职业及乡村师范各一班，初级小学两班。二年以来，继续扩充。现有农科职业一班，乡村师范两班，完全小学四班，附属乡村小学三所。学校围近二十里以内，经本校派师范班实习学生设立，及原有乡村小学与本校合作，有本校派实习生参加教学者，计有十七所，各处皆设有民众学校。

二 工 作

1. 目的　本校根据教学做合一之原则，服务实作之精神，以学校为中心，实施乡村建设，以改进农民生活增加农业生产为目的。

2. 要项　根据前述之目的，参照本校之环境，先行决定两大方略，为工作要项，以确立本校事业之基础。兹将两项列后：

甲、自本校以东一片平原，村落稠密，自以促进乡村建设为首要之图。而促进之方法，非藉教育之力量不易为功。现本校在东南北三方面十里以内，附设乡村小学三所；二十里以内，有本校乡师班学生自带伙食轮流实习之乡村小学十七所。此种小学，有经本校会同地方专设者，有为原有小学与本校合作者，各处均设有民众学校。总计现在直接承受本校教育者，约有一千余人，皆在围近二十里以内。数年之后，可成极大之力量。故凡本校预定对于乡村改造农业改良一切计划，皆以此等乡村小学为推行之机关。如此以教育之力量，向东发展，以改进农村之方略，本校人名之曰"东教"。现已树立初步之基础，继续发展，不难收得成效。

乙、自本校迤西数百里，荒山绵亘，童山濯濯，诚属可惜。造林植树，虽政府时有明文提倡，然一纸空文，岂能打动一般农民之心理；盖农人最易诱之以实利，而不能劝之以空谈。今本校自有荒山四所，约十余方里，以之实行造林，既可发展本校之经济基础，又可树立造林之模范，为民众之倡导，则农人见此事有利可图，自可群起仿效，西部荒山庶可渐次培植树木，蔚然成林，则昔日荒废无用之地，不难成为广大之利源。本校自开办以来，每在春秋两季全校学生定有半日造林工作，或采树籽或播种造林，或养育树苗，或植树造林。二年以来，计播种三万余坑，植树一万余株。播种多栋橡二种，植树多乌桕柏树白杨诸种，并有苗圃六亩，养育树苗，计明年可将本寨内之南北两山，播植完竣。其余尚有乾隆沟、上下槽及鸽子山三所，就中虽有一部可利用天然造林，但大部仍需人工播植，约计十年方可竣事。此种方略，既可树立本校之经济基础，并可策动西部荒山之造林事业，特名之曰"西林"。现员生已养成一种习惯，继续实行定有成功之望。

三　组织系统

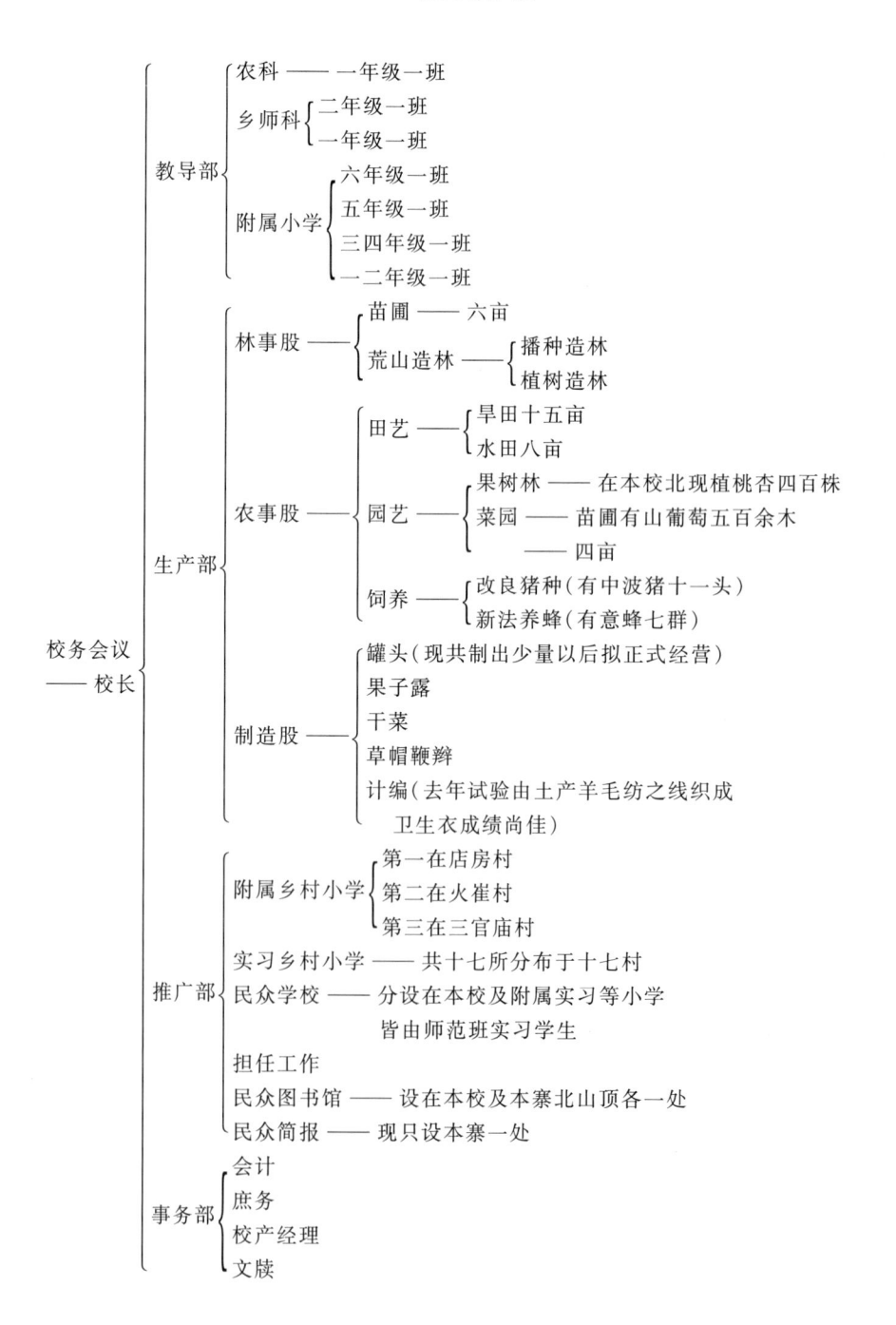

```
校务会议
——校长
├─ 教导部
│   ├─ 农科 ── 一年级一班
│   ├─ 乡师科 ┤ 二年级一班
│   │        └ 一年级一班
│   └─ 附属小学 ┤ 六年级一班
│              ├ 五年级一班
│              ├ 三四年级一班
│              └ 一二年级一班
├─ 生产部
│   ├─ 林事股 ┤ 苗圃 ── 六亩
│   │        └ 荒山造林 ┤ 播种造林
│   │                  └ 植树造林
│   ├─ 农事股 ┤ 田艺 ┤ 旱田十五亩
│   │        │      └ 水田八亩
│   │        ├ 园艺 ┤ 果树林 ── 在本校北现植桃杏四百株
│   │        │      ├ 菜园 ── 苗圃有山葡萄五百余木
│   │        │      └ ── 四亩
│   │        └ 饲养 ┤ 改良猪种（有中波猪十一头）
│   │              └ 新法养蜂（有意蜂七群）
│   └─ 制造股 ┤ 罐头（现共制出少量以后拟正式经营）
│            ├ 果子露
│            ├ 干菜
│            ├ 草帽鞭辫
│            └ 计编（去年试验由土产羊毛纺之线织成
│                    卫生衣成绩尚佳）
├─ 推广部
│   ├─ 附属乡村小学 ┤ 第一在店房村
│   │              ├ 第二在火崔村
│   │              └ 第三在三官庙村
│   ├─ 实习乡村小学 ── 共十七所分布于十七村
│   ├─ 民众学校 ── 分设在本校及附属实习等小学
│   │              皆由师范班实习学生
│   ├─ 担任工作
│   ├─ 民众图书馆 ── 设在本校及本寨北山顶各一处
│   └─ 民众简报 ── 现只设本寨一处
└─ 事务部
    ├─ 会计
    ├─ 庶务
    ├─ 校产经理
    └─ 文牍
```

四 实 验

本校所有事业工作，皆由校务会议决定方针，各部职教员颁导学生担任实际工作，如农职科学生，半日上课，半日实习。在此半日实习之时间，即可担任一切生产工作，如：植树、种田、制造之类。乡师科班学生，则两班交互轮流，各半年上课，半年实习。在此半年实习之时间，各生仍自备伙食，担任本校附小及各乡村小学民众学校之教师，并依学校指定之课程自修。本校专设巡回导师二人，巡回指导，并为解决一切困难问题。又本校学生皆受军事训练，如遇匪警，则由军事教员指挥在学校内外设岗守卫，并协助地方守寨，以为自卫之实际训练。故本校学生，除上课外，实皆为本校之工作人员之一份子。

五 结 论

本校成立于山野荒僻之所，自开办以来，不足三年，而班次事业，逐渐扩充。现在校内有农职乡师两科，共三班附小四班，共计七班，校外则有附属乡村小学三所，实习乡村小学十七所，分布于十七村，复每年播植树木两万余株，经营农场苗圃三十余亩，以及各种社会事业，生产事业等之活动。此全部事业，如以普通官办之事业衡之，似有非数万元之常年经费不可，而本校每年全部经费，由教育局发给经常费二千二百五十元，连同学费校产收入，共约只三千元。以此经费，作此事业，所以能维持者，一因职教员皆有一半义务性质，一因全体学生皆须担任工作，是全在人力而已。而所以维持此人力活动之要点，则在乎作事业负责任，耐劳苦，守纪律之学校精神，以维系之。此本校自己认为得意之点也。但经费太少，各种事业之进行时感巨大之困难，且事业过于扩大，缺乏经济基础，苟遇特殊情形，学校精神稍受损害，全部事业即蒙影响，此又所可虑者。虽然，本校同人，深信此种事业，又实在性，作一分，是一分，下一分劳力，有一分成功，如植一树有一树之成功，教一人有一人之成功，且作的愈多，根基愈固，以后即作偶遇不适，再从事缩小，亦无大碍。如此继续十年以后，则山上林木，有一部收入，学校经济，即可充裕，未来之发展，正未可限量也。

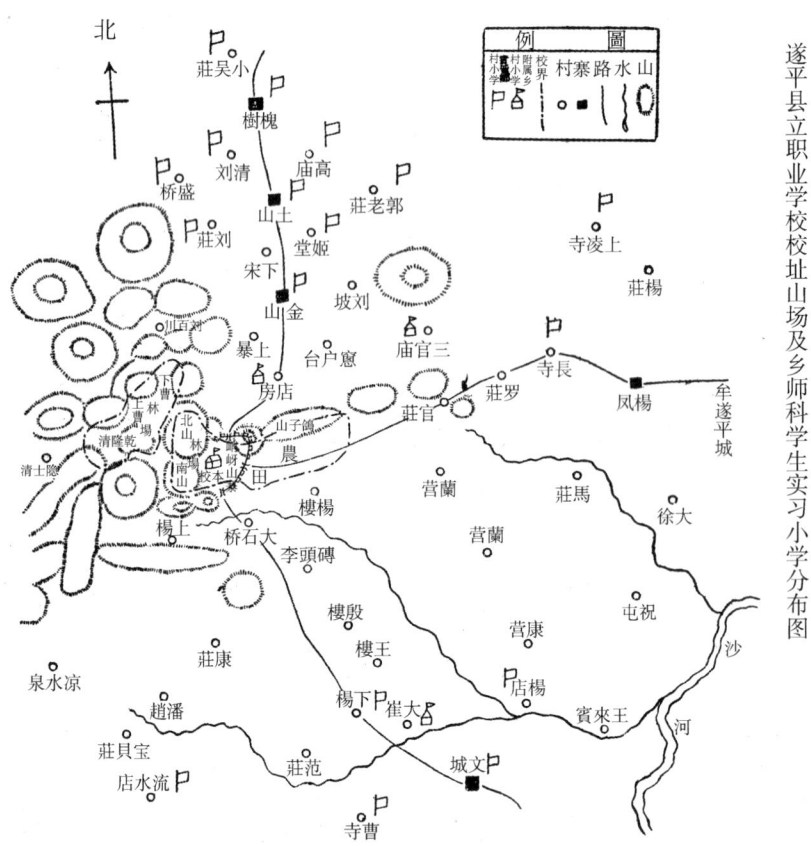

附录一 定县社会改造事业中之保健制度

陈志潜

政府对人民有保护生命财产之责，为大众所公认，似无多加讨论之必要。政府对人民有保护健康之责，在许多先进国家亦已得大多数民众的认识，其政府为保护人民健康，每年动用大笔经费。其人民为帮助政府完成保护国民健康之责任，每年按时纳捐，无所迟疑。两方面能彼此了解，彼此合作，先进各国卫生事业因此进步异常迅速。而在我国则不然，所谓政府有保护国民健康责任一层，却是比较新近输入之论调，不惟人民尚未明了，即政治当道也未必完全了解，无怪乎政府对于人民健康不能十分注意，而人民对于政府创办卫生事业，亦不能给以相当之赞助，此为在今日过渡的期中不可幸免的现象，此亦是今日一般创办卫生事业者时感困难之主因。

近五十年来，我国人所犯之病最大者莫过于"瞎胡抄袭外人"。鸦片与甲午战后，中国整个纸灯笼国家被人揭破，一般人无论朝野上下的心理由蔑视外人一变而为崇拜洋人。于是派遣留学生到外国，凡属外国政府所有事业之办法，无论合用与否，一律"瞎胡抄袭"。在卫生方面亦是如此。辛亥革命后，中央内政部设立卫生司、名为管理全国卫生行政，其实有首无肢，法令不行，等于虚设。民众方面，整个就不知道政府已经采纳外国政府保护民众健康之意思。同时一般留学生习医者回国后，竭力推行外国私人行医之方法，专为伺候贵族阶级，惟利是趋。结果凡今日谈到"西医"，人皆认为"非贵族不能享受"。凡谈到卫生，人皆认为"洋玩意"及"西医包办的勾当"。这种徒然抄袭外人的遗祸，固不限于医药卫生方面。而事到今日，吾人还有将错就错，还有抄袭不已之势者，其将来影响的恶劣，更可想见。所以我以为在今日中国，无论创办任何事业，必须首先打破'瞎胡抄袭'的心理，振兴创作的精神。

所以今日在中国办卫生事业，除遭遇过渡时代意料中困难外，尚须从事试验，以达到创造目的。然而创造谈何容易，第一要有创造的人才，第二要有试验的费用，第三还须有充分的时间，三者缺一不可。在今日政治情况下，三者能求俱备之事业，实为梦想。中华平民教育促进会定县实验区认为中国基本病患为愚穷弱私，对于四种问题之解决方法，必须绝对打破素来国人纯粹抄袭外人之心理，对于每个问题，必须由知识份子尽力试验，以求得由中国环境中创造中国人解决社会问题之方法。其中时代下应有困难之多，已可想而知。同时创造事业之条件又难两备，各方面因陋就简之处很多。吾人只相信我们不能作成，他人当继续成之，今日不能成功，明日当能成之。绝不敢再存"热炒热卖"走捷路的心理。

定县卫生方面工作亦本于此项宗旨进行，故现时所有工作皆系试验性质，愿就此预先申明之。

吾国土地百分之九十以上为农村，人民百分之八十五以上为农民。为国家前途发展计，一切事业当然应以农民为对象，中国的愚穷弱私是由农民的愚穷弱私而来。为解决中国的愚穷弱私，必须在农民身上想办法，必须从农民环境中创造起来。定县社会情形足以代表华北农村一般状态。人口稠密，每方英里内约有人口五百余人。平均每家约有人口六人。百分七十以上之农民皆为自耕农。平均每户每年收入约合洋二百元，因水源缺乏，旱地甚多。湿地（有井可灌溉者）春季种麦，秋季种小米，每年可得两次收获。旱地则只能生长白薯、花生或棉花，每年只有一季收获。同时农其粗笨，每人只能耕种十亩左右。雇工虽贱，而值此粮贱时期，多余粮食不能变钱，冬季又无副业，一般老农于是穷困达于极点。卫生发展的程度，以国家经济状况为标准。农民经济既然如此困难，一切卫生设施，当然不得超过农民担负能力。因此，定县卫生工作试验，遂以调查农民每年负担医药费用为起点。

在定县方面，就我们调查所得，每家每年医药用费平均为一元五角有余。一家在定县约有六个人，即是平均每家为每人医药，至多化用大洋三角之谱。此三角钱在现刻当然完全消用于旧医看病买药，无新医与卫生事业之可言。我们今日介绍新医，包括科学卫生方法，若能分得旧医四千年历史基础上三分之一之价值，即非易易。换言之，农村卫生行政费在今日华北情形下，至多只能以获得每家担负大洋五角为准。以每年大洋五角之数，保护一家六口之健康，其能作到之事业，当然有限之至。以此一点论，吾人对于国内乡村卫生（特指华北而言）之设施，绝不能求其设备完全，规模宏大。换言之，一切卫生计划当以最经济之组织，推行最简单之事业。事项不必求多，但须注意透彻而已。此为吾人从事乡村卫生工作应特别注意者之点一。

在经济极端困难之下，吾人对于各方面之基本问题，更不能不有确切的认识，卫生基本问题何在，为决定卫生计划范围之根据。普通情形下，人往往提议举办生命统计，以明了社会卫生基本问题，办法固为良好。然而第一政府无健全之组织，生命统计数目由政府得来者，绝不足以为我们认识问题之基础。第二单独为生命统计，设立特别组织以资调查，所费甚巨，非今日农村社会所能供会。第三生命统计大都关乎死亡原因方面之调查，于社会疾病原因，往往不能顾及。

中国人口过多，死者数目过多，并非极严重之现象。如病者太多，则病者不能工作，社会生活必受影响，经济上必受损失，在贫穷的中国，诚为必须避免之现象。因此我个人以为普通生命统计，绝非中国今日乡村里认识卫生问题之方法。故在定县方面，吾人利用短期卫生调查，门诊记录，与学生身体检查，以求得地方卫生重要问题之工具。且农村工作人员之忙闲，带有时间性。在夏季农忙期间，农人无暇参与社会建设工作，吾人作简单社会调查（健康调查在内），可不多费金钱，门诊记录每月分析一次，半年以后，亦可略知地方最普通之疾病。此三项外，再将附近学校之小学生加以检查，藉以知其身体缺点。以此三项作根据，吾人在最经济办法下，可知地方卫生问题之所在。问题既已明了，再研究卫生科学对于此各项问题有何种解决方法。其方法简而易者，当可在经费许可范围内立即见诸实行。其超过经费范围以外，或方法过于繁难者，则联合其他机关共同解决之，或暂时置而不问，不能勉强试作，以致徒劳无功。

既然认清社会经济之力量，与估定卫生工作之范围，可进一步谈工作人员之类别。近年办理卫生行政者，往往注重专门人才，以为生命统计专家不能办，学校卫生非学校卫生专家不能办，传染病非传染医学专家不能办。殊不知中国社会组织，特别在农村内，非常简单。一切事业都以普通常识为指南。工作人员之分工合作，若发达过高，则不免为经济所限，一方面能举办的事业甚少，专家虽有，而英雄无用武之地，他方面专门人才取价过高，社会经济不能维持，事业本身寿命即不能维持长久。因此吾以为乡村卫生工作，在今日中国情形下，绝不能过于依靠专家。再者，许多卫生事业家常以为行施卫生工作，不用医生，就用护士，且医生与护士必须有世界公认的程度。此为欧西各国经过许多变迁后而演进所得之结论，在欧西固已无大问题，而在吾国情形下，则不可不另加考虑。其故有三。

一、中国乡村卫生能举办之事项既少而简，是否样样必需医生与护士？

二、今日之医师护士工资颇高，是否为农村经济所能担负得起？

三、今日医师护士之训练方法皆由欧美日本抄袭而来，其结果是否合乎国内之需要？

就此三点观察，我们以为中国乡间卫生事业，能不用医生与护士，则不用。以一医师，而发此种论调，似乎近于矛盾与滑稽，其实大家若平心静气一想，则未必不对此表同情。例如种牛痘一事，手术异常简单。推行种痘，似无医师或护士实行种痘技术之必要。又如华北每村人口平均为一百户，每户每年即负担大洋五角，每年经费仅五十元。乡村卫生目的既在以保护健康学术达到每个农人之身，则一百户（约五百人）之团体，不得不有基本卫生组织。每村既需要一种卫生基本组织，而其每年经费至多不过五十元，以五十元之数，雇养今日之护士，绝对不可能，医师一项，更无从谈起。又如农村最普通之疾病为痧眼、头癣、各种眼病，中耳炎，急性肠胃传染病（如霍乱伤寒痢疾）。试问今日医学校毕业者对于以上各病，是否经过最透彻之训练，具与有充分之经验。我想大家绝对不能作肯定之答复。既然勉强安置今日医学校毕业生，以管理农村卫生，此等人物亦未必能答复民众之要求，结果价昂而物不美，更为可怕。所以就我们在农村工作之经验，一方面认为今日农村卫生工作，既然极端简单，能用普通人代办者，则须尽量利用之。一方面深信现时城市产生之医生与护士实不合乡村之用。后者属于整个医学教育问题，不能在此讨论。而前者系目前事实，诚为吾人从事乡村卫生工作应当特别注意者之点二。

整个社会事业之进步，为民众生活改良之基础。片面发展，绝对不能促进整个社会事业之进步，更不能影响民众整个生活之改善。例如经济不发达，民众就无力求教育，讲卫生。不受教育，不讲卫生，则经费亦万难发达。同时经济发达，亦不见得自然就讲卫生，许多富贵家人，因生活不合卫生之道，而连年患病者有之，即其例也。所以健全社会，必须由经济教育卫生各方面而努力创造而成。若顾彼不顾此，顾此不顾彼，则结果必受恶劣之牵制。同时彼此连带关系之事业甚多，若能协助进行，则可避免重复，效率增高。例如节制生育，在中国经济上是最重要的问题，而同时在卫生上亦为重要问题，经济家知其重要而不知其方法，卫生人员纵知其方法，而往往不谙其重要，两相因循，即无从办起。然而彼此若能合作，共同进行，则两方面之问题可一举而解决之，其中便利之点，不言而喻，近年俄国之统制社会事业即根据于此。因此吾人办理卫生者，必须与他种社会事业设法沟通。消极方面可以免却彼此重复牵制耗费人财之弊。积极方面，可以增加效率，以获得整个人民生活之改善。

不特此也，吾人更须明了社会变迁之方法。社会变迁犹如机器活动，必须有一种原动力。此种原动力之所在，即为一切社会事业维持之所在。专制国家之君主，共和国家之议会，党治国家之党部，即能为其社会事业发动力之所在。社会中若无此种发动力，则一切事业甚难上进。今日中国农村社会毫无组织，一盘散沙，社会事业在此种情形下进行，当然极端困难。因此吾人于联络其他社会事业外，更须注意整个社会事业原动力之所在，然后运此项动力，以进行卫生事业，其效果当易明显。今日中国之政府遗弃民众，已失却其社会原动力之基础。在政府未恢复其推动社会之原动力前，吾人必须注意社会上之新组织，以办理卫生事业的方法，以为将来推广的准备。此为吾人从事乡村卫生工作者应特别注意之点三。

根据以上各项原则，吾人在定县一切设施，分为村区县三类：

（1）村——村人最普通疾病为眼病（急性结膜炎与痧眼），皮肤脓疮。其最盛行而易防治之死亡之原因为天花与肠胃病。为应付此种需要起见，特由村平民学校毕业同学会（村建设工作原动力之所在）选出会员一人，受二星期训练后，则能（一）施种牛痘；（二）改良水井建筑；（三）运用适用药箱（其内容如次表）。此人训练完毕，即回村为村人服务，不收药费，名为保健员。药箱价值三元，由村政府担任。药费与保健员年底酬金，每年约十五元，在试验期中，暂由平民教育促进会支给。实验期间完毕，则由村政府担负之。此种办法，在定县已有五十村实行。其他各村，亦相继要求成立，惟在试验期间，未便过于推广。此种保健员一为社会推动中心之一份子，时刻受整个团体之督促；二因工作范围狭小，可使民众得实益而不受危险，故易维持长久；三因化钱甚少，未超一般乡村之能力范围，易于普及。

为将来卫生事业发展起见，现时保健员兼管生死统计事务。村中范围狭小，一家有事，家家皆知，保健员既为村民，其行为不致引起民众之疑惑。在今日政治未上轨道以前，以保健员管生死统计，最为合理。现时定县保健员报告之数目，颇为精确，足为将来事业之参考。

保健员适用药箱之内容如次：

保健员注意

（一）凡对于病症稍有疑惑时，即须用介绍书送病人到保健所。

（二）肚子痛与疟疾，是保健所医师才能治疗得当的病，不可轻自用药。

（三）用药前，必须将两手洗得干净，指甲亦须保持短洁。

症名	用药名称	器具
（一）沙粒眼（由医师诊断）	枸橼酸铜膏	
（二）爆发眼	蛋白银水	（一）绷带
（三）眼泪多	硫酸锌	（二）纱布
（四）耳底子	炭甘油	（三）棉花球
（五）皮肤红肿（有或无小脓头者）	碘酒	（四）棉花棍
		（五）胶带
（六）皮肤脓疮	白降汞膏（用白开水洗后）	（六）压舌板
		（七）玻璃棍
（七）头癣及身癣	韦氏膏	（八）滴管（两个）
（八）皮肤有毒	二锅头酒	（九）剪刀
（九）伤风头痛	阿斯匹林	（十）镊子
（十）胃痛吐酸水	苏打	

（2）区——定县一区足当南方一县之大。以一区之大，安置一公务医生，希望似非过奢。现定县在每区内设立保健所一处，保健所内有医生一人，护士一人，助理员一人，管理各村保健所不能办理之事。例如民众缺乏卫生观念与常识一项，吾人除由平民学校千字课灌输卫生知识外，

并由卫生工作人员方面努力各种教育方法。但此各种方法，往往超乎各村保健员能力范围，吾人必须借重医生与护士，在社会学校两方面进行，于是卫生教育成为保健所重要工作之一。又如病人患病，初期时多不就医，病重时始想求药。病势超乎各村保健员之能力范围者甚多，必须有合格医生之诊断与治疗，始能恢复健康。于是治疗疾病亦成为保健所重要工作之一。再如预防治疗欠效之病，如天花，各村保健员自可实行种痘方法，但如霍乱注射，狂犬病预防注射，则必需消毒手续，此确又超越一般保健员之能力范围，不得已必需用医师与护士实行之。于是预防注射亦成为保健所重要工作之一。除此以外，保健员所受训练仅两星期，对于种痘用药等，绝不能技艺纯熟，故必须加以长久之督率，使其逐渐进步，以达到范围虽小而用法适当之目的。因此保健所之功用，遂有（一）灌输卫生常识，（二）治疗较重疾病，（三）施行预防注射，（四）督率保健员进行每村卫生工作。

（3）县——除每区须有保健所一所处，吾人在定县城内复设立保健院一所。其设立保健院之意义有五：

（1）保健所设备简单，医生在乡村行医，环境上有许多困难，不能治理病势较重之病人，在四十万人口中，似乎应有医治较重病人之设备。因此保健院内有病床三十具，为较重病人疗治之用。

（2）每逢病疫，如天花霍乱流行时，各区保护所能力单弱，断难有适当之解决，必须县组织上有最高卫生机关，联络县内行政人员与地方人士，共同处理。因此定县保健院内有专门卫生行政人员，以作防治全县病疫之准备。

（3）灌输卫生常识培养卫生习惯之重要，虽为人人所公认，而各保健所医生终日忙于按部就班之工作，无暇创造卫生教育材料。在今日之中国情形下，乡村内之卫生教育材料尚未产生，吾人在定县不得不在保健院内划分一部分财力，以创造卫生教育材料与方法。

（4）区之保健所与村之保健员数目既大，需用药品材料甚多，若无统一之办法，则保健员所用之消毒棉花等，未必可靠。保健所人员亦无暇调配药品。结果各用各人之所好，其中消耗必多，质品亦劣，因此保健所之上，必须有一机关，能分发用品，统一用法，其裨益于整个卫生行政，固非浅鲜。

（5）今日中国各医学校毕业生学识经验皆甚缺乏，对于农村问题，更难独立应付。在未负责管理保健所前，必须受短期训练，然后始能合用。至于护士助理员等，城市中所训练者索价太昂。在乡间自行训练，必须具有较保健所规模完备之设备，始能开始训练，于是为训练人员起见，吾人在定县亦深觉有创造保健院之必要。

总而言之，吾人在定县利用平民学校毕业同学会为推动一切社会事业之原动力。由同学会而产生各种基本工作人员。在卫生方面，即有保健员之设。保健员除帮助修理水井，统计全村生死数目外，每年平均可种牛痘一百人，可施治疗一千次左右。以十五元之经费，作此项工作，平均每次种痘或治疗每次，仅合大洋一分左右。以此其他方式行之，其结果未必比今日保健员所得者为良，而其价值则高过数倍无疑。此外因保健员需要长期督率，且其不能办理之事甚多，故不得不运用一种保健所，以行使高一层之工作。现时每保健所每年可治疗新旧病人五千左右，与小学生纠正痧眼头癣等缺点约五千次，夏季霍乱注射一千人左右，此外并有卫生讲演听众一万人以上，而每年经费不过一千四百元。以此款项行施上述各项工作之数量，每单位工作，所费者不过大洋五分左右。最后因前述各项原因，吾人在定县成立一保健院。除供给医师与护士训练材料外，每年可治疗住院病人六百人，可行大小手术约千次，检查痰尿血等物八千件，可按时供给保健所应用物品及教育工具，每年约用洋一万四千元。如认全费用之一半作为医院住院病人之用，则六百病人每年约用洋七千元左右，而平均每住院病人在院约住十日，即每日每个病人用费（医药护士饮食衣服记录等均在内）约值洋一元。

结论：定县以县、区、村社会组织之不同，而建设院、所、员三项，希望在最近期间中，能试验获得一价廉而效高之卫生组织，能与将来社会经济教育同时并进。惟试验时间尚短，不足以定结论。兹将经过情形大概，与其思想上基础，略作报告，以求吾道同仁之批评指正而已。兹将保健制度简单说明图表六幅附后：

表一　　　　　　　　　　　定县医药缺乏之概况

质	用旧医者　百分之六六·九
	用新医者　百分之四·三
	不能用医者　百分之二八·二

第二集　附录一　定县社会改造事业中之保健制度

续表

量	全县村数　四七二 有医药设备者村数　二五二 无任何医药设备者村数　二二〇
价	每家平均每年担负　一·五二元 每人平均每年担负　〇·三元 全县每年支出　一二〇〇〇〇元

表二	保健制度之组织
县——保 区——保 村——保	健—健—健—（毕业同学　　院 会）—（平民学校）　　　所 　　　　　　　　　　　　员

表三	保健制度之功用
县	保健院 { 卫生行政 卫生教育 县立医院 县立检验室 防止流行病疫 学校卫生保证 护士及助理员之训练 推行节制生育方法
区	保健所 { 监督保健员 卫生教育 预防注射 逐日治疗
村	保健员 { 报告生亡 水井改良 普及种痘 救急治疗

表四　　　　　　　　卫生教育部职员工作分配表

```
                        表 四    卫 生 教 育 部 职 员 工 作 分 配 表

                                        主任
                                         |
                                        副主任 ┬ 管理一切行政事宜
                                               ├ 拟定一切工作计划
              研究工作 ┤                         ├ 维持一切对外关系
                                               └ 料理一切人员训练
                                        保健院
         ┌ 环境卫生教育        ┌─────┬─────┬─────┬─────┬─────┬─────┬─────┐
         ├ 乡村妇婴卫生      检验室   药剂员  护士长    院长    男医师  女医师  口腔卫生  庶务员  文牍员
         └ 黑热病分配调查    管理员           ├学校卫生护士      └练习医师         管理员
                                            └临床护士
                                                    保健所
         ┌─────┬─────┬─────┬─────┬─────┬─────┬─────┐
         李亲顾  明月店  城区    西建阳  东马家寄寨  东亭   西坂   清风店
                                保健员
```

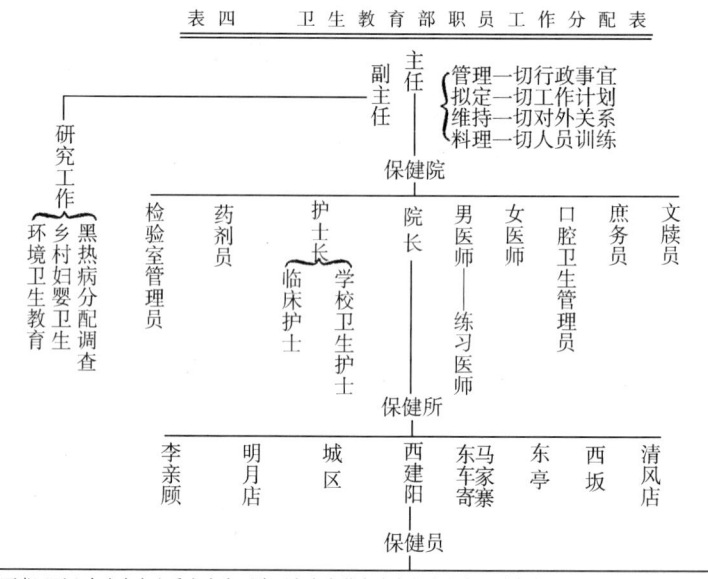

马家寨　西谷头　尧方庄　四朱谷　八里角店　南陈羊村　小大家建　大牛陈溪平　牛平鹿村　香村刘　安朱家　东磨　水里　石家　陈建　西溪　东鹿村　大营　大板　药阳　案屯　小阳　辛河　北里　东庄　北流　东祝　翟兴　帅齐　高丈　东汉　彭城　北村　楼头　辛元　寺庄　市成　油底　北庄　西底　李町　东城　东顾　西谦　南谦　胡町　大定　亲寨　涨村　涨庄　杨　赵阜

表五　　　　　　　　　　保健制度常年之费用

每个全县		
保健员	15 元	6,750 元（450 员）
保健所	1,200 元	14,400 元（12 所）
保健院	14,400 元	14,400 元
共计（全县全经费）		30,550 元
平均每人每年担负		九分
每家每年担负		四角五分

表六　　　　　　　　定县保健制度推行后之预期结果

保健制度实行以前	472村内220村不具任何医药设备	定县每年死亡人数约为12,000人其中3,500人在死亡前不得任何医药之保护	全县每年医药费用达120,000元
保健制度实行以后	每村皆有保健员	无论富贵贫贱皆能取得近代科学医药之设施	每县每年只需35,000元较前每年节省85,000元

附录二　关于乡村工作讨论会之评论三篇

甲　农人们对于乡村工作讨论会之希望（华洋义赈总会征文）
乙　参加第二次乡村工作讨论会后感想（江问渔讲）
丙　全国乡建运动之现状与问题（徐宝谦）

甲　农人们对于乡村工作讨论会之希望

华洋义赈总会征文

河北无极北丰社社员耿守己

我站在农民的立场，对于乡村讨论会的希望有四，分述于下：

1. 希望参加该会关心农事的各政府机关学校银行团体，对于乡村的工作，讨论一个统一的办法，才可以达到复兴农村的目的。不然，例如：现在的合作事业，各政府机关学校银行团体，都想在乡村工作，都打着复兴农村的牌子，到乡村去工作，其实不免有自私自利的舞弊。那个真正来复兴农村呢？比如各机关政府也是保送训练合作人才，在乡村提倡合作，实际上查各县合作社办登记，困难至万分。有的花许多钱财，如不花钱，以至将登记文件堆年累月，三五年未予批示转案，可见不是真正来复兴农村的。我希望乡村讨论会的工作，首先将这个农民的难关打破，农民才能得能法律上的保障，然后才可以复兴农村。

2. 我希望各关于农事的学校，来做这复兴农村的工作。我们农民们是很欢迎的。可是不可以投机自谋己利，失了复兴农村的本旨。如果文人学士来办这农村合作事业，固然是比一般的农民很有技能，如要手腕太高了，必然也要愚弄这一般的劳农。我所希望的那文人学士，如办这乡村工作，处处要与农民着想，这样农村才能恢复。

3. 我希望的各银行家，对于农村之投资，不必放款太促忽。这许多奢而不俭的农民，如果放款太促忽，不免增加他的消费，如对于农民有协助复兴农村的注意，放款可以先查他的用途，如用于生产事业者，可以贷放，如果用于消费者，即可不放。莫只顾自己图利而必定促其农民破产，这么一来，其不危险矣；双方必受莫大之损失尔。

4. 我希望各为民众的团体，对于复兴的农村事业，当然是合作事业是唯一的良策，可是且莫以利用合作而占势力，因为办合作而发生冲突，破坏合作正确的系统，弄我农民的合作社，七分八裂，还讲的什么合作，有的时还在报纸上大登特载，鼓吹自己的合作才能，吾们做这复兴农村的事，务必求其复兴农村之实在，牺牲自己的劳苦及财产，民众当然称颂而不可以无病呻吟，吹毛求疵有过谁肯自讼者也。

我希望此次乡村讨论会的结果，勿自以为是，经过此次大会判断决议，合作产出相当的统一的办法，中国才可以有复兴农村的希望呢。

河北香河周贾庄社社员周寿彭

当今日农村破产的时候，居然能得到政府、银行、社会三方面的援助，诚然梦想不到的事情。他们肯得出来帮忙的这一点，固属感激不尽，惟社会方面，今年又将在定县开讨论会，足见社会方面很是关心民瘼。而我对于此次讨论会参加的诸同仁有无限希望。

（一）切实的讨论　倘若徒唱高调，敷衍塞责，对于事实，丝毫无补。诸同仁勿畏烦啧，勿惮劳苦。

（二）躬行决议案　有了希望而后有理想，有了理想，然后能成事实，此事实之所以能成功，不外努力以实行此理想，倘徒有理想不去实行，决不能显出他的力量和功效来。

（三）精诚团结　倘心理各异，意见分歧，必致"小不忍而乱大谋"，希与会诸君，同心协力精诚团结的为农民谋生活之途径。

（四）坚持到底　须有相当的毅力，无论若何困难，若何挫折，抱定了宗旨，始终的不变，难关自然透过，终能达到目的。

我国合作事业，方在萌芽时代，前途很是远大。尤希诸同仁本着自助互助的精神，组织一中心机关，以与政府连络，用此伟大力量，对于合作运动，切实的提倡、奖勉、诱掖，使全国一步一步的完成合作化。

河北香河周贾庄社社员张绍诚

幸而国内有等仁人志士，不图利禄，不计权荣，本已值得我们敬佩了，他们还欲把个人工作之情形，公诸同好，联合同志，集会研究，藉收集思广益之效，他们的意义是何等的深，他们的志愿是何等的切呢。

一、合衷共济　人人都知道现在我们中国，的确是危急万分了，绝不能再容知识阶级们闹意见了。他们既是同有救济乡村的志愿，我深希望他们将中国整个下层的基础，建设得坚坚实实巩固无比，这样不但是救了我们农民，也即是救了我们的中国。

二、截长补短　每一个团体的事绩和每一个人的心思，多少都有可取之处，也多少有些缺陷地方。务要虚心体会他人之长，更要留心个人之短，俾将来能够取人之长，以补自己之短。然后工作效率，必定大增。万不要自满居心，傲物一切。

三、分工合作　他们在乡间工作的事项，虽属不同，但是救济乡农建设国本之目的也是一个，希望他们都像军队似的，奋勇直前誓求自己目的之先达，但在工作期间，千万不必分张论李，取不合作之主张。

四、始终如一　农民知识简单，最易受骗，但是被骗的次数一多，便也难怪我们不相信了。回想这二十年来，大人先生们，不是唱过多少次好听的高调了吗？无如事过境迁，岂知竟都大不谓然，不过为少数知识份子利此名义，以造成其个人势力而已！如此一次一次的直到现在，还怨我们农民心灰意冷吗？

大人先生们，不屑垂顾我们的一切。因为他们嫌我们知识过简，土气十足。而我们农民也就只有敢怨而不敢相信了。在上者每责在下的民众无团结力，而在下者亦不时怨恨在上的不知发恤民。以致全国上下形成两片，譬如病者头患神经锐敏，而肢体却患麻木不仁。长此以往，怎望国家富强呢？

志士们不去作官，都有知识才干，但也不在宦海里去逐鹿，倾心实意的扶教乡农，如此行为，真可谓为高尚之极矣！故鄙人希望他们采取"合衷共济截长补短"的心理，在将来实施的时候，要显出"分工合作始终如一"的精神来。希望不久的将来，农民也就陆陆续续的明白起来；强健起来；重公尚义起来；更进而富庶起来，全国可望一心，中国前途定可大抱乐观了！

安徽南陵县黄墓渡刘发祥

国内乡运同志，埋头乡村工作，虽历史约有二年三年十年之分，区域有一区一县一省之别，而农民已实受其福利矣，更能本此宗旨，抱此精神，扩而大之，推而远之，则国家社会何患无复兴之日哉。

一、希望各方工作报告完全　去岁邹平集会者达三十五处之多，而会后用文字写出者，仅十一处，且甚简单，故此次应请参加各方，另有文字报告，以供社会人士之参考，收群策群力之效。

二、采取各方工作之优长　各方工作，虽步骤方法各有不同，而改良农村复兴农村者则一，应采取各方之优长，为今后实施复兴农村工作和计划之标准。

三、熔各方工作于一炉……

四、……

五、此次集会应有讨论、计划、决议、……

六、……

诸先生，……猛醒必众，此后救国建国，以此集会为出发点。

河北深泽贾村社社员张凤阁

仁人君子聚精会神注重乡村改善，其优厚之德可谓厚也，乡人感激希望自然而生，吾乡民也，就本地情形分述之。

土地改善雇工施肥必赖资本，历年受高利贷的剥削，今则高利尚不能使用，农业衰落已达极点，经济改善，所希望者一也。普及教育，增长其识见，所希望者二也。农民思想，亦欲求福免祸而享安乐，春暇集会、做道场、耗时费钱，福何能来，破除迷信，所希望者三也。婚丧过奢，今为人痛苦之事，欲俭为习俗所不许，欲办而无力，停丧不发者日多，婚之待丰年者恒有，风俗之宜改革，所希望者四也。农事设法改进，所希望者五也。虫灾之宜设法治疗，所希望者六也。青苗会利益颇大，广为推行，所希望者七也。离村远地，两村交界地，多薄弱不毛之地，农民少地之家，人多闲散，今年人民之奔关东甚多，即是明证，闲地闲人乡村日落，宜设法救济，所希望者八也。提倡农暇副业，所希望者九也。男女平权，必其智识能力职业相等而后可，女子教育不行智识如故，纺织外无有他业，近纺织机通行，女子职业反日见减少，女子占国民半数无相当职业，社会穷困不能无关，提倡女子职业，所希望者十也。

河北无极北丰社韩兰群

希望诸君发表意见，有对症下药的良方，农村复兴也不是三言两语所能及的，必须政府，及全体机关合作，照一秩序去行，全体动员，分工合作，真正实地到乡村指导农民，才可解除我们的痛苦，才能解决民众们的生活问题。各个社会机关，虽然略有救济民生的口头倡导，虚幌招牌，假执旗号，事实上无曾照真实行，希望诸君讨论之后，要把虚幌牌号，完全免除，要真正到乡村来，是我们老农，无不欢迎希望的。

山东邹平山东乡村建设研究院余安华

对于社会贡献最大者，莫若吾侪农友，人人之不致饥饿者，皆我等农友之力也。今何时乎？吾侪乡农，日形减少，昔之种田者，今则改种土矣，昔之种土者，今则直不知其去向矣。

正慨叹未已而余之外甥至，进而告余曰：老人家我等欲安居乡里，舒适过活，无异梦想，余瞠目注汝而笑曰，吾闻乡村运动兴起，吾侪命运之转机其在斯乎。侄应之曰：此项消息我亦闻知，恐彼为我等谋幸福之人士，皆未必深知吾侪处境之困苦，老人家盍不前往探询乎。余当答曰：汝言甚是，惟吾侪愚陋若是，年老若是，何能参加与闻？

正思虑焦愁间，见一少年从远而来，予即问曰：先生将何之？少年应以开乡村讨论会去。予从高兴中遂未待言毕即上前升揖谓之曰：先生此去，吾侪实利赖之，惟关于我等之真切情形愿为先生告：

我家生活，日趋困穷，原因在纳租过重。若能再有前数十年之佃主均分之制出现，乡中利率每元一月行息一角，若利率稍轻，还可多望借贷以购品种，困难自可稍苏。利率高，对于品种，则只有年年仍旧，卒致品种变劣，收获年不如年，肥料缺乏，经营不周，年出所产，主人所收尚无法供给，物价昂贵之时，正我等农产食品告尽之日，虽明知农产可必留待善价而沽，而奈无可留之机何！若能使农产物不至贱价出售，经济或可由少积多至于丰饶。财富之家，以有权势关系，可以不纳，结果又复增派我等身上。吾乡李云岁、张青山为缴捐而卖求生之用具——如锄头等，因捐而家人分离以死相殉者亦时有所闻。若苛捐能免则幸甚矣，生命若有保障则善莫大也，农友子弟虽欲进学校，亦只有此念头而已，无钱可供束修，家务繁琐，共谋生活，永无念书机会，若子孙有念书机会，馨香祷祝。

此七大端，皆农友切身问题，甚有待有心人士来救济来解决。言毕余敬揖先生而别。

河北临城冈西社事务员冯绅

余信该会是给农民谋福利的，故趁此机提出讨论，农民困穷，乃是受国际经济压迫及财政上之负担太重也。西洋用机器生产过剩，以缺少进步的我国农业，何能经得起它这样的压迫，形成谷贱伤农现象，再加天灾频仍，捐税繁多，农民每年辛苦所得，除自用外，余不足以抵偿损失，因贫而乱，因乱愈贫，此三亿左右之农民，不能保持其安定生活，民族何以繁荣，国家何以富强，何能久存于此物竞天演优胜劣败之世界，势不至灭亡不已也，应代表农民，请求中央提高外来农产品之进口税，保护农业，希望一也。农民久苦于名目繁多之苛捐杂税，政府通令废除，实是可喜，但彻底废除，必须再谋方策，一切苛杂不尽是被贪污土劣抓入私囊，有的确为政府机关之所仰给，若苛杂实行废除，则机关经费无者，若仍转向民间摊派，则苛捐杂税之废除，等于零，该会应代表农民提请中央，严禁地方派款，机关开支，不足之款，或使洋货商买加重负担，或裁撤不需要之机关。果苛杂废除，农民负担减轻，再进而提倡教育，改良农业，教以防灾之法，授以除害之方，荒地垦辟，制造运输，因势利导，这么一来，以中国气候温和，农民众多，农田肥美而广大，农业不难发达，农村不难振兴，社会之安定，国家之富强，即可计日而待，诸公志愿自可早日完成也。

河北河间西崔村社黄象升

农民在贫困线下黑暗里生活着，又加上层层压迫种种剥削，天灾病害连年发生，等等遭遇，简直无法勉强生活了，幸而指导乡运的先生们，自十余年前就埋头苦干，虽然他们的团体为数无多，又各自为政究竟力量有限，近来他们感觉着有增厚力量的必要，去年在邹平举行讨论会，本年又在定县开会，我见了集会的题目，及乡村建设实验一书，觉得我们的前途光明远大，希望无穷，得同各位先生讨论切身问题，算是我们平生第一荣幸的事了，有人说，你太抱乐观了，究竟光明大路是什么？创造家为大多数人服务，领导实行，乡运先生们，从旁协助我们，我们自动努力，则地能尽其利，岂不是光明呢，救济农村，不外消极的除弊，和消极的兴利，合作兼具此二者，确能普遍发展于农村间，去年邹平之会，所公认的目标，很合乎经济的铁则，此次集会的题目，多系属于政治范围，大家若能联合统一，整齐步伐，作整个的计划，再各献其所长，分别办理教育、自卫、卫生、建设、工业等事，假之以时，政治昌明是不必发愁的，只要去做，就比只会作文章，说好听话，好得多，最后请大家多多注意甄拔训练人才，保持住社会团体独立性，永久作我们的导师。

江西湖口竹梵高村社高虞臣

（1）湖口田地沙没十之三，被淹十之三，丁漕按额完纳，迟则坐催，完税之苦，莫可言状，办理清文，整理田赋，方可解除乡村痛苦。

（2）土货价低向人借贷，认息极重，……合作……指导……大有可望。

（3）乡村教育……………………

（4）……………………

（5）经济建设，附近下石潭桥梁，去岁倒塌，曾经社员会议修筑矣。

（6）……………………请指导进行，维持乡村，救农民，救中国。

新农学校学生赵秉和

甲、少动笔墨，少说闲说，多做点事。

乙、固执成见，敷衍了事，应免这书生态度。

丙、………………应免少爷态度。

丁、………………应免官僚态度。

戊、借工作之名，行自肥之实，应免这土劣态度。

乙　参加第二次乡村讨论会后感想

江问渔先生讲　沈文华　骆负华记

（一）

此次乡村工作讨论会在定县举行凡三天，到会代表共有一百五十余人，大都是代表其乡村工作的团体。要是将所代表的团体或机关分析一下，可列为十三类：

1. 农村改进区——占大多数。

2. 农民教育馆——江苏、无锡、徐州及其他各地占次多数。

3. 乡村师范学校。

4. 农业学校——大学、中学。

5. 农业推广机关。

6. 县政研究机关。

7. 县政府。

8. 合作社——如华洋义赈会。

9. 农民教育机关。

10. 自治团体——如河南镇平等。

11. 自卫团体——同上。

12. 行政机关——如农村复兴委员会，实业部。

13. 报馆。

（二）

开会目的之最重要者：

1. 各机关工作报告——可知各方的环境与夫工作得失之经过。

2. 联络感情。

3. 讨论办法——分成各小组，讨论实际工作，不重形式，不尚空论。

4. 交换意见。

5. 讲演——请下列三种人担任：（1）在理论方面，具有精深研究者；（2）经验丰富者；（3）具有国际眼光者。大会会期共三日，其时间支配，报告占十分之六，讨论占十分之二，演讲占十分之二。

（三）

讨论后可得下列的评价：

1. 南北各地乡运机关代表，同聚一堂，报告彼此工作得失经过，实为开展乡运工作效能之极好机会。

2. 会的本身，虽未经过官厅立案，而各地行政机关，亦有代表参加，足见农村改进，已引起政府方面之注意。

3. 会前的准备，统由本会值年主持，事后少数同志又举行过谈话会数次。

4. 讨论会值得注意的各点：

甲、关于县政方面——全国实验县，在南方有二：江苏江宁、浙江兰溪。北方有三：河北定县、山东乡村建设研究院第一试验县邹平、第二试验县菏泽。南方江宁兰溪，纯以政府为立场，北方纯以社会为立场，致两方意见，稍有不同。

江宁县梅思平县长，谓以环境的不同，须各视其需要来推动一切，应用政府全力来建设一切。兰溪县胡次威县长亦主张用政府全力，以革新县政。菏泽县孙县长则谓用政治的能力来命令发动，不如深入乡村，埋头去建设下层。因由下向上推动，用钱少，而由上向下建设，用钱多也。

由上所言，可得到客观的评价：北方不重形式，不求速效；南方善用方法，力求速效。但他们苦干实干之精神则一。兹依我个人的主张，尽可上下两方，同时并进。

乙、关于乡镇教育机关——邹平菏泽有所谓乡农学校，（在教育行政机关方面，仍谓之民众学校。）其内容分为儿童部、成人部、妇女部、建设部、经济部、息讼会、保卫部，这可称谓政治文化的总揽机关。乡校在村的方面，是处于最低级，在各村联合方面的，是处于第二级，直至县政府，是处于第三级。根据彼等报告，确有相当成效，较之现行之区公所乡公所，却来得切实。但此种办法，是否在他处也能普遍推行，仍成问题，原因是在人才和经济两项。

丙、关于合作社——合作社在河北一带由华洋义赈会倡导组织，甚为发达。各村自有合作社后，关于乡村建设，却能次第举办，因此颇引起各方注意。竟有人认为"要改进农村，必先举办合作社"之说。

（四）

记得我在九一八以后，曾到北方，与教育机关朋友，交换意见，彼等认为办教育事业，无须与政治发生关系。但此次谈话，已完全改变主张了。多数人是这样说："我们办教育，如若不与政治发生关系，如何能使全国民众团结？"关于政治，同人亦略有讨论。我的主张是：

政治方面　要拥护有力量的领袖，肩负起救中华民国的全责，最初是应采用统治政策，最后仍须注重人民自由，此可称为有节制性的民主主义。

经济方面　主张扶助中产阶级，使之发展，同时对于无产阶级尽力，使之达到"耕者有其田"的目的，并防制资本主义的发展，此可称为温和的社会主义。

其次训练青年，同人咸视为十分重要，

目标所在：

1. 应增加社会生产——增加国民经济力。

2. 注重公民教育——特别发挥民族精神和扩大民族意识。

其归宿：1. 自卫卫国，2. 自养养人，3. 自治治群。

办法：1. 根据中国的历史，2. 确定目前社会需要，3. 用科学的方法，4. 以复兴民族为宗旨来实施训练。

梁漱溟先生谓：

1. 以乡村来繁荣都市——繁荣都市，必先繁荣乡村，然后以其余力余财来建设都市。

2. 以农业引发工业——要发达工业必先引发农业，然后以其原料来供给工业。

3. 创造中国文化要以农村为根据。

A. 中国文化最初发动的精神，甚为伟大，大都表现于制度典章风俗习惯之中，久而久之，使最伟大的精神低落而变为机械化。

B. 自欧美文化以"利""力"两项传入中国后，中国固有道德制度，遂被摧毁无余。

（五）

会后个人之感想，可略说一说。

一、先前各方面对于农村事业运动，大多漠视，现在已纷纷联络，集中一点，农村运动，实为目前社会运动之最大且要者，已可完全证明。同时并可明了一个运动思潮之构成，1. 由于感觉内在空虚须要充实；2. 不能承受外来的压迫而起反抗。虽其方式不同，而其动机则一。

二、经过这两次会议，可以完全明白建设乡村已显然的分成纵的和横的两类：在纵的方面：1. 关于全县，是县的建设；2. 万人以上，是区的建设；3. 八千人以下，是乡的建设。在横的方面，以文化、政治、经济三方为骨干。各处方式，大概皆是这样。

三、乡村工作的使命为复兴中华民族，创造中国新文化，其责任的肩负不能希望于全国青年。故同人一致注重青年教育，主张全国十八岁以上三十岁以下的人民，均应予以相当训练。据定县报告，全县共有人民四十万，其中八万系受过训练之青年，在工作方面，颇著成效。全国如以四万万人口计，当有八千万应受训练之青年，若能普遍的养成其自卫卫国，自治治群，自养养人的精神与能力，则复兴民族，创造新文件，自有十分把握。

丙　全国乡建运动之现状与问题

徐宝谦

赴定县乡村工作讨论会之印象与感想

全国第一次乡村工作讨论会，于去年夏天在山东邹平举行，该时我因他故未能前往。本年第二次会，于双十节在河北定县举行。我与燕京同事十余人，曾前往参加。我因鉴于乡村建设运动，为近年来国内最有希望最具潜势力之运动，故特将会中所得之印象及感想，择其重要者记出，以饷读者。至于详情，则请看将来出版之报告书。（去年报告书，名《乡村建设实验》，由中华书局出版。）

一、开会盛况　此次到会者，一百五十人，代表十一省，七十六团体。举凡中央部院，地方官厅，及各省实验县，学术团体，及各地从事乡村建设之研究与实验机关，无不有代表出席；且出席者，多为主脑人物。会期虽只三天（十至十二），然在会中所聆各种工作报告及演讲，内容非常丰富，大有令到会者感觉如入山阴道上，应接不暇之势。

二、乡建运动之哲学基础　对是题有特别认识者，似为梁漱溟氏。氏于开会之第一日，演讲"乡村建设之旨趣"，大意谓："同人等本无意于乡村工作，却都于不知不觉中，走到这条路上来。其故则因：素以乡村为基本之中国文明，近百年来，忽受西洋工艺文明之包围与压迫。结果，不得不起重大变化，以求适应新环境。是种适应新环境之运动，数十年来，曾经若干阶段，中间俱有先知先觉领导。而现阶段——乡村建设，实为其最后不可更改之阶段。盖中国文明，向以乡村为重心，决不能走入工业文化之路。乡建运动之旨趣，即在建设以乡村为重心之新文明，所谓以乡村建设繁荣都市，以农业引起工业者是。吾人目标，在由建设世界新文化之途径，以谋求我民族之出路。"

三、乡建运动之精神与方法　对于乡建运动之目标，认识与梁氏稍有不同者，则为平教会总干事晏阳初氏，氏谓本运动之目标，在改造民族，在改造中国人。中国人什九在乡村，故不得不有乡建运动。氏提出三项问题：（一）建设甚么？（二）怎样建设？（三）谁去建设？此三者自是基本问题。据晏氏观点，以为乡建运动，虽全国响应，设不审慎将事，不难蹈以前各种运动之覆辙。至其成功之基本条件，不外两端：（一）精神；（二）学术。何谓精神？从事本运动者，必须注重自己之人格，然后才能感动农村中之青年。创造的能力，牺牲的精神，坚决的信仰，皆为吾人所应有（参阅晏之闭会辞）。何谓学术？吾人必须用科学方法，根据国情民情，对于乡建运动，研究出一套制度化系统化的工作方案，庶几可以推行全国，避免人亡政息之弊。研究实验之地域，虽不妨小，然须以民众整个生活为对象，其结果才能达到全国民众。判定成败之标准，计有下列各点：（一）有无基础性；（二）有无实际性；（三）有无普遍性；（四）民众自动程度之大小；（五）是否顾到问题之连锁性（参阅晏之工作报告）。

四、乡建运动之推进者　有目标矣，有方案矣，设无推进者，则运动仍不成其为运动。据我所闻于此次到会者之言论，乡建运动推进者之发现，似有三阶段：即始于知识分子下乡，继以训练乡中农民青年使之自动，终于用政府力量，作大规模之推进。

（一）知识分子下乡　我国举办学校教育，已数十年。知识分子虽多数来自田间，然学成后肯回乡服务者，实居极少数，此我国教育制度之大病也。近年以来，知识分子始稍稍转移其视线于乡村运动，所谓"到民间去"，实一极有希望之社会运动。然因我国历来传统教育制度，对于农村需要，向少注意，故学校毕业生，往往不能吃苦耐劳，且缺乏农村建设之专门技术与行政能力。结果，知识分子之肯下乡工作及下乡能继续持久者，仍居少数，以后各地从事乡村工作人员，咸感人才缺乏。故嗣后训练人才之工作，实据首要地位。

（二）农青之训练　虽然，以中国之大，农村人民之众，乡建运动决非少数知识阶级所能胜任。换言之，乡建运动之基本干部人才，必须从各村中发现，训练出来。据晏阳初氏估计，全国农村中十四至二十五岁之青年人数不下八千万，倘吾人能于短时期中锻炼其自强自卫自给之能力，则我国种种问题，自可迎刃而解。故八千万农青，应为乡建运动最大之推进者。

（三）政治的力量　知识分子之下乡也，农青之训练也，其运动之方向，皆为自下而上。此种自下而上之运动，虽极有价值。然设政治势力，不与之合作，或且从而掣其肘，则运动之势力，必极有限。故政治机关与人民机关之合作，实为本运动之急迫要求。利用政治力量，以作有效的推进，此点实为到会者公有之认识。

五、乡村运动与政治改造　本届会中之讲员，与我以最深刻之印象者，实为菏泽实验县长孙廉泉氏。氏本为村治运动先进，去年七月，本乡建运动之动机，担任菏泽实验县长。到任仅及年余，已将历来腐化之县政，革除大半。氏演辞中之最沉痛者，莫过"中国政治，为上下交相欺，以利交相诱之政治"一句。余如江宁兰溪两实验县之改革，青岛市政之进步，亦莫不以民众利益为前提。故乡建运动之推进，有藉乎政治之力量；然政治革新之任务，又非是乡建运动之精神者不办。

六、乡建运动前途之展望　据此次到会者之观察与报告，乡建运动，实具极光明之前途。梁漱溟氏曾谓："乡建运动正在高潮，其背后有深远根据，向前则有无限开展。"此种论调，在事实上似有不少佐证。如（一）涿县本年有扫除一万文盲之运动；（二）金大农科卒业生六百余人，分布全国服务；（三）邹平乡学制，以各村全体民众为学众；（四）镇平内乡之自卫，打破数年前共党打通国际路线之阴谋；（五）徐公桥公安局，因中华职业教育社之影响，造就能为民众谋福利之警士；（六）山西民生渠，灌田四千顷费用只三千元；（七）广西伍廷飏氏，以一武人而对于农垦事业，竟有伟大之成就；（八）青岛四百余村，村村有小学，且义务教育三年内可以完成；（九）保定师范因造林工作，十五年后可以完全自给；（十）定县保健制，用极少款项推行全境。以上种种使人奋兴鼓舞之事实，可谓信手拈来，俯拾即是。可见"事在人为"，乡建运动之前途，有无限光明也。

七、乡建运动中几个基本问题　乡建运动为中国近年来最有希望之运动，吾人不能加以否认。然同时不能谓为无问题。兹就记者个人见解，提出若干问题，以供领导本运动者之参考：（一）如何使本运动精进不懈？

如何防备投机分子攙入？（二）如何使从事本运动之各团体，互相合作，不生妒嫉龃龉？（三）如何使从事本运动之各级工作人员，真能深入民间，埋头苦干，不作沽名钓誉之想；（四）全国工作人才既如是缺乏，应如何物色？如何训练？如何使各大学毕业生，乐于从事乡建事业？（五）晏阳初氏所谓"牺牲的精神，与宗教家的信仰"，应如何培养？对于以上几个问题，我以为俱有审慎考虑之必要。

附录三　乡运团体概况调查

这次到定县赴会的人，虽说都是以个人资格参加，并不代表任何团体，但是他们的的确确是国内几个有名的乡运机关的主脑。召集人因此，事前发出一种调查表，请求他们切实查填。预备印出来，供大家的参考；谋彼此的认识和联络。可惜收到的表，张数不多。——只有四十张——现在姑将原文照录保存。希望明年表数多些，可以作进一步的研究；或者做出点统计来。原表的格式，印在后面。编印的时候，为着要节省篇幅，用数目字代表表内的各个问题。读者按图索骥，或者不致感觉到偌大的不便。这四十张表，排列的时候，分为三大类；第一教育；第二一般团体；第三实施事业。每类之中，又以先中央，后地方；先普通，后专门；先公立，后私立；为原则。但是无论如何排列，总觉顾此失彼，难得满意。排列先后，本无意义，阅者谅之。——编者

乡村工作讨论会第二次开会调查表

民国二十三年十月

团体名称				
总机关所在地	1			
分机关所在地	2			
创立动机	3			
创立人	4			
创立年月	5			
主持机关（董事会或执行委员会等）	名称	6	人数	7
	产生方法	8	每年集会次数	9

续表

团体名称				
主管人员		联位名称10	姓名11	就职年月12
有给工作人员		人数13	主要人姓名14	
义务工作人员		人数15	主要人姓名16	
已经支用事业费约数		17		
本年度预算		事业费18		
		经常费19		
工作用款主要来源		已往20		
		现在21		
工作方针	已往	22		
	沿革	23		
	现时及将来	24		
已往主要工作		25		
现时主要工作		26		
将来工作计划		27		
刊物		28		
附言		29		

填表人30

团体名称

（一）江西省农业院

（二）金陵大学农学院

（三）金陵大学农学院农业专修科

（四）河北省省立保定师范学校

（五）河北省私立博野四存中学校

（六）山西铭贤学校

（七）安徽省政府霍邱复兴农村工作人员训练班

（八）燕京大学宗教学院

（九）南阳县实验小学

（十）长沙北山小学校

（十一）中华平民教育促进会

（十二）涿县平民教育促进会

（十三）江苏省立教育学院

（十四）中华职业教育社

（十五）国立北平师范大学乡村教育实验区

（十六）中法大学附设第一第二及第三农林试验场碧云寺及温泉小学校

（十七）山东省立民众教育实验区

（十八）山东省乡村教育辅导委员会

（十九）呼延农村教育实验学校

（二十）农村复兴委员会

（二十一）国立中央研究院社会科学研究所

（二十二）山西乡村建设研究会

（二十三）华北工业改进社

（二十四）华北农产研究改进社

（二十五）上海商业储蓄银行农业部

（二十六）教育短波社

（二十七）北平民社

（二十八）中央农业推广委员会金陵大学农学院合办乌江农业推广实验区

（二十九）北平大学农学院农村建设实验区

（三十）上海市高桥农村改进会（筹备会）

（三十一）齐鲁大学农村服务社

（三十二）巴县乡村建设实验区

（三十三）武进县农村改进委员会

（三十四）湖南棉业试验场

（三十五）华北农业合作事业委员会

（三十六）陕西农业合作事务局

（三十七）中国华洋义赈救灾总会

（三十八）武邑县圈头镇有限消费合作总社

（三十九）北平研究院群治部自治试验村事务所
（四十）镇平县地方建设促进委员会
（四十一）涿平县立职业学校

各团体所填调查表之内容

一　江西省农业院 Kiangsi Provincial Instrtnto of Agriculture.

［1］南昌［2］本省各处附设农村场及学校不备列［3］改进农业及农民生活［4］江西省政府［5］二十二年十二月推定院长二十三年三月成立［6］理事会［7］十五人［8］省府聘请［9］一次［10］院长［11］董时进［12］二十三年二月［13］附属机关除外约六十人［14］王沚川、方悌、方翰周、易希陶、金允叙、胡子昂、徐正铿、黄异生、陆变钧、孙清波、钟南斋［15］无［16］一三七、〇〇〇［17］一二三、〇〇〇［18］省政府［19］谋农业及农民生活之实际改良，以研究及试验为手段［20］关于农业上之一切工作及家事改进，一面调查试验，一面推广［21］原则同，现时工作计划。

二　金陵大学农学院（College of Agriculture and Forestry University of Naking.）

［1］南京金陵大学［2］乌江农业推广实验区安徽和县［3］改良农业发展生产训练农事技术人才［4］裴义理［5］民国三年［6］校董会［7］二十九人［9］二次［10］校董会主席校长［11］吴东初陈裕光［12］民国十六年［13］三十人［14］谢家声、章之汶、沈宗瀚、卜凯、胡昌炽、陈嵘、俞大绂、乔启明、王绶、单寿父、郝钦铭、徐澄［15］无［17］近五年来，每年约十余万元［18］一五三、〇〇〇元［19］四五六、六四三·〇〇元［20］赈灾基金、教会捐款、国内外公私团体捐款［21］同前［22］首注重研究工作，次及教学与推广［24］仍根据旧有方针力求进展［25］（一）主要农作物育种试验（二）全国土地利用调查（三）豫鄂皖赣四省农村经济调查（四）植物病虫害防除（五）水灾及淞战区调查（六）蚕品种试验及桑品种试验（七）设立推广实验区（八）训练乡村服务人员［26］（一）豫鄂皖赣农村经济调查（二）编辑先农集成（三）主要作物育种试验（四）采集植物标本（五）作物病虫害防除（六）果木分类研究（七）蔬菜育种试验（八）蚕桑品种试验

(九)土壤调查(十)农具制造(十一)推广实验区〔27〕除继续完成一切研究工作外,刻拟筹措经费,扩充土壤植物病害及农具三组成系,再期扩充乡村教育系为主系〔28〕刊物不及备载请参阅金陵大学农学院近况便检。

三 金陵大学农学院农业专修科

〔1〕南京鼓楼〔2〕南京鼓楼西阴阳营〔3〕造就农村实用人才〔4〕郭仁风〔5〕民国十一年〔6〕金陵大学〔10〕主任〔11〕章元玮〔12〕十六年〔13〕十〔14〕赵召萍、周国华、陈骥、周蓄源〔15〕十余兼任〔16〕周明懿、邵仲香、乔启明〔17〕每年一万余元〔18〕五千元〔19〕一万五千元〔21〕农院基金及学费官厅补助等〔22〕训练农村实际工作人才(1)农业技术人才(2)推广人才(3)农业教育人才(4)农村改进人才(5)农业生产人才〔23〕同上〔24〕同上〔27〕拟迁入乡村扩大办理〔28〕金大农专杂志金大农专学则〔30〕章元玮

四 河北省省立保定师范学校

〔1〕河北省清苑县西关电话保定三十三号〔3〕为造就河北小学教育人才〔4〕前清宣统二年河北省提学使司〔5〕前清宣统二年七月〔10〕河北省省立保定师范学校校长〔11〕萧世钦〔12〕二十一年八月〔14〕教务主任石冠英、训育主任孙旭、农科主任陈纯修〔18〕一万三千零三十九元九角九分二厘〔19〕五万二千一百五十九元九角六分八厘〔24〕本校自二十一年夏改组后,一切均遵照原拟改组计划大纲进行,以期养成学生有知识者能生产,能生产者有知识,且健武有力,能自卫,护国,教育后来儿童,使有科学家之头脑与独立自营之思想,更能负改良农业增加生产之责任〔26〕学习农作技术研究农业学理〔27〕详载计划大纲内(附寄学校记要二本)〔28〕河北省立保定师范学校纪要〔30〕萧世钦

五 河北省私立博野四存中学校

〔1〕河北博野北杨村镇北〔2〕杨村镇内四存小学〔3〕鉴于中国农村生产衰落,道德沦亡,教育不合中国实情,本颜习斋先生实践精神,挽救危机〔4〕四存学会〔5〕十八年二月〔6〕四存中学校校董会〔7〕三十人〔8〕学校有基金五万元每年可得利息五千余元〔9〕每年暑期间集会一次,遇有特别事故召集临时会〔10〕校长〔11〕王凤翔〔12〕十九年十月〔13〕三十人〔14〕王凤翔〔15〕一人〔16〕张荫梧〔17〕校舍

农场林场共用去约四万元［19］常年学费一千元，利息五千元，共六千元，收支可以相抵［20］学校基金五万元，年息五千元，徐菊人先生年捐八百元［21］同前［22］着手中国实际训练乡村指导人才［23］民十一年四月，由四存学会拨二千八百元创立四存小学，徐菊人先生年捐八百元为常年经费，十八年春由张相轩捐洋一万元，添设中学班，以后由张相轩吴自珍诸校董分任募集，现已毕业四班［24］以适应社会为基础，以改进社会为标的，养成农人身手军人体魄科学头脑之健全人才，作为复兴农村之基本队员［25］农隙学校现杨村多起，儿童均能识字，乡村自卫工作，全县警卫工作，多由学生担任［26］农隙学校乡村自卫工作［27］已开设师范一班，由本校毕业生习师范一年作为乡村师资，将来分发各地办小学，及民众学校，务使农民有自卫能力，生产、改良、使农业产量增加，办理农村合作事业［28］四存中学校刊已出二期（非卖品）［29］每栏格式太小不易，详填最好，以后请将格式加大［30］张荫梧

六　山西铭贤学校

［1］山西太谷［5］民国前四年［6］校董会［7］十三人［9］两次［10］梅贻宝［11］代理校长［12］二十三年七月［13］七十五人［1819］约十万［2021］基金及捐款［22］普通中学及初级大学教育［24］中学教育及农建人才训练［25］农工试验［26］同前［27］试验农工设计训练农村服务人员［30］梅贻宝

七　安徽省政府霍邱复兴农村工作人员训练班

［1］皖北霍邱县城内［2］霍邱第七区（实验区）［3］培植下级干部人才以复兴农村而固国本（兼拟试验合作政策）［4］韦立人［5］原名"安徽霍邱农村合作自卫研究训练院"创立于二十三年十月一日系私立二十四年三月一日改今名隶属官厅［10］主任［11］韦立人［12］二十四年三月一日［13］四十［14］项昌权、王光起、薛砺若［15］二［16］陈企立［19］三〇〇〇〇元［20］中央党部豫鄂皖边区剿匪总司令部［21］中央党部安徽省政府张敬尧逆产［24］试验保甲合作并设法改良之［25］培植人才［26］培植人才兼实地试验保甲制度及合作［27］定成县单位之自卫、自教、自养、兼实验集体农场，及合作政策［28］筹备中［30］韦立人

八　燕京大学宗教学院

［1］平西［3］训练城市乡村布道人才［5］一九一七年［10］赵紫宸为本院院长［21］大部系美国募集基金［24］现颇注重乡村教会工作［26］学生分（1）正科（2）特科（3）短期三种［28］有本院简章两种［30］徐宝谦

九　南阳县实验小学

［1］河南南阳城内旧府文庙地址［2］现在尚未有，已拟定计划，分设于潦河镇实验区，及第三农林局实验区［3］原为试验小学教育制度，编制行政及教学法而设，现转移到乡农生产教育上［4］第六区专员公署同教育局委托杨景仓创立［5］二十二年八月［6］六区专署及县教育局［7］专署第四科任醇修教育局长吴重辉［9］无定［10］校长［14］杨景仓［12］二十二年八月［13］二十二人［14］教务李笠乡训导张来之职业指导朱奉青［19］七千二百元［20］县教育款［21］仍旧［22］在实验城市小学之制度编级设施及教学方法等［23］觉城市学校，大致就续，大多数之乡村小学，尚有许多困难问题，立待改进［24］城市乡村之成人教育儿童教育并题，实验将实验结果，推动乡间学校［25］在试验贩来的现代式的教学编制训练方针行政制度及设施是否通用于南阳环境［26］感觉到贩来品究有许多不适合于当地情形，所以决定要创造，要采访各处成绩［27］向'怎样是适合南阳乡村环境的生产教育'目标上着想，计划尚未拟定［28］无印成的刊物，对县内各校，仅有报告书［29］本人从事教育事业已十三年，往往感到有许多不是通路，此次自动参加乡村工作讨论会专为寻觅乡教通路而来［30］李笠乡

十　长沙北山小学校

［1］长沙沙坪北山村（直接通邮北山信柜）［3］开发农村民智欲以农村小学为农村建设中心［4］李丙烈［5］民国元年［6］北山小学董事会［7］九［8］推举［9］一［10］董事兼校长［11］李笠云［12］民国十五年一月［13］六［14］主事汤镇明［15］一［16］李笠云［17］经常费一万二千余元，建筑费及其他临时费八千余元［18］二千元［19］一千六百元［20］族祠年拨谷一百五十石［21］除祠款外由校董捐助［22］注重农村儿童教育［32］初办单级小学一所，自民国十二年添办后期小学，一班附设农村图书馆平民夜学校［24］就实地生活需要，

注重村民组织卫生农林及改良种子培植法,有大山一座,正培植森林[25] 1. 学龄儿童教育,成年失学,男女识字,公民教育 2. 职业介绍 3. 指导并赞助农民兴办水利育林[26]农村组织农村生产及合作事业[27]拟俟本村建设成功后,推而及于一乡镇与全县[30]李是三

十一 中华平民教育促进会 The National Association of the Mass Education Movement.

[1]北平驸马大街二十一号,电话西局二九五七,电报挂号中文二四〇三,英文 Namen [2]实验区河北省定县考棚街[3]本会宗旨,在适应失学人民的实际生活,研究并实验平民教育学术,协助国家教育民众,培养全民修齐治平的真实能力,发扬中国文化,促进世界大同[4]熊朱其慧、陶行知、晏阳初等[5]民国十二年八月二十六日[6]执行董事会[7]九人[8]由董事会推选[9]一次[10]干事长[11]晏阳初[12]民国十三年九月[13]二三三[14]陈筑山、瞿菊农、郑䂮裳、汤茂如、李景汉、孙伏园、熊佛西、陈志潜、彭一湖、黎季纯、姚石菴、汪德亮[15]约千余人[16]每年地方上参加工作者例如村办公人及义务平校教师太多[17]自开创以来共十年事业费约有六十余万元[18]一一二、七三〇·〇〇[19]一七一、九七〇·〇〇(用于研究实验)[20]私人团体捐款及出版收入捐款主要部分来自美国学术研究之各基金会[22]一、民国十二年至十五年,提倡识字运动;二、民国十五年至十八年,研究农民教育;三、民国十八年以后,县单位农民教育及农村建设之实验,[23]从提倡平民教育认识中国最大多数平民在农村,遂乃集中精力于农村,以河北省定县为实验区,根据农村社会状况及农民生活,研究实验农民教育内容,谋农村之建设[24]一、研究实验农民教育及农村建设之内容;二、训练农民教育及农村建设之技术人才,三、协助社会团体及政府机关,推行平教及农建事业[25]一、民国十二年十至五年,提倡识字运动,湖南湖北广东浙江山东各省纷纷设立中华平民教育促进会,开办平民学校二、民国十五年至十八年,研究农民教育,成立华北实验区于京兆保定定县各地,推行农民教育,三、民国十八年以后,县单位农民教育及农村建设之实验,以定县为研究实验之场所,集中精力,研究实验[26]一、研究实验农民教育及农村建设之内容,文艺生计卫生公民四大教育内容之研究,学校社会家庭三大方式实施之实验,

二、训练农民教育，及农村建设之技术人才，训练国内大学毕业生，及各机关各团体保送之实习人员，三、协助社会团体，及政府机关，推行平教及农建事业，与国内各大学合作训练农村建设人才，协助社会团体及政府机关筹划推行农村工作［27］依照现时工作继续进行［28］另附本会出版物目录表

十二　涿县平民教育促进会

［1］涿县官驷街［2］无［3］因办党务同人，认为唤醒民众，须由办平民教育入手。故组织此会。［4］张学铭、魏颂光、刘竹斋［5］十八年十月十一日［6］董事会［7］十五人［8］会员大会选举［9］四人［10］干事长［11］张学铭［12］十八年十一月［13］三人［14］张学铭、任振林、周文郁。［15］八人［16］陈懋、卢温、张书铭、史瑞璋、王海舟［17］五年共约二千元［18］六百元［19］四百元［20］县府津贴、会费、基金生息、平教罚款。［21］同上、津贴增加［22］以识字教育为主、生计教育为副。推行时注重'惩奖并行'［23］无变更［24］除已往之既定方针外特别注重民众组织。［25］民众学校，办过七四二班，同学会十二处，会员三四五人。［26］仍继续已往工作办理，惟民校组织方面添读书班，同学会施行农村建设实验［27］一、特别注意民众组织，推广波支种猪。波支猪共十四头与本地母猪交配二十余次。［30］张学铭

十三　江苏省立教育学院 Kiangsu Provincial College Education.

［1］江苏省无锡县电报挂号三○四六电话九四九［2］（一）惠北民众教育实验区及乡村自治协助处在本院附近（二）北夏普及民众教育实验区在无锡第二区（三）南门实验民众教育馆在无锡南门外（四）实验民众学校在无锡汉昌路［3］因中国农民占全国人口之最大多数，故于民国十六年及十七年度内设立民众教育院及劳农学院，后于十九年合并为本院作民众教育之研究实验并训练服务人才［4］江苏大学及中央大学教育行政院即江苏省省政府教育厅［5］十七年［10］院长［11］高阳［12］十七年十月［13］一○二［14］俞庆棠、陈礼江、刘平江、童润之、刘季洪、赵冕、甘豫源、王倘、茅仲英、马祖武［17］本院历年经费，截至二十三年六月底止，经常费共计约九○三、○○○元，临行费共计约一四二、○○○元，两共一、○四五、○○○元，其中专用作研究实验事业

者，计一九六、五三八元［19］本年度经常费预算计为二〇一、〇〇〇元，内五六、九一六元专用作研究实验事业经费［20］省费［21］省费［22］详附表（一）［23］详附表（一）［24］详附表（一）［25］详附表（二）（三）功效一项，见本院乡村民众教育实验工作报告及实验事业一览［26］详附表（四）［27］一、训练人才方面现在民众教育及农事教育两学系，均行分组制，使学生不但有普通民众教育农事教育之学识，且有专长，将来毕业后除任民众教育工作外，兼可任社会化生活化学校之教员，二、研究（甲）调查、调查江苏省各县土地分配实况及一般农村经济概况（乙）研究、除研究整个民众教育之理论实施推行问题外，并作专题研究，其性质与已往及现在工作同（丙）编辑（1）教育与民众月刊继续刊行（2）出版民众教育农事教育实施丛书及辅导丛书（3）编印民众学校课本及民众补充读物，三、实验除原有北夏惠北两乡村实验区，南门民众教育馆，实验民众学校等，实验机关，及农事试验工作照常进行外，拟于下半年度在旧淮扬道徐海道内，选择相当地点，添设实验区（农场工场及辅导工作计划均继续现时主要工作项下所填各节一一进行）［28］详附表（五）

十四　中华职业教育社

［1］上海法租界华龙路八十号电报挂号国内有无线六四六七国外 Vocational 电话八四八一七，八三〇五二［3］鉴于普通教育之失败乃发起创立［4］严修、蔡元培、余日璋、蒋梦麟、黄炎培、钱永铭、郭秉文、聂其杰、王正廷、宋汉章、穆湘玥、史量才等［5］民国六年五月六日［6］董事、评议、干事三部［7］董事部九人评议部十五人办事部二十五人［8］董事由永久社员互选评议员由社员互选办事员由董事部聘任［9］董事会每年二次评议会每年四次办事员会每周一次［10］董事部主席评议部主席办事部主席［11］钱永铭、蔡元培、江恒源［12］二十二年八月二十一年七月十七年七月［13］二十五人［14］江恒源、杨卫玉、施养勇、何清儒、潘文安、姚惠泉［15］三人［16］黄炎培［17］百万元［18］十二万元［19］五万元［20］社员及学生纳费，国库补助，教育部补助，市政府补助，杂收入［21］同上［22］研究、改良、试验、推广职业教育，其工作范围，分职业学校教育、职业补习教育、职业指导、农村改进四大类［23］民国七年创立中华职业学校，注重工商教育，十六

年成立上海职业指导所，办理职业指导，十五年起先后成立农村改进区多处，办理农村改进，十八年起成立补习学校四处，注重工商补习教育［24］现时仍如前定，将来拟稍偏重于农村方面［25］（1）为试验工商教育设中华职业学校于上海，以七年九月成立，有学生千三百人，年费八万元，毕业生均有出路（2）为试验职业指导十六年九月设上海职业指导所于上海，年费万元，受指导者百五六十人（3）为试验农村改进，十五年十月设农村生活改进委员会，旋于昆山徐公桥设改进区，推广于吴县、镇江、泰县等处，年各费三四千元（4）为试验职业补习教育，十八年秋设职业补习学校于上海，逐渐推广为四校［26］同上［27］除充实原有事业外，集中人才经费，就上海西南设沪郊农村改进区，作规模较大之农村改进试验［28］附一览［30］江问渔、姚惠泉

十五　国立北平师范大学乡村教育实验区

［1］本区办公处设在北平西郊温泉辛庄［3］（1）为训练乡村工作人员（2）为使大学部学生彻底认识乡村社会问题［4］国立北平师范大学校长李蒸［5］民国二十二年十一月［6］国立北平师范大学乡村教育区指导委员会［7］五人［8］由大学校长聘任［9］六次［10］本区主任本区副主任［11］李蒸文模［12］二十三年六月二十三年六月［13］五人［14］文模、佟振家、陈树棻［15］六人［16］李蒸［17］每月一百元［18］每月二百元［19］每月八百元［20］由本大学支付［21］同上［22］注重区内农民的联络［24］注重训练农民［25］区内西山营西埠头两村，于本年二月各成立实验小学一所，开办费经常费由各该村负担，教员薪俸由本区负担，此外在辛庄村成民众学校民众问字处各所［26］现正筹办高里掌民众学校，并定于本年十一月十六日在温泉举行农事展览会［27］（1）每村成立民众学校一所或二所（2）修区内道路（3）师范班教学单元的设计［28］乡谈［30］文模

十六　中法大学附设第一二三农林试验场碧云寺及温泉小学校

［1］北平东皇城根三十九号［2］北平西郊碧云寺温泉村金仙菴［3］改善农村［4］李煜瀛（石曾）［5］民国十二年［10］主任［11］高书麟、尹蔚堂、胡濬源、魏荫棠、霍容光［13］十二［14］同上［16］李圣章、李宗伟、杨梦游［18］每月一二八八元［19］同上［20］由中法大学拨付［21］同上［22］改良农产品普及农民教育［24］继续工作

[25]三处农林试验场二所小学[26]与农工银行温泉寄庄合办协助农村经济与家庭工业改进社，合办农民家庭职业与天然疗养院及自治试验村事务所，合办区内交通修筑马路[27]务使农民老幼教育普及，利用科学方法使他尽其力[30]李圣章

十七　山东省立民众教育实验区

[1]历城县第二区祝甸乡（通信：济南黄台站东本区办事处）[2]历城县第八区东西十六里河庄。[3]想为民众教育找一条出路，想为民族自救找一点办法。适奉教育厅令办民教实验区，希望先从乡村下手，因即着手进行[4]山东省立民众教育馆[5]民国二十一年九月一日[10]实验区主任[11]屈凌汉[12]二十一年九月一日[13]八人[14]萧迪忱、樊月培、董汰生。[15]七人[16]张可言等，（均系本乡优秀分子。）[17]一○四二元[18]一九二○——二二四○元[19]六四八○元[20]由教育厅发给[21]同[22]第一年以语文教育为中心，其他工作为普通设施。[23]第二年以语文教育及生计教育为中心，其他工作为普通设施。[24]第三年（本年度）以生计教育为中心兼及公民教育，其他工作为普通设施。拟五年实验期满后，各种教育设施，能由乡民自理。[25]语文教育方面计各庄民校毕业者十六班，学生二一三人，平均用费每人一元。简易师范班一班，毕业生十六人，现有七人充本区助理干事，改良私塾一一塾，参加会考者第一次六五人，第二次四一人。生计教育方面，各庄成立信用合作社六个，社员一二五人，社股三二八元，美棉产销合作社一所，社员五五人，社股一一○元[26]一、为辅导乡公所办人事登记，成立调解委员会，举行经济调查。二、为辅导联合社各种活动，上海银行每年贷八千元，现已开始营业。三、各种设施均努力进行[27]公民教育一、为辅导乡公所，二、举办乡村自治讲习会，三、扩大励志会，四、充实少年团等。生计教育：一、整顿各合作社社务与业务，二、扩大美棉种植区，三、成立豆油石灰酱菜三个产销合作社并办农业仓库凿井贷款小本放款等。四、举行合作讲习会，注重分别训练，五、实施农业指导及病虫害预防等。语文教育：一、设民校实验班，二、设短期义务学校，三、设讲习班，补习班等。康乐教育：一、扩大诊疗所业务，二、推行民众运动。其他：一、筹设本乡完全小学，二、各种辅导研究事项。[28]一、农民报，旬刊，民校学生的读物，每期半分，连邮

一分。现已出至六〇期，由区编印。二、民众周报，小学教师的读物，每期一分，全年五角，邮费在内现已出至六卷三五期。三、山东民众教育月刊，普通读物，每期一角五分，全年十册，连邮一元五角。现已出至五卷七期。后二者由省民教馆出版。［29］一、本区由省民教馆主办，故人力，物力各方面均得多种便利。二、义务工作人员均为本区简易师范班毕业生，每月各支补助费六七元不等。三、自本年度起年增经费一五〇〇元。四、工作计划与报告请参看山东民教月刊五卷八期。五、本区共六个村庄，约三六方里，七二七户，三八三〇人。［30］屈凌汉

十八　山东省乡村教育辅导委员会

［1］山东省教育厅［3］为实施求生教育（附求生教育与教育保险制度）［4］何思源［5］民国二十三年三月［6］山东省乡村教育辅导委员会［7］委员二十一人［8］由教育厅聘任［9］十二次［10］委员长［11］何思源［12］民国二十三年三月［13］常委三人二人支薪［14］陈亚三、陈虞卿、李汉鸣［15］十八人［16］何思源、董念周、胡景僖、王子愚、孔潇庵、赖执中、杨鹏飞、陈亚三、刘次萧、邵秀峰、王献玖、董渭川、林济青、任济民、于鲁溪、王炳程、孙廉泉、徐伯璞［19］一四、四一二元［20］由山东省政府发给［21］由山东省政府发给［22］划定各县乡村教育实验区，确定其实施计划，并整顿其小学教育［23］基于推行求生教育之动机，择县划区，俾资实验，以乡教育作实施方法，以实验区作实验对象，因有本会之成立，及历城等二十县乡村教育实验区之划定与实验［24］按照各实验区实施计划，切实辅导，并预定以现时之工作经验，作将来之推广［25］1. 划定历城等二十县乡村教育实验区 2. 调查各实验区内乡村情形及教育状况 3. 甄别各实验区小学教员 4. 出版乡村教育半月刊 5. 辅导济阳等十二县自动试办实验区［26］派员分赴历城济阳等二十九县乡村教育实验区按照其工作计划作实际辅导［27］各县乡村教育实验区，分期推行，期以三年，推及全省［28］"乡村教育"半月刊（非卖品）［29］一、本会为设计辅导机关，有经常费无事业费；一、在本会辅导下之各乡村教育实验区，各有其经常费，及事业费不为本会之分机关，故均不列入

十九　呼延农村教育实验学校

［1］呼延农村教育学校［2］阳曲大同山阴应县黎城长治等三十七处

［3］改革现行之农村教育［4］赵戴文黄丽泉［5］二十二年一月［6］理事会［7］七人［8］选举［9］十二次［10］正副理事长［11］赵戴文黄丽泉［12］二十二年一月［13］三十一人［14］毛宗山、刘蓉亭、赵竹南、冯贞谅、王雅轩、刘伯英［15］各分社［17］四万余元［18］一万余［19］一万余［20］阎主任津贴［21］同上［22］办理农村职业教育之改进［23］最初注重农村师资之培养现时着重生产教育［24］专门办理农村职业教育之改进［25］各县办理农村教育改进社分社重在宣传［26］专办呼延农村教育实验学校注重实验［27］同现在［28］新农村［30］黄丽泉

二十 农村复兴委员会（Rural Rehabilitation Committee）

［1］南京行政院内（电话二一三六七）［3］近来以来我国农村经济，加速崩溃，农业产物，日见衰落，若不设法救济，国家前途，危险将不堪设想，乃由行政院决议，组织本会，以为计划复兴农村方法，筹集复兴款项，并补助复兴事业进行之机关［4］国民政府行政院［5］民国二十二年五月［6］本会委员长［7］一人［8］由行政院长兼任［9］于必要时召集大会［10］本会委员长［11］汪兆铭［12］民国二十二年五月［13］二十五人［20］由行政院核支［21］由行政院核支［22］（1）根据二十二年五月本会第一次大会关于农村经济，农业技术，农村组织及设立分会等问题之各项决议案，进行调查研究及计划等工作，随时将结果向行政院报告或建议，并刊行问世。（2）联络全国从事农村复兴事业之机关，并设法予以促进及鼓励。［24］大体与已往相同［25］（1）本会建议行政院之工作（2）本会内部之工作请参看本会刊布之一年来复兴农村政策之实施状况或本会会报第二卷第三号及本会会报第二卷第二号中之本会二十二年度工作报告一文［26］同右［27］同右［28］详本会刊物一览（附后）［30］罗理

二十一 国立中央研究院社会科学研究所 Mstitute of Social Sciences, Academia Sinica

（系由前社会调查所与社会科学研究所合并而成）

［1］南京中央研究院总办事处［2］北平南京（本所）［5］社会调查所创于民国十五年七月社会科学研究所创于民国十六年末两所合并于本年七月［10］所长［11］陶孟和［12］二十三年五月［18］十二万

[19]十二万[20]中华教育文化基金董事会拨给[21]同上[25]见调查所及研究所历年报告[28]附书目

二十二　山西乡村建设研究会

[1]山西太原[2]山西晋祠[3]利用晋祠旧有之社会事业[4]严慎修、薛觉民[5]民国二十一年[6]董事会及干事[7]董事七人干事一人[8]公推选[9]二次[10]聂理轩[12]二十三年[13]三人[14]聂理轩、张庆亭[15]二[16]张咏金父子[17]二百元[18]二百元[19]五百元[20]捐[21]捐[22]社会教育[23]私立志勤职业学校递变[24]信用合作国术医院[25]职业教育私立志勤职业中学乡村图书馆民国十年创立用款一万三千余元[26]信用合作国术医院[27]本上项三种进行扩展[28]前曾出志勤杂志现停刊只出壁报[30]严慎修

二十三　华北工业改进社 North China Industrial Service Union.

[1]北平鼓楼西大街五十号电话北平东局一九七九[3]实验改良并以合作方式推行乡村工业以发展农村经济[4]戴乐仁[5]民国二十一年九月[6]执行委员会[7]十一人[8]由全体社员大会选出[9]会员大会两次执委会不定[10]总、副、干事[11]戴乐仁、卢广绵[12]民国二十一年九月[13]八人[14]戴乐人、卢广绵、果元、郑长家[17]三万元[18][19]共约两万元[20]罗氏基金委员会全国基督教协进会与社员会费及捐款[22]改进华北手工毛织工业，山西土法炼铁工业[24]现与实业部合作在江西陕西推进毛织制纸等工业[25]详前面[28]工作报告函索即寄[30]卢广绵

二十四　华北农产研究改进社

[1]北平西交民巷金城银行楼上[2]定县北街路西[3]研究农产改良促进农产合作运销[4]南开大学金城银行平民教育促进会[5]民国二十三年三月五日[6]执行委员会[7]五人[8]金城银行总经理南开大学校长，平教会干事长及实施研究两部主任组织之[9]常会二次[10]社长（主席委员）研究部主任实施部主任[11]周作民、何廉、金绍文[12]二十三年三月[13]五十人[14]叶德光、傅兆文、侯敬民、魏鹏九、王灵泉[15]十二人[16]何廉、金绍文、方显廷、卢广绵、姚石庵、吴叔奇[18]无定[19]三万元[21]捐助[24]改良棉

种，组织棉农运销合作社、办农民仓库、平民教育、农民经济调查［28］棉运特刊及其他非卖品函索即寄［30］叶德光

二十五　上海商业储蓄银行农业部 The Shanghai Commerical and Savings Bank Agricultural Department.

［1］上海银行总行宁波路五十号电报挂号五八八七电话一二五六〇号［2］南京、汉口、郑州、济南、蚌埠、长沙分行［3］辅助农村金融［4］陈光甫［5］民国二十二年一月［6］上海银行董事会［7］十七人［8］选举［9］十二次［10］经理［11］邹秉文［12］民国二十二年一月［13］四十人［14］徐仲迪、孙伯和、严恒敬［17］每年约五万元［22］指导组织合作社，作经济上之辅助，以期增加农民生产［23］民国二十二年度贷款合作社，计信用合作社九十八社，产销合作社七处，自办农产品仓库一所，共计贷款洋一百另二万余元［24］提倡产销合作

二十六　教育短波社

［1］北平石驸马大街三号电话西局一六六五［3］提高小学教师程度，研究乡村问题辅导乡村建设人才［4］朱启贤［5］民国二十三年六月五日［6］教波工作干部会［7］四［8］全体大会选举［9］十二次［11］总务、编辑、研究、社外工作部主任［12］于丙离、朱启贤、曹日昌、何兹全［13］无［15］全体五十人［16］陶希圣、黎锦熙、娄学刚、俞子庚、于丙离、朱启贤……［17］六百元［18］三千六百元［20］募捐［21］募捐［25］设计、筹备、出刊、着手研究［26］编辑"教育短波"进行研究作业训练社外工作员［28］"教育短波"周刊暂定全年八角，将来拟普通赠送各地小学教师，其他读者，则略收费［29］工作方针及将来工作计划，均详教育短波创刊号，此处不赘［30］朱启贤

二十七　北平民社

［1］北平东华门外马圈胡同十一号电话东局一九八八［2］太原新成街［3］为灌输人民自卫自治知识并一切普通常识以刊物为促进社会教育之工具［4］李炳卫［5］民国十一年九月［6］委员会［7］十一人［8］由社员选举［10］社务委办［11］李炳卫［12］民国十一年九月［13］十人［14］成集三、周子和［15］二十四人［16］王常昭、张振亚、李子俊［17］十一万元［18］三万元［19］四千元［20］挪用德友女学校基金［21］图书收入［22］社会教育［24］地方自治人民自卫［25］自

十一年起共出版快览三十万册自二十年三月起出版县乡自治月刊四十四期每期平均一万份［26］继续进行上项工作［27］收集全国自治书类代印代发［28］乡村自治若干册不收费［29］农村保卫（愿加入）［30］贺吉泰

二十八　中央农业推广委员会金陵大学农学院合办乌江农业推广实验区

［1］安徽和县乌江镇［3］实验农业推广方法［4］金陵大学农学院推广系［5］民国十二年［6］（一）中央农业推广委员会（二）金大农学院推广委员会［7］（一）十二人（二）十三人［8］（一）由中央党部农矿部教育部内政部派员组织之（二）由院长指派各系教员组织之［10］（一）金大农学院推广委员会（二）乌江实验区总干事［11］（一）章之汶（二）马鸣琴［12］民国二十二年［13］二十二人［14］章之汶、李洁斋、孙友农、李入林、乔启明、马鸣琴［15］四人［17］自十九年与中央农业推广委员会合作后，每年事业费约五千元［18］约五千元［19］约一万三千九百六十五元［20］中央农业推广委员会［21］同前（由金陵大学农学院暂垫）［22］推广美棉改良种子开办农民学校及诊疗所［23］自十九年与中央推广委员会合作开办轧花厂及举办合作社、农业仓库及农民医院［24］现与和县政府合作划第二区为实验区，分总务、社会、教育、卫生、农场、经济及政治等组办理乡村建设工作，种子推广由农场组管理［25］推广改良棉种，开办农村小学及夜校，开办诊疗所、轧花厂、合作社，组织农会等工作［26］（一）农会（二）儿童四进会，私塾教师讲习会，民众学校（三）乌江农民医院（四）农作物种子繁殖园艺及森林苗圃轧花厂（五）信用运销生产合作社，押汇货物，进出口登记，农家簿记及区政工作［27］拟按照现有计划，力求实现，并力求农会组织完善，使能负将来接办本区工作责任［28］无定期刊物，工作报告见农林新报

二十九　北平大学农学院农村建设实验区

［1］北平西郊罗道庄电话西二二〇〇［3］就农学院之人才及设备，实验建设农村之方法与途径，并藉此供给本院学生实习之机会及场所［4］北平大学农学院［5］二十二年八月［6］北平大学农学院［10］主任［11］傅葆琛［12］二十二年八月［13］四人［14］王树善（副主

任）［15］一［16］傅葆琛［17］四千一百六十人［18］全年共二千一百二十元［19］每月三百一十元［20］由农学院拨给［21］照旧［22］二十二年以前名称为"农民讲习所"实际办一乡村小学［23］二十二年夏改组为"农村建设实验区"［24］从初级乡小出发以之为工具而达到农业推广与农村建设之目的［25］乡村小学（毕业者约三百人）妇女补习班（二十余人）农民秋收同乐会（到会者数万人）农产品展览会（发给奖品约值百余元）农产制造（花生酱行销北平数千罐）合作社（成立一处）［26］农业表证场、儿童农业竞进图、模范农家、乡小教育、成人夜校、妇女学校、儿童乐园、农产制造，合作组织［27］增加农民收入，提倡农民知识，训练地方领袖人才，改良农民生活，提倡农村自治，促进都市与农村之合作［29］本区编有'一年来工作报告'在印刷中［30］傅葆琛

三十　上海市高桥农村改进会（筹备会）

［1］上海市高桥镇［3］以训练本区民众自治治群自养养人自卫卫国为最大目标［4］杜月笙、史量才、黄任之等三十人［5］民国二十三年九月三日［6］上海市高桥农村改进会大会［7］三十人［8］由上海地方协会发起组织［9］两次［10］会长兼理事会主席［11］杜月笙［12］民国二十三年九月三日［13］六人［14］王揆生、刘菓繁、连友三、周东浦·［15］四人［16］李涛、叶英、钟天石、杨致远［19］六千元［21］由创立人捐助［26］筹办游民习艺所，联络乡村小学，推行民众教育［27］进行全区调查、提倡合作运动［30］王揆生

三十一　齐鲁大学农村服务社

［1］山东济南［2］胶济线龙山镇［3］试验改良农村［4］大学前任校长 Msc Rae［5］一九二七年［6］齐大董事会［10］主任［11］贾尔信［12］一九三二年七月［13］八人［14］王健农、史鸿耀、孙淑贞、任清玉［15］四千元［18］同前［19］同前［20］齐鲁大学［21］齐鲁大学［22—24］请参考历届报告［25］请参考历届报告［26］提倡合作社医药与公共卫生改良家庭［27］同上［30］贾尔信

三十二　巴县乡村建设实验区

［1］区务办事处设立温泉乡仙女洞［2］无［3］本区以训练乡村建设服务人才并推进乡村建设［4］王平叔［5］民国二十二年九月十八日

由南泉乡村师范改组成立［6］巴县县政府［10］区长［11］王平叔［12］二十二年九月十八日［13］三十九人［14］王平叔、杨砺坚、张杰生、刘凤章、陈镇华［15］四十九人［16］陈莲峰、何倚鳌、张君奇、胡国庆、蒋健行、江绍汉、赖紫绶、阮雨梅、谢春江［17］约六千余元［18］四千元［19］一万五千元［20］巴县教育经费内拨支［21］同前［22］在南泉乡师时代，以造就乡村小学教师，以改进乡村教育，进而改造乡村社会［23］嗣以乡村师范尚不能负改进乡村社会之责，遂将南泉乡师改组，划八乡为工作实施地段，即更名曰巴县乡村建设实验区［24］注重乡村整个社会之建设，但从民众现时所急需者着手［25］创办附设实验小学校三所，一设仙女洞，一设木蜡寺，一设神仙洞，每年共支洋五千元，民众学校一所，消费合作社一所，南泉民众医药社一所，训练自卫队一班，训练本区学习员男女共七班，举办八乡户口调查［26］现值匪患猖獗，本区特加紧军事训练俾各学习员下乡领导民众自卫［27］拟举办信用合作社八乡民众教育，改进八乡小学教育，订定八乡乡约，改进八乡农家副产物［28］调查专刊本区创办一年来之概况本区五日刊

三十三　武进县农村改进委员会

［1］江苏武进县党部［2］南夏墅农改区卜弋桥农改区奔牛农改区东安农改区淹城示范乡潘家桥示范乡永乐上干示范乡小新桥示范乡塘桥示范乡永德崇示范乡芳茂示范乡竹溪示范乡［3］（一）认定农村如无办法，则党务县政均将失其根据，无所凭依（二）以五十八万四千余元之地方款项，以之为农村谋改革与建设，为绝对可能之事（三）访探地方真事求其问世，则农村推进，地方改观，实为意中之事（四）人生在世总须服务，力恶其不出于身，在无他路可走之中，不得不努力于农村改进事业［4］武进县党部武进县政府［5］二十一年八月二十一日［6］执行委员会［7］二四［8］除县党部全体委员、县长、教育局长、农业推广所管理员、款产处主任为当然委员外，余由党部聘请地方公正人士及农改专家为委员［9］一二次［10］主任委员［11］高柏贞、王超一［12］二十一年八月二十三年五月［13］一［14］徐寿彭［15］三［16］王超一、高柏贞、盛景馥［17］一、八〇〇元［18］一、三七六元［19］一、〇〇〇元［20］地方费［21］县党部补助一、九二六元县政府补助一、〇八〇元［22］发展农村经济，改进农村自治，推行农村教育［24］以推

进社会教育与合作事业为方针,以改进农村为目标[25](农村教育)南夏墅设流动学校一所,卜弋桥设代用小学二所,三河口梧冈里各设代用小学一所,每月需费共计银八十元,创办于二十三年一月,学生共计二百六十名,各农改区及示范乡并创办民众学校,先后共计四十校,二十三年六月开办,每校需费二十元,学生共计一千六百名(农村经济)农本借款卜弋桥农改区八、九五八·四一元东安农改区一·〇〇〇〇元南夏墅农改区一·二七八〇元奔牛农改区二〇〇〇元共计银三·三七三八·四一元(农村建设)马山筑堤长三七五五公尺,石闸四座,二十三年三月动工,七月竣工,需费约二万,从此可保全平田七千亩,不再受患[26]总会现时所办之主要工作分述如下(教育)(一)在四乡设简易药库三十一处,计银一千五百元,收效甚大(二)筹设妇女职业训练班(三)在罗汉街设义务小学一所,月费二十元,学生四十五名(四)在县前玉泉楼办一民众茶园,月费二十元(五)开办内燃机训练班(经济)(一)购戽水机救济旱荒(二)派员下乡勘荒灾田约数为八一三·四九四亩(三)向各银行接洽农本借款共计银五千余元(四)整顿四乡合作社[27](一)切实推行本会所定之'农改区示范乡最低限度工作标准'(二)按照本会所订定之'武进县合作事业推行计划大纲'进行[28]新武进月刊已出六期[30]盛景馥

三十四　湖南棉业试验场（Cotton Experiment Station of Hunan Province）

[1]湖南沣县泽市电报挂号六五〇九[2]长沙电报挂号二七五八电话号码五五四常德衡阳华容[3]改良棉业改进农村[4]省政府[5]民国十九年一月[10]场长[11]袁辉[12]民国十九年一月[13]一百五十九人[14]黄夏彝、王诚耕、孟为藩、夏文通、袁毁、陈蔚廷、刘树森、李蕃树[18]三万元[19](一)事业费70%(二)事务费30%共九万余元[20]省库[21]省库[25]棉稻麦豆之育种及栽培试验各项研究棉业推广棉产经济之调剂棉花合作运销、农产仓库等[26]同上[27]另有专刊(二十三年份)[28]有报告十二种月刊一种不定刊物'棉业'一种其他十余种(关于棉业之浅说等)[29]上填各项,忽促之间,未能详尽,如须补正,请函寄津市敝场填之,其工作方针一项,请加说明[30]袁辉

三十五　华北农业合作事业委员会

［1］北平西堂子胡同十八号电话东四七一二及三一四三［2］无［3］民国二十二年日本大举内侵滦东一带，沦入战场，塘沽协定实行后，政府办理赈济，采用农赈方式，二十三年七月农赈办竣，改设本会，继续办理合作事务［4］国民政府［5］民国二十三年七月［6］委员会［7］九人［8］由行政院驻平政务整理委员会聘充［9］二次［10］办事处主任［11］章元善［12］二十三年七月［13］二十八［14］章元善［15］九［16］张伯苓、夏清贻等［17］一百六十万元（内经常费七万〇五百余元）［18］八十万元［19］八万元［20］国民政府［21］同上及贷款息金［22］见前创立动机条［23］同上［24］整理互助社指导农民组织合作社［25］农赈计成立互助社三千八百〇四社放款一百五十万元工作达三十三县［26］指导合作［27］沟通商资与农业之关系及统一合作系统［28］章则一辑在印刷中余尚在撰拟中［30］章元善

三十六　陕西农业合作事务局

［1］陕西西安民政厅内［2］无［3］复兴灾后农村开发西北文化［4］全国经济委员会及陕西省政府［5］民国二十三年八月［6］陕西农业合作事业委员会［7］九［8］经委会及陕西省政府会聘［9］二［10］主任［11］章元善［12］民国二十三年八月［13］三十［14］朱傅纲、燕际祥［15］九［16］邵力子等［17］无［18］六十万元［19］六万元［20］无［21］经委会及陕省府合拨一百二十万元［22］无［23］该局新近开办刻正依照拟定之原则十三条，逐渐实施［24］整理已有之合作社，完成一个统系，并介绍商资流入农村［25］无［26］指导农民组织合作社，引导商资为农业之投资［27］采取河北合作事业之成法，谋合作运动之普遍拟于三年内完成全省合作基础，并力图合作运动附带效用之发展［28］在印刷中［30］章元善

三十七　中国华洋义赈会救灾总会 China International Famine Relief Commission.

［1］北平菜厂胡同六号电报挂号2405或"Famrel"电话东局三二八四或四四〇四［2］分会：济南、开封、太原、西安、兰州、归化、南昌、汉口、长沙、昆明、贵阳、分事务所：上海、南昌、安庆［3］赈灾防灾［4］梁如浩、蔡廷干 G. Douglas Gray, Levington Han 等［5］民国十

年十一月［6］执行委员会［7］十一人［8］大会推选大会每二年开会一次［9］平均十次［10］总干事［11］章元善［12］民国十年十二月［13］一百七十七人［14］章元善、于永滋、塔德（O. J. Todd）杨性存、魏竞初、谢安道、（R. R. Serrice）［15］约一百五十人［16］颜惠庆、艾德敷、（D. W. Edwards）周诒春、金叔初、林行规等［17］三千八百万元以上［18］三百五十万元以上（内政府款约二百万元）［19］十九万四千九百六十元［20］政府外国（以美国为最多）［21］国内外募集捐款中华文化教育基金会及政府均有补助［22］施放急赈之外，提倡工赈及防灾工程，创办农业合作［23］于实施防灾方针之过程中，渐渐感到凡可复兴农事之设施，均有防灾的效用，因此认识整个的农村问题试验方案，冀得实地经验，将所得材料与方法供社会之参考，政府之采用［24］于继续举办十三年来种种属于施赈工程暨合作事业之外，拟以合作运动为中心，联络乡运机关，惟力是视，试办其他关于改善农村生活之方案，以期贯彻本会利农防灾之设会初旨［25］施赈部分，历办各省灾赈，包括散放钱米设立收容所孤儿院等，工程部分，修筑江河大堤，各省公路，绥远民生渠陕西泾惠渠西兰公路等，农利部分，创办中国农村合作事业（以上详见各年度工作报告书）［26］工程方面山西治汾计划，农利方面河北、江西、安徽、湖北、湖南、陕西等省合作事业，间以人力协助政府，办理陕西、河北、察哈尔、福建等省合作事业［27］见工作方针条［28］附目录一张［30］章元善

三十八　武邑县圈头镇有限消费合作总社

［1］圈头镇河西桥头［2］深县三龙堂镇武邑龙店镇武强郑家村镇卢家口村［3］因感农村经济之枯滞农民形将逃亡不忍目睹故组合作团体以挽救之［4］高持真［5］二十二年三月［6］理事会、监事会［7］职员十六人社员四千二百三十人［8］由全体社员大会产生之［9］社员大会二次，社务委员会议每月一次，理事会每星期一次，监事会半月一次［10］理主一监主一［11］高持真、张易庵［12］二十三年一月一日［13］无［14］无［16］高持真、高东彬、李美斋、叶光泽、谷奎显、程宪［17］约五百元［18］一百元［19］二百八十元［20］由热心社员及热心事业者捐助之［21］由经营获利项下动支［22］原打算将无组织之农村而改造新村，故在武邑卢家口村努力三年，结果由民厅传令奖励

〔23〕因醉心农村社会事业，志在将平民完全小学，合于实用之自卫团能，救济农村经济破产，合作事业，初则在本村组农村改进最高委员会，继改经济合作委员会，现改消费合作总社，住圈头镇〔24〕艰苦，经营，本县合作事业，不难普及，不久拟创办合作传习所，造就合作人才，并工读学校，并由本社社员流通本社之互助保证流通券，用经济革命方法，促之增高继长〔25〕除在十三四项内已叙明外，持真个人民在十六年奉国民党令在沪办工运，北伐期间，担任宣传，民二十，担任武邑、衡水、武强三县民众组织指导员〔26〕已在十四项略说之〔27〕同上〔28〕农民生死之关头一册系三年前物目下完全依合作法行之〔29〕本邑农村教育太过落伍故社会事业进行上千艰万苦千希各热心乡村社会事业者之有力份子加以援助不胜感切〔30〕高持真

三十九　北平研究院群治部自治试验村事务所

〔1〕北平中南海怀仁堂西四所〔2〕北平西山温泉村黑龙潭及碧云寺〔3〕试验"研究关于群治"之各种方案〔4〕李石曾〔5〕民国十八年十一月〔10〕主任〔11〕魏叶贞〔12〕十八年十一月〔13〕十〔14〕郝友三、魏汉章、郝涛轩、周子玉、刑倬如〔15〕六〔16〕何绍文、高铭阁、王集生、尹蔚堂、李圣章〔18〕每月二百七十元〔19〕每月一百八十元〔20〕经费〔21〕经费〔22〕分析'构成现实社会之因素'及各个因素之关联谋其改进〔23〕先由调查入手，嗣与地方自治机关及学术机关合作，期于自治学术化社会科学化〔24〕继续办理并将工作归纳为教育经济卫生交通四大类〔25〕本所自办者，为社会调查，经济调查，人口调查，合作社，民众教育馆，农村小学校等，与学术机关合作者，为农林试验场，天然疗养院小学校，（碧云寺温泉各一处）与地方自治机关合作者，为自治坊公所，与经济机关合作者，有农工银行寄庄，与社会团体合作者，有家庭工业改进社〔26〕（同上）并修筑试验区内马路〔27〕就现有各组织连锁并进，发展其效能，于社会并诱导住民参加工作，使其逐渐移易，最后即完全交付之，使变为社会之组织

四十　镇平县地方建设促进委员会前地方自治委员会

〔1〕镇平县城内〔2〕十处设于各区〔3〕土匪猖獗农村破产官不保民兵不剿匪加以外患严重国亡无日乃深觉非自救无以图存此创立之动机也〔4〕彭禹廷先生〔5〕民国十九年十一月〔6〕镇平县地方建设促进委员

会［7］三十五人［8］公民选举［9］全年十二次［10］委员长［11］赵秩岑［12］民国二十三年七月［13］十六人［14］赵秩岑、王韵五、赵平浦、张明佛、王扶山、陈元圃、王彬质、王硕卿、韩悦泽、冀台三［15］三十七人［17］每年自卫方面约十万元自治建设方面约五万元［18］五万元［19］十万元［20］按地亩每亩出麦二升［21］每亩出麦一升［22］注重自卫自治［24］注重自富［25］训练民团，设立机关，调查户口，清丈地亩，修路造林，禁烟放足，训练乡镇长小学教员等［26］训练区联队，附训练保甲长，倡办合作社，改良农工业，改进教育，注重生产劳作，并协助自治建设之进行［27］自卫方面，常备拟渐改为耕田办法，如古之屯田制，后备民团依照保甲组织，寓兵于农，自治方面，拟实验政教合一，以教育作中心，推行地方自治，自富方面，办理合作，以增加生产，提倡节俭，以节少消费［28］镇平县自治概况，镇平自治旬刊［30］陈元圃

四十一　遂平县立职业学校

［1］遂平县城西五十里嵖岈山［3］因该地民众，知识落后，缺乏组织。荒山未植林，遂有本校之创立［4］魏雁明字朗斋［5］民国二十年二月［10］校长［11］魏雁明［13］十二人［14］刘其昂、陈春山、漆德琮、王全刚［15］二人［16］吴子范、郭永亭［17］二千元［18］五百元［19］二千五百元［20］1.教育局。2.校产收入3.学费［21］同上［22］1.训练学生。2.树立信仰。3.开放本校山产，准民众出力或出资植树，由本校保护，均分利益，未见功效，4.由本校学生在本学山场播植树木，并设植苗圃，［23］继续以前工作并办理地方自卫巩固本校基础，［24］1.扩充乡村教育。2.推广生产事业。3.促进乡村组织。［25］1.自二十年冬，由本校校长担任本寨寨防委员长，整顿本寨及附近各村之自卫，稍见功效。2.成立本寨及附近民众学校，每月用款六元，颇见功效［26］1.乡师科学生分发二十里以内各村乡村小学实习，藉以推广乡村事业。2.组织乡村建设研究会，会址本校。3.组织农场试验繁殖优良种子种畜。［27］农职科学生实习经营全校农林场及制造等之生产事业。2.在附近各村推广造林脱里斯棉中波猪新法养蜂等生产事项。3.在附近各村组织进德会，及设置娱乐场所，为改进农民生活初步。［28］嵖岈旬刊。